权威·前沿·原创

皮书系列为
"十二五""十三五"国家重点图书出版规划项目

BLUE BOOK

智库成果出版与传播平台

广州蓝皮书

BLUE BOOK OF GUANGZHOU

广州青年就业创业发展报告
（2020）

ANNUAL REPORT ON THE DEVELOPMENT OF
YOUTH EMPLOYMENT AND ENTREPRENEURSHIP
IN GUANGZHOU (2020)

主　编／涂敏霞　杨　成

社会科学文献出版社
SOCIAL SCIENCES ACADEMIC PRESS (CHINA)

图书在版编目（CIP）数据

广州青年就业创业发展报告．2020／涂敏霞，杨成
主编．-- 北京：社会科学文献出版社，2020.10
（广州蓝皮书）
ISBN 978 - 7 - 5201 - 7272 - 1

Ⅰ.①广… Ⅱ.①涂… ②杨… Ⅲ.①青年 - 职业选
择 - 研究报告 - 广州 - 2020②青年 - 创造教育 - 研究报告
- 广州 - 2020 Ⅳ.①D432.6

中国版本图书馆 CIP 数据核字（2020）第 175994 号

广州蓝皮书
广州青年就业创业发展报告（2020）

主　　编／涂敏霞　杨　成

出 版 人／谢寿光
组稿编辑／任文武
责任编辑／杜文婕
文稿编辑／李　淼

出　　版／社会科学文献出版社·城市和绿色发展分社（010）59367143
　　　　　地址：北京市北三环中路甲 29 号院华龙大厦　邮编：100029
　　　　　网址：www.ssap.com.cn
发　　行／市场营销中心（010）59367081　59367083
印　　装／天津千鹤文化传播有限公司

规　　格／开　本：787mm × 1092mm　1/16
　　　　　印　张：18　字　数：267 千字
版　　次／2020 年 10 月第 1 版　2020 年 10 月第 1 次印刷
书　　号／ISBN 978 - 7 - 5201 - 7272 - 1
定　　价／128.00 元

广州蓝皮书系列编辑委员会

《广州青年就业创业发展报告（2020）》
编 委 会

主要编撰者简介

涂敏霞 女，现任广州市团校副校长，广州市穗港澳青少年研究所副所长，广州志愿者学院副院长、《青年探索》杂志主编、教授。

多年来一直从事青少年现象与问题、青少年工作和志愿服务工作方面的研究，曾先后主持、参与国家级重点课题20项，省市级课题25项及跨地区比较研究课题30项，编著《广州青年发展报告（2019）》《青少年事务社会工作》《企业志愿服务实用教程》《广州志愿服务组织发展报告（2018）》《中国志愿服务典型项目研究》《广州志愿服务发展报告（2014）》《志愿服务项目评估理论与方法》《广州青年发展报告（2016）》《广州青年发展报告（2017）》《广州青年发展报告（2014～2015）》《广州青年发展报告（2012～2013）》《生命在感动中成长——广州亚残运会志愿者研究》《青少年压力现状与心理调适——穗、港、澳三地比较研究》《广州青年发展状况研究报告（蓝皮书）（2009～2010）》《广州亚运会志愿服务研究》《社会服务管理改革创新与青年群众工作》《青春体验——青少年素质拓展训练教程》《青春真相——广州青少年调查》等，在国家级、省、市级学术刊物上发表论文70多篇，编写出版穗、港、澳青年比较研究报告书20多本。

杨 成 男，现任广州市团校（广州志愿者学院）党总支书记、高级培训师、副教授，全国团属院校和基地优秀教师，广东思政工作专家组成员、中共广东省委社会主义核心价值观宣讲专家组成员、团中央首批精品培训项目获得者，国内历奇教育领域学术带头人，著有《经历·体验·成长》和《历奇教育》等，公开发表论文20多篇，主持省部级研究课题多项。

摘　要

　　《广州青年就业创业发展报告（2020）》由 1 篇总报告、6 篇分报告、3 篇专题报告组成。总报告从总体上勾勒了广州青年就业发展的宏观背景，并对广州青年的就业形势进行了分析；分报告从广州青年就业准备、就业观、就业状况、创业状况、平台经济从业状况以及就业创业政策分析等方面展开深入系统的实证性研究，从社会学、社会工作、心理学、教育学、政治学等多个学科视角，深入研究、分析了新冠肺炎疫情影响下广州青年群体的就业观念和工作现状；专题报告则对广州青年女性、在穗港澳青年等群体的就业创业状况以及广州青年的职业生涯发展现状进行了深入探讨。

　　研究发现，广州青年的表达沟通技巧、简历技巧均比较好，会在面试前进行准备工作；最需要专业技能培训、求职应聘技巧指导以及及时获得就业信息。在就业观方面，收入、发展机会、工作稳定性是广州青年择业时考虑的主要因素；倾向于在北、上、广、深就业，求职岗位首选企业管理人员、公务员、教师等。在就业现状方面，广州在职青年从事职业以传统职业为主，但新兴行业群体规模有所扩大；大部分广州在职青年处于"朝九晚五双休"的工作模式，近一半的广州在职青年面临着较大的工作压力。对创业青年的分析发现，广州创业青年受教育程度普遍较高，以机会型创业为主，创业资金主要来源于个人积累，进行创业主要与个人职业经历相关；并且普遍认为市场能力和经济资本是创业成功的主要因素。广州平台经济从业青年规模庞大，以网约车司机为代表的平台经济从业青年呈现出年轻化、较高学历化、专职化等特征；存在平台劳动时间长、社会保障享有状况不理想、对职业的社会地位和职业发展普遍不满意等问题。广州青年女性就业地倾向选择一线城市，更喜欢企业管理岗位，重视薪酬待遇等特征，但对现有

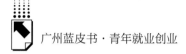

待遇并不满足，社会保障有待完善。在穗港澳青年创业行业以广州未来经济发展的方向为主，创业的类别主要为文化创意和互联网。在职业生涯发展规划方面，广州青年的就业准备较为充分，职业生涯动机整体积极向上。研究发现，广州大学生主要是通过微信公众号和政府官方网站了解就业创业政策，就业培训参与率低，期待出台扩大就业政策。

从整体上看，广州青年的就业准备情况良好，就业观积极向上，但也存在着就业满意度不高、工作压力大等现实问题。未来要从完善青年就业社会支持网络、引导青年树立合理的就业观、不断完善青年就业创业保障机制、加强就业创业服务平台建设等方面着手，营造促进广州青年就业发展的新环境，为青年提供更多就业机会，促进青年有效就业。

关键词：广州　青年　就业　创业

前　言

一　研究背景

在新冠肺炎疫情影响下，我国实体经济受到较大冲击，国内外经济形势愈发紧张，就业形势愈发严峻。广大青年，尤其是 2020 届高校应届毕业生普遍面临求职难、就业岗位不足、就业压力大等问题，企业用工减少，出现裁员降薪、经营困难等现象，总体就业形势不容乐观。而青年作为整个社会最有创新精神的群体，是国家经济和社会发展的重要推动者，他们的就业一直是国家、社会和家庭极为关注的话题。政府对此采取了一系列有力措施，聚焦"六保""六稳"，特别是在稳就业、保市场主体等方面做出了具体部署。2020 年政府工作报告多次提到"就业"，指出要全面强化就业优先政策，要千方百计稳定和扩大就业，加强对重点行业、重点群体就业的支持；同时指出要"深入推进大众创业万众创新"，进一步明确了创新创业在推动经济社会发展和改善民生中的战略地位。

2020 年 1 月 19 日，《广州市中长期青年发展规划（2019～2025 年）》正式印发，为新时代广州青年工作指明了方向和提出了要求，为新时代广州青年发展提供了制度保障和政策支持。为积极贯彻落实党中央、国务院"稳就业""保就业"决策部署以及《广州市中长期青年发展规划（2019～2025 年)》中关于青年就业创业的各项工作任务和要求，推动广州青年就业工作更好更稳健发展，也为了更好地了解新冠肺炎疫情影响下广州青年群体的就业观念和工作现状，广州市团校、广州市穗港澳青少年研究所主持开展了"广州青年就业创业发展状况"课题研究。

二 研究目的

通过"广州青年就业创业发展状况"课题研究，我们试图摸清新冠肺炎疫情影响下各类青年群体求职就业现状，分析研判各类青年就业需求，并提出切实有效的应对各类青年就业创业需求的对策。探究这些问题也是落实《广州市中长期青年发展规划（2019～2025年）》，做好广州青年就业创业工作，实现广州经济发展与社会和谐的前提。

具体来看，开展广州青年就业创业发展状况研究具有以下基本目的。

一是把脉青年需求，为新冠肺炎疫情影响下的广州青年就业创业工作提供思路和指导。青年作为整个社会最有创新精神的群体，是国家经济和社会发展的重要推动者。他们的就业一直是国家、社会和家庭极为关注的话题。新冠肺炎疫情的发生，使广大青年迎来了"史上最难就业年"，不仅高校毕业生求职不易，已经就业的青年也随时面临着失业的风险。开展广州青年就业创业状况调查，可以把握时下青年就业心理、就业取向、就业需求以及就业现状，掌握疫情影响下广州青年就业工作中出现的新问题新情况新挑战；在总结现有工作经验的基础上，对标调研中出现的新需求与新问题，以确保下一阶段广州青年就业创业工作的精准施策。

二是建立专业化的数据库，为推动青年就业创业学术研究、决策研究提供第一手数据资料，发挥团系统服务地方政府的"智库"作用。每两年一次的广州青年发展状况调查已经开展了5次，历经10年时间，积累了5份不同时点的关于青年就业创业的大规模调查数据。此次调查研究，为广州青年发展状况系列调查的专题研究，在前5次调查数据的基础上，扩展了就业创业部分的维度内容。结合前5次广州青年发展状况的跟踪调查数据与此次调查的截面数据，可以建立具有广州特色的青年人群就业创业数据库和信息库，通过定期更新和挖掘广州青年就业创业状况数据库，不断放大数据的信息价值、研究价值和决策价值，通过纵向比较分析能够形成更好、更多的研究成果，为政府制定青年就业政策提供决策参考。

三　研究基本情况

（一）研究内容

本课题主要围绕广州青年的就业准备、就业观、就业状况、创业状况、平台经济从业状况、对就业创业政策的分析等内容展开实证调研，同时对青年女性、在穗港澳青年等群体的就业创业状况进行专题研究，充分挖掘各类青年群体就业创业相关数据，分析研判各类青年实际需求，并在此基础上提出切实有效的应对各类青年就业创业需求的对策，促进广州青年就业创业。

（二）调查对象

本次调查的对象是年龄 16～35 岁在广州居住半年以上的青年。具体分为大学生、就业青年、创业青年、平台经济从业青年四类群体。

（三）研究方法

1. 问卷调查法：调查于 2020 年 3 月开始，受新冠肺炎疫情影响，此次调查采用问卷星网络调查形式开展。采取按配额抽样与整群抽样相结合的方法进行问卷发放。

2. 文本分析法：收集整理相关文献资料，包括政策文件、学术理论、统计数据等，并对文献资料进行系统的归纳整理、比较、分析和总结。

（四）样本基本情况

本次调查共发放问卷 3000 份，最终有效回收 2759 份，问卷有效回收率为 91.97%。其中向大学生发放 900 份，回收有效问卷 824 份；向创业青年发放 150 份，回收有效问卷 101 份；向就业青年发放 1650 份，回收有效问卷 1591 份；向平台经济从业青年发放 300 份，回收有效问卷 243 份。本次

调查样本覆盖较为多样且分布比例较均匀，样本具有科学性和代表性。考虑到每篇报告所涉及的群体类别有所差异，故具体的样本分布情况将在各篇报告中做详细说明，在此不再进行介绍。

广州市团校

广州市穗港澳青少年研究所

2020 年 6 月

目 录

皮书数据库阅读**使用指南**

总 报 告

General Report

B.1
在机遇与挑战中就业创业的广州青年

沈 杰 宋金阳*

摘 要： 就业是最大的民生。青年就业创业既是他们解决生活需要、实现自我价值的基本途径，又关系每个家庭的切身利益，影响经济的稳步增长与社会的和谐稳定。当前中国经济进入新常态，粤港澳大湾区建设又为广东发展带来新机遇，作为大湾区内重要城市的广州，青年就业创业呈现出诸多鲜明特征：广州青年就业准备状况总体良好；就业观念日趋合理；工作压力较大，工作满意度较高；创业意愿相对较高；平台经济从业人员规模庞大。总体来看，广州青年就业创业状况良好，同时也不可避免地存在一些值得注意的问题，例如，择业期待值较高、就业政策了解和利用程度不高、就业保障体系有

---

* 沈杰，中国社会科学院大学教授；宋金阳，北京青年政治学院教师。

待完善、社保状况欠佳、不同群体就业创业政策效果存在差异、女性就业认知存在偏差等。因此，分析解决青年在就业创业过程中所遇到的共性问题，更好地促进青年就业创业工作，成为摆在我们面前的重要课题。

关键词： 就业　创业　青年　广州

一　广州青年就业创业的宏观背景

1. 国家高度重视青年就业创业问题

党的十八大以来，以习近平同志为核心的党中央高度重视青年发展与青年问题。习近平同志在十九大报告中指出，青年兴则国家兴，青年强则国家强。青年一代有理想、有本领、有担当，国家就有前途，民族就有希望。中国梦是历史的、现实的，也是未来的；是我们这一代的，更是青年一代的。中华民族伟大复兴的中国梦终将在一代代青年的接力奋斗中变为现实①。党的十九大报告明确指出，就业是最大的民生。要坚持就业优先战略和积极就业政策，实现更高质量和更充分就业。同时强调，要大规模开展职业技能培训，注重解决结构性就业矛盾，鼓励创业带动就业。此外还倡导提供全方位公共就业服务，促进高校毕业生等青年群体、农民工多渠道就业创业，体现了国家对青年就业创业问题的空前关注。

2017 年 4 月，中共中央、国务院印发的《中长期青年发展规划（2016～2025 年）》将青年就业创业列为十大发展领域之一，同时明确了发展目标及发展措施，在国家整体政策体系中凸显了青年就业创业政策的特殊地位。在2019 年 3 月召开的第十三届全国人民代表大会第二次会议上，李克强总理在政府工作报告中要求进一步把大众创业万众创新引向深入，鼓励更多社会

---

① 《习近平在中国共产党第十九次全国代表大会上的报告》，《人民日报》2017 年 10 月 26 日。

主体创新创业，拓展经济社会发展空间，加强全方位服务，发挥双创示范基地带动作用①。4月30日，李克强总理主持召开国务院常务会议，确定使用以1000亿元失业保险基金结余实施职业技能提升行动的措施，提高劳动者素质和就业创业能力。党的十九届四中全会明确提出，健全有利于更充分更高质量就业的促进机制。2019年12月，中央经济工作会议强调，要完善和强化"六稳"举措，健全财政、货币、就业等政策协同和传导落实机制，确保经济运行在合理区间。除此之外，国务院还印发了《关于进一步做好稳就业工作的意见》，就稳就业工作提出了六个方面的重点举措，把稳就业工作摆在突出位置。

2020年5月22日，第十三届全国人民代表大会第三次会议召开，国务院总理李克强在政府工作报告中对2020年的就业工作进行了新的全面部署，要求2020年优先稳就业保民生，坚决打赢脱贫攻坚战，努力实现全面建成小康社会目标任务。报告指出，就业优先政策要全面强化，财政、货币和投资等政策要聚力支持稳就业，努力稳定现有就业，积极增加新的就业，促进失业人员再就业。各地要清理取消对就业的不合理限制，促就业举措要应出尽出，拓岗位办法要能用尽用。同时报告还要求，千方百计稳定和扩大就业，加强对重点行业、重点群体就业支持，做好高校毕业生、退役军人、农民工以及残疾人、零就业家庭等困难群体的就业工作；资助以训稳岗，加强职业技能培训，使更多劳动者长技能、好就业②。

2. 广东创新实施青年就业创业政策

2019年《粤港澳大湾区发展规划纲要》的发布为广东发展赋予了新的历史使命，也带来新的重大机遇。广东省把稳就业当作经济工作的重点来抓，创新实施积极的就业政策，深入推进"广东技工""粤菜师傅""南粤家政"工程，从失业保险基金中提取35亿元用于创业担保和贴息

---

① 李克强：《政府工作报告——2019年3月5日在第十三届全国人民代表大会第二次会议上》，人民出版社，2019。

② 李克强：《政府工作报告——2020年5月22日在第十三届全国人民代表大会第三次会议上》，人民出版社，2020。

支出，开展补贴性职业技能培训 118 万人次①，全力确保就业形势总体稳定。

进入 2020 年，面对经济下行压力和外部环境变化，稳就业的形势更加严峻复杂。作为全国经济第一大省和我国就业重镇，广东省的就业情况对于全国就业形势稳定具有重要影响。省长马兴瑞在广东省第十三届人民代表大会第三次会议上做政府工作报告时指出，要高度重视稳定和促进就业工作，落实"促进就业九条"，更加精准实施援企稳岗政策，用足用好就业补助资金和失业保险基金，全面实施职业技能提升行动。建立促进创业带动就业、多渠道灵活就业机制，扩充中小企业、民营经济、服务业就业容量。做好高校毕业生、下岗失业人员、异地务工人员、退役军人等重点群体稳定就业，对就业困难人员实行托底帮扶，确保零就业家庭动态清零。强化快递、网约车等新业态从业人员劳动权益保护，制定灵活就业人员用工服务管理办法。健全劳动关系协调机制，坚决打赢根治农民工欠薪攻坚战②。

2020 年 2 月，广东省政府印发了《广东省进一步稳定和促进就业若干政策措施》，从支持企业稳定岗位、开发更多就业岗位等九个方面支持和促进就业，充分体现政府对就业工作的高度关注和重视，有利于提振信心、凝聚共识，带动全社会共同关心、支持就业工作，开创就业工作新局面。

5 月 6 日，广东省教育厅等八部门联合印发《关于推进 2020 年广东省普通高校毕业生就业工作的若干政策措施》，提出八大举措：一是拓宽高校毕业生就业渠道；二是推进高校毕业生实习见习计划；三是助力开展大规模招聘活动；四是加强就业指导和困难帮扶；五是加大高校毕业生就业扶持力度；六是鼓励高校毕业生自主创业；七是实施部分职业资格"先上岗、再考证"阶段性措施；八是优化高校毕业生就业服务政策。

---

① 马兴瑞：《2020 年广东省政府工作报告》，2020 年 1 月 14 日，广东省省长马兴瑞在广东省第十三届人民代表大会第三次会议上所做报告。
② 马兴瑞：《2020 年广东省政府工作报告》，2020 年 1 月 14 日，广东省省长马兴瑞在广东省第十三届人民代表大会第三次会议上所做报告。

3. 广州努力推进青年就业创业工作

广州作为省会城市，同时是粤港澳大湾区内的重要城市，综合经济实力雄厚，就业规模巨大。广州也是青年群体聚集的地区，青年的就业始终是政府和公众共同关注的焦点问题。长期以来，广州市积极探索，努力完善，在促进充分就业和高质量就业方面做了大量工作。在"大众创业、万众创新"的大背景下，广州市围绕大湾区建设，以"青创广州"工作品牌为统领，以"青创杯"广州青年创新创业大赛为平台，围绕青年就业创业所需的人才、政策、项目、资金等要素，构建青年就业创业人才服务链和极具广州特色的青创人才服务体系[①]，为青年就业创业打造了良好的政策环境。

2020 年，突如其来的新冠肺炎疫情扰乱了社会生产生活秩序。疫情发生以来，广州市全力助推企业复工复产，促进高校毕业生、农民工、就业困难人员等重点群体顺利就业。广州把推动企业复工复产作为当前重大的政治任务，充分发挥稳就业工作牵头作用，采取"免、减、缓、返、补"阶段性政策，为用人单位减免社保费，发放就业补贴、社保补贴、培训补贴、见习补贴等，特别为生产、运输防疫物资的企业提供用工和招工补贴，支持其稳定发展[②]。

1 月 19 日，中共广州市委、广州市人民政府印发《广州市中长期青年发展规划（2019～2025 年）》（以下简称《规划》），这为新形势下广州青年的就业创业工作指明了新方向、提出了新要求。《规划》提出，要大力建设广州青年就业创业孵化基地、"青创汇"广州青年就业创业综合服务平台、青年创新创业示范园区等阵地，推动建设 100 个青年众创空间、20 个青年创新人才工作站；同时要落实高校毕业生就业促进计划，鼓励高校毕业生到中小型、微型企业和城乡基层就业。

2 月 19 日，广州市人力资源和社会保障局等 5 个部门印发《关于做好疫

---

① 梁茹欣：《优化完善港澳青年来穗创新创业服务体系》，2019 年 8 月 15 日，https：//www.sohu.com/a/333869266_374623。

② 方晴、刘春林：《广州市第 88 场疫情防控复工复产新闻通气会昨举行》，2020 年 4 月 25 日，http：//www.guangzhou.gov.cn/202004/25/156096_53309102.htm。

情防控期间有关就业工作的通知》（以下简称《通知》）。《通知》提出多项措施促进就业：一是优先保障重点企业复产用工；二是引导错峰、有序、安全复工；三是加强人文关怀；四是支持企业稳定岗位；五是多措并举做好高校毕业生就业工作；六是优化完善线上就业服务；七是全力做好就业形势监测。

4月24日，广州市人民政府新闻办公室召开广州市第88场疫情防控复工复产新闻通气会（用工保障专题）。会上透露，广州将基层就业补贴、小微企业社保补贴对象扩大至毕业2年内的高校毕业生，自2021届起求职创业补贴标准提高至每人3000元。而中国南方人才市场则计划从3月1日至6月30日，连续121天举办"阳光就业"高校毕业生网络招聘会。高校毕业生可通过微信小程序或"南方人才App"登录招聘平台在线求职。

二 广州青年就业创业的基本状况

为全面了解广州青年就业创业的基本状况，分析广州青年在就业创业过程中面临的困难与挑战，从而更好地促进这一工作的开展，广州市团校、广州市穗港澳青少年研究所于2020年对广州市青年进行了就业创业状况的实证调查，并围绕这一主题展开专题研究。

1. 广州青年就业准备状况总体良好，就业准备受性别、年级、户籍和原生家庭经济状况等因素影响显著

就业准备作为个人为获取理想职位而进行的预备行动，对未来的职业走向和职业发展都具有深远影响。对广州市大学生群体的问卷调查显示，广州大学生群体求职准备状况总体良好，就业准备受性别、年级、户籍和原生家庭经济状况等因素影响显著。

在对就业的基本认知方面，约五成广州青年有明确求职意向；超四成青年认为当前广州就业形势严峻；广州青年就业选择最易受父母影响。就业准备过程中，广州青年最需要的是专业技能培训、求职应聘技巧指导和及时获得就业信息，这也说明广州青年较为关注个人能力提升，愿意主动进行就业准备。在就业咨询的形式上，广州青年更倾向于面对面咨询；职业生涯规划

辅导方面，广州青年对个人素质测评和求职技巧辅导最感兴趣。广州青年拥有较强的职业信息获取能力，求职活动主要通过学校推荐和招聘网站来进行。大部分广州青年认为自身拥有良好的表达与沟通技巧，并认为自己可以做好一份简历并即时更新，有八成左右广州青年会进行模拟面试的准备工作。总体来说，广州大学生青年能够较积极地为求职做准备，从个人简历制作、表达技巧练习，到专门针对面试的准备方面都是比较充分的，但在个人求职目标的明确度上还有待提高。

调查还发现，性别、年级、户籍以及原生家庭经济状况等因素与广州青年的就业准备状况显著相关。具体来说，一是女青年通过招聘网站获取就业信息的比例比男性高，男青年通过熟人介绍的比例较女性高；女青年更期望"劳动权益得到切实保障"，男青年更需要"获得创业资金、政策等支持"；相较于男青年，女青年更愿意采用网络形式进行就业咨询；男青年对个人素质测评更感兴趣，女青年则更想获得求职技巧指导；择业过程中，女青年受父母意见影响更大。二是随着年级的增加，有明确就业目标的大学生比例显著增加；不同年级广州大学生对于就业技巧的指导需求显著不同，大一学生最需要个人素质测评，大四学生最需要求职技巧指导，而硕博士最需要行业资讯推介。三是相较于其他省市户籍青年，广州户籍青年有明确求职目标的比例更高；广东青年使用人才市场就业服务的比例高于外省户籍青年，后者更善于使用新媒体搜索信息。四是原生家庭经济状况越好的青年越有明确的求职目标；原生家庭经济状况越差者认为就业形势越严峻；家庭经济状况中上层的青年更容易通过熟人介绍获取就业信息。

2. 广州青年越来越认可人力资本因素对工作的影响，就业观念日趋合理

在对就业条件的认知方面，大部分广州青年认为自身职业竞争力中等偏上，其中男性青年、在职青年、原生家庭经济状况较好青年、年龄较大青年及受教育程度较高青年对自身职业竞争力的评估较好。收入、发展机会、工作稳定性是广州青年在择业时考虑的主要因素。此外，能否体现个人价值、工作压力大小以及是否符合自身兴趣也是青年考虑较多的因素。综观历年数据，广州青年对薪资待遇的重视程度越来越高，对工作稳定性的重视程度则

有所下降。2010 年和 2012 年，工作稳定性是广州青年找工作时考虑的最主要因素，而 2014 年、2016 年、2018 年、2020 年的数据显示，薪资待遇已超越稳定性成为首要因素。这在一定程度上说明，广州青年的"铁饭碗"意识逐渐淡化，求稳定和保障不再是求职的首要目标。

七成以上的广州青年倾向于在北、上、广、深等发达城市就业，他们最倾向的就业岗位是企业管理人员、公务员、教师等。从调查结果来看，广州青年在找工作时比较理性，会综合考虑经济性因素、福利性因素及自我实现性因素，注重从自身特点出发，去寻找符合自己特征、兴趣和能力的工作，而不是盲目地追求高工资、高福利。在影响个人求职以及工作升迁的因素方面，工作经验或社会实践经历、个人业务能力、学历、专业技能等被认为是最主要的影响因素，户籍、性别、年龄、身高相貌等因素则影响不大。这些数据表明，个人人力资本因素对就业的影响越来越大，学校名气、专业背景、性别以及户籍这些因素的影响正逐步消退。

近三成的广州青年有明确的创业打算，其中女性和年龄较大青年的创业意愿较低。广州青年创业的主要动机是证明自己的能力、做自己喜欢的事以及追求个人财富积累，这与 2018 年的调查结果相比没有明显变化。广州青年期待在创业过程中证明自己的能力，实现自己的价值，在追求精神满足的同时实现物质财富的积累。

3. 广州青年权益保障体系日趋完善，工作满意度相对较高，但普遍面临较大工作压力

当前广州青年所从事的职业中，传统职业还占很大比例，工人群体仍是广州最为庞大的就业群体（占比将近三成），新兴行业群体规模有所增长。大部分广州在职青年处于"朝九晚五双休"的工作模式中，当前收入与期望收入之间存在一定差距。有将近一半的广州在职青年认为自己面临较大的工作压力，其中觉得压力非常大的占 7.3%，觉得压力比较大的占 41%，只有 5.2% 的在职青年觉得压力较小或没有。具体来看，女性相比男性工作压力更大；年龄越大，工作压力越小；受教育程度越低，工作压力越大；工人相比其他职业的工作压力更大；每周工作时长越多，工作压力越小。

经过多年的发展，广州在职青年就业权益保障体系日趋完善，各种保险及福利均有覆盖。例如，医疗保险参与率从 2014 年的 71.9% 提高到 2019 年的 85.1%；失业保险参与率从 56.1% 提高到 79.8%；生育保险参与率从 54.7% 提高到 75.0%；住房公积金参与率从 62.4% 提高到 83.4%；养老保险参与率从 65.2% 提高到 83.5%；工伤保险参与率从 62.5% 提高到 79.4%。这些数据表明，随着我国社会保障制度的完善，青年就业权益保障体系建设正逐步推进，工作福利制度也日渐成熟。与此同时，也有部分福利的保障力度呈下降趋势，医疗保险参与率从 2018 年的 90.40% 降到 2019 年的 85.1%，降幅较为明显。总体来说，年龄越大、受教育程度越高、原生家庭经济状况越好，青年的就业权益保障情况越完善。女性、工人和企业管理人员的工作保障情况要优于男性及其他职业群体。

工作满意度方面，广州在职青年对人际关系、工作环境、工作岗位、福利保障、职业的社会地位、经济收入及升迁机会的满意度均为"一般偏上"，其中对福利保障的满意度最高，对升迁机会的满意度最低。与 2018 年的调查数据相比，广州从业青年对工作岗位、工作环境、福利保障、经济收入、升迁机会、人际关系、职业的社会地位等各维度满意度均略有提升。在工作满意度上，男性更满意工作的物质收获，而女性则对工作的人际环境更加满意。党员群体、受教育程度较高及原生家庭经济状况较好的群体，工作满意度总体较高。传统商业和服务业人员及公务员的工作满意度普遍较高，而工农以及新兴商业和服务业人员的满意度普遍较低。

4. 广州青年具有较高的创业意愿，不同社会特征的青年创业意愿存在差异

创业意愿是指个体有意创办新组织（企业）并计划将来在某一时点付诸实践。广州近年来不断改善营商环境，市场主体获得感、满意度显著提升。良好的营商环境有力地推动经济高质量发展，也同时带动着创业活动。调查显示，无论是在职青年还是在校大学生，广州青年的创业意愿都相对较高，有些甚至已进行过创业尝试。

虽然广州在职青年中明确表示有创业意愿的比例超过 28%，但拥有不同背景和社会特征的青年对于想成为创业者的意愿却存在显著差异。相关分

析结果表明,男性比女性具有更强的创业意愿;已婚青年比未婚青年更倾向于创业;非党员比党员打算创业的比例更高。基于不同代际青年群体的比较发现,31～35岁的青年"打算创业"的比例最高,16～25岁的青年次之,26～30岁青年群体"打算创业"的比例最低。不同文化程度广州青年的创业意愿也具有很大差异,文化程度越高的青年明确表示有创业意愿的比例越低。原生家庭经济状况不同,青年的创业意愿也不同。原生家庭经济状况处于上层的青年,打算创业的比例高达50%;处于下层的家庭,子女愿意创业的比例也较高;而处于中层的家庭,子女职业选择更为保守,打算创业的比例也较低。此外,以金融保险业、信息服务业等为代表的新兴商业和服务业为青年群体提供了更加广阔的发展空间,从业人员创业意愿最高;其次是工人、农民;再次是企业管理人员与传统商业和服务业青年,公务员、事业单位管理人员、专业技术人员打算创业的比例相对较低。

广州青年大多是出于自我实现和财富积累的目的进行创业。不打算创业的原因,对于在职青年来说主要是自身能力不足、启动资金和社会保障欠缺以及对风险的担忧(担心失败);对于大学生而言主要是因创业政策、创业培训不足以及工作经验缺乏而不敢创业。广州创业青年普遍家庭背景较好、受教育程度较高,以机会型创业为主,创业资金主要来源于个人积累和社会关系网络,创业进入渠道主要与个人职业经历相关。广州青年对创业相关法律法规及鼓励性措施较为满意,不太满意救助失败企业的措施。他们对创业平台的知晓率较高,对平台发挥的作用也比较认可,市场能力和经济资本被认为是创业成功的主要因素。

5. 广州平台经济从业青年规模庞大,社会保障状况不理想,青年对职业社会地位和职业发展满意度欠佳

平台经济,又称为互联网平台经济,是利用互联网、物联网、大数据等现代信息技术,围绕集聚资源、便利交易、提升效率,构建平台产业生态,推动商品生产、流通及配套服务高效融合、创新发展的新型经济形态。当前,我国平台经济正呈现蓬勃发展的态势,这也为劳动力就业市场带来了一系列新职业、新工种和新岗位。广州市作为全国经济发展最具活力的地区之

一，也是全国最知名的互联网企业聚集地之一，平台经济和平台企业的迅速发展带来了平台经济从业人员规模的迅猛增长，例如网络直播从业人员、快递员、网约车司机等就业群体非常庞大。

广州平台经济从业青年以广州本地户籍的"80后"和"90后"为主，网约车司机中99.1%是男性，其他平台经济从业者中女性占比稍高于男性。近五成从业青年拥有大专及以上学历，党员比例不高。七成以上平台经济从业青年并非从事首份工作，大多平台经济从业时间不长。九成以上青年仅在一个平台从业，以专职为主。从业青年每周工作天数平均为6.3天，每天工作时间平均为10.5个小时，劳动时间较长。广州市平台经济从业青年月均平台收入7132元，相较于全国水平来说工资水平较高，然而平台经济从业青年的期望收入水平普遍高于其现有工资收入。

社会保障方面，99%的广州市平台经济从业青年与平台企业间签订了劳动合同或者有合作、服务协议，其中网约车司机劳动合同签订率较高，达95.3%，而其他类型从业青年劳动合同签订比重为68.8%。这说明网约车司机的劳动关系建立相比其他类型更为规范，还有很多平台经济从业青年的劳动权益仍缺乏法律保障。仅30%左右的平台经济从业青年能完整拥有"五险"基本社会保障，其他劳动保障较为缺乏，整体社会保障状况不够理想。多数平台经济从业青年将自身定义为打工者，他们对平台就业满意度一般，对工作环境满意度相对较高，对升迁机会和职业社会地位的满意度较低。他们选择平台就业的主要目的是增加收入，同时他们也看重平台工作时间自由和收入分配公平。平台就业最让他们担心的是收入不稳定、意外事故风险大和客户不稳定等问题。

6. 广州青年对就业创业政策的利用度和满意度存在差异，最期待出台扩大就业相关政策

调查显示，广州青年了解就业创业政策的主要渠道是微信公众号和政府官方网站，女性和20～24岁青年更偏爱通过微信公众号方式，而男性和年龄更大的青年喜欢通过政府官网来了解信息。随着大学生年级的增长，通过政府官网了解政策信息的比例逐渐降低，通过微信公众号等新媒体方式的比

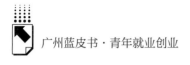

例则逐渐升高。

就业培训方面，大学生中仅有二成参加过就业培训，参与率较低，其中男性大学生、广州户籍大学生、高年级大学生、家庭经济状况较好的大学生参加比例相对较高。在职青年中有近七成参加过就业培训，年龄28岁以下的青年随年龄增长参加培训的比例逐渐上升，28岁以上的青年随年龄增长参加培训的比例逐渐降低。此外，随着学历的提升，在职青年参加过就业培训的比例逐渐降低。申请政策补贴方面，无论是大学生群体还是在职青年群体，都有四成多青年知道有此政策，但绝大多数青年没有申请获得过补贴。女性青年、广州户籍青年、受教育程度较高的青年、家庭经济状况较好的青年及社会组织工作者对政策补贴知晓率相对较高。在入驻创业空间、孵化器等平台方面，有30.7%的创业青年目前在入驻，有26.7%的创业青年曾入驻过，6.9%的创业青年曾申请但未通过，还有超过三成的青年没申请或不了解。

广州青年对就业创业政策满意度最高的是高校毕业生就业促进政策（41.1%），其次是创业带动就业政策（40.4%），然后是就业促进政策（38.5%）、就业服务政策（37%）和职业技能培训政策（36.5%），对失业保险政策（34.8%）满意度最低。总体来说，男性对就业创业政策的满意度高于女性。不同户籍青年中，广州户籍青年对就业创业政策的满意度最高，其次是广东省内其他地市户籍青年，外省户籍青年满意度最低。不同年级大学生青年对就业创业政策的非常满意度随着大学年级的增长而降低。不同家庭经济状况青年对就业创业政策的评价方面，经济状况越好的青年评价越高，经济状况较差的青年则评价较低。数据显示，广州青年普遍期待出台的就业政策是扩大就业政策。除此之外，男性更倾向于出台就业补助、减免个税等积极型政策，女性更倾向于出台失业补助、健全社会保障等保障型政策。

7. 广州青年女性倾向选择一线城市就业，对升迁机会和经济收入较不满意

对广州青年女性而言，一线城市更具职业吸引力。无论是女大学生还是在职女性，青年女性在选择就业城市方面基本趋于一致，约七成倾向就业城

市为北京、上海、广州和深圳，约10%选择无所谓就业地域，4%左右选择回家乡，还有不少青年选择其他沿海发达地区（珠三角、长三角等地区的城市）。广州女性青年选择赴港澳地区的比例比往年明显下降，仅占1%左右，这或许与广州、深圳等城市崛起并有赶超港澳的趋势不无关联。在岗位选择方面，广州青年女性的首选岗位是企业管理人员（占比超22%），其次是教师和公务员。公务员和教师职业的稳定性对于女性来说极具吸引力，因此成为她们人生选择的重要方向。值得注意的是，女大学生选择网红、微商、独立撰稿人等新职业岗位的比例接近10%，这在一定程度上反映了职业发展的新趋势。在选择具体职业和岗位时，广州青年女性考虑的因素主要有薪资待遇好、发展机会大和工作稳定，而对于专业是否对口等因素的考虑较少。

广州青年女性认为影响求职的个人素质因素中最主要的是工作经验和社会实践经历、学历和专业技能。与2013年的调研数据相比，年龄和身高相貌不再是女青年求职考虑的重要因素。进入职场后，广州女青年认为影响职业发展的因素主要是工作经验和社会实践经历、个人业务能力和学历，社会关系方面的沟通能力、团队协作能力和学习能力等因素的重要性明显上升。

广州青年女性参加就业培训的比例偏低，女大学生未参加就业培训的比例达80.5%，在职女青年也有31.9%未参加就业培训。逾两成女青年未来计划自主创业，她们的创业动机主要是做自己喜欢做的事、证明自己的能力和改变命运以及追求个人财富积累。无论是在职女性青年还是女大学生，对自己职业竞争力的评价大多是一般，逾六成广州青年女性对自身竞争力缺乏信心。广州在职女性青年平均月薪9855元，远高于广州市平均工资和全国平均工资，然而每周工作时间并不长，平均每周5.35天，每天5.65小时，相对而言工作强度不大。广州青年女性对自身升迁机会和经济收入较不满意，逾三成青年女性在就业市场遭遇过性别歧视。广州用人单位为在职女性青年提供的保障相对较全面，大多数在职女性青年能够获得较好的社会保障，但仍有一部分在职女性青年处于无保障状态。

三 广州青年就业创业的主要问题及其原因分析

广州青年的就业创业工作在整体上呈现良好局面，但难免也会遇到瓶颈和困境。社会在关注青年就业创业所带来的经济效益与社会效益的同时，也应把目光聚焦在问题上，分析青年在就业创业时遇到的共性问题，加强对青年的保障和服务，提高他们就业创业的成功率，探索构建就业创业青年的良性发展体系。

1. 就业市场的供需变化和信息更新不及时导致青年就业准备不充分，社会支持力度不够导致就业准备方向出现偏差

随着高校不断扩招，社会竞争压力逐年加大，青年在求职过程中很容易产生迷茫和焦虑情绪。面对不断变化的国民经济情况和复杂的就业市场，身处校园的年轻人缺少畅通的信息渠道，往往无法及时地获取就业信息，也不能很好地明确社会期待，从而无法进行有针对性的就业准备。

从调查数据来看，广州青年在找工作时最容易受到父母意见的影响，然而当前还有很多家长不能积极主动地了解就业政策、市场情况和子女能力，因而无法在子女求职时给予正向的引导。此外，学校的课程设置还存在与市场脱节的情况，学校往往更重视专业课程的设置，对学生个性化、互动性的职业规划课程较少，培养出来的人才难以匹配岗位要求。政府作为就业政策和法规的制定者，作为就业市场的调控方，已经出台了一系列政策来推进就业创业工作，然而有些政策在落地过程中未能达到预期效果，还需进一步完善针对大学生群体的就业政策。如何引导企业在招聘大学生时做到一视同仁、避免歧视、公开透明，如何引导高校处理好和专业对口企业的关系从而促进产教融合的实践平台构建，都是政府在为大学生提供支持时需要考虑的问题。

2. 青年较高的择业期待容易导致就业不足，男女职业平等意识有待增强

受市场经济思潮的影响，人才在市场化作用下往往容易高度集聚。调查发现，在地域选择方面，广州青年最倾向的就业地区集中在北、上、广、深

等发达城市。青年人才的高度集聚，一方面会增加人才集聚城市青年就业的压力，导致"就业难"现象频频发生；另一方面也会导致中西部等经济欠发达地区人才不足，出现"用工荒"现象。此外，广州青年在择业时最倾向的就业岗位集中在企业管理人员、公务员、教师等，对于其他工作岗位兴趣不大，于是出现"岗位有余"的情况。在期待的月薪方面，广州青年期望的月收入为15645.7元，远高于广州青年的实际月薪，这会直接影响广州青年的就业选择，从而造成"有业不就"的情况。

分析还发现，广州在职青年与大学生中均有24%左右的青年在就业市场中遇到过性别歧视现象，且女性表示遇到过歧视现象的比例显著高于男性。这说明仍有部分青年和企业的男女职业平等意识较为淡薄，给女性的平等就业设置了重重关卡。

3. 广州青年工作存在一定压力，就业保障体系有待完善

当前有将近一半的广州在职青年面临着较大的工作压力，这一方面是因为市场竞争激烈，另一方面也与企业管理制度相关。此外，广州青年2019年税前平均月收入为7175.85元，期待月收入为13500.74元，过高的起薪期望，令青年在择业时很难找到符合自己薪资预期的岗位，得到工作的青年也会认为薪资待遇太低而容易在工作中带有消极情绪。

广州青年对人际关系、工作环境、工作岗位、福利保障、经济收入、职业的社会地位以及升迁机会的满意度得分均值均高于3分，这是对之前就业政策效果全面性的肯定，但总体仍是一般水平，其中对升迁机会的满意度最低，为3.07分。职场青年对工作的核心关注点集中于晋升空间与长期发展，这说明青年职工在职位升迁上存在相对困难。清晰的青年职工升迁道路，有助于调动青年职工的工作热情和工作积极性。导致升迁困难的原因除了人才竞争激烈外，还可能是工作单位本身在职位升迁制度上存在不足。

在职青年权利保障体系日趋完善，但仍存在较多不足。"五险一金"中生育保险的普及率是最低的，为75%，病假工资和产假工资的普及率也较低，分别为63.2%和68.1%。生育保险和产假工资的普及率低反映了当前女性青年职工生育需求与单位用人之间的矛盾。有少数女性员工入职企业不

久便怀孕，休完产假就离职，这种现象会导致雇佣关系紧张，进而造成产假工资和生育保险普及率降低。病假工资普及率低也不排除是有少数员工出现钻病假工资空子的现象，导致雇佣关系紧张所致。值得注意的是，新兴商业、服务业人员（快递员、网约车司机）的就业保障远不如其他职业，当前新兴产业从业人员规模不断扩大，应当对该群体的就业保障状况投以更多关注。

4. 经济下行状态影响就业创业形势，创业青年期待政策扶持

近年来世界经济逐渐出现下行趋势，中美贸易摩擦一定程度上也影响了我国的经济，就业创业形势不容乐观。根据调查数据，34.65%的广州创业青年认为企业发展遭遇的主要挑战是经济下行导致的大环境不好，32.67%的创业青年遭遇的最大挑战是资金链断裂的风险。激烈的市场竞争带来的挑战是广州创业青年面对的主要问题之一（13.86%）。自身产品竞争力不足也是部分青创企业面临的挑战（5.94%）。

除了市场环境的变化，新冠肺炎疫情的暴发也导致全国社会经济活动"停摆"，广州直到 2020 年 3 月底才逐步恢复正常的经济生产活动，这无疑也对青年创业造成较大影响。数据显示，有 58.42% 的创业青年表示在此次疫情中受损失较大，几乎不受影响的只占 6.93%，受损较少的占 32.67%。其中受疫情影响损失较大的行业，主要集中在餐饮行业（100%）、农林牧渔水利行业（75%）、IT 等高科技行业（68%）、销售行业（58.33%）、商务咨询行业（58.33%）、文化娱乐行业（42.86%）、教育培训业（41.67%）、加工生产行业（40%）、金融行业（33.33%）。在这种情况下，创业青年迫切希望政府能在税收、贷款等政策层面优化青年创业环境，出台更加优惠的扶持政策，以进一步减少创业限制，推进事业发展。从调查数据结果看，广州创业青年最希望政府提供的帮助是税收优惠（59.41%）、放宽贷款政策（59.41%）和拓宽融资渠道（50.5%）。此外，认为政府需加强创业服务机构建设的占 24.75%，放宽新企业审批及简化审批程序的占 21.78%，成立创业者组织的占 14.85%，提供与同行交流平台的占 12.87%，希望开展创业教育培训的占 8.91%，希望社会舆论支持的占 3.96%。

5. 平台就业缺乏制度化的政策设计和法治保障，从业者劳动权益保护问题较为突出

一是平台就业缺乏制度化的政策设计和法治保障。虽然从全国到各省市都对新兴经济持鼓励发展态度，也出台了一系列政策文件来推进平台经济发展，但还缺乏专门的、有针对性的制度和政策，平台就业的法律边界、职业和岗位清单等问题在劳动就业管理和服务领域均不够清晰。

二是促进青年在平台上就业创业的政策措施不够完善，平台经济从业青年获得职业指导、技能培训和就业信息服务比较滞后。首先，针对平台经济从业青年的职业技能培训政策缺乏。其次，有关部门为平台经济从业青年提供的就业服务信息有限，扶持政策不完善，导致他们在获得创业贷款、税收政策优惠等方面面临担保条件多、手续繁杂、可操作程度较低等问题。最后，平台经济领域多为低技术含量岗位，平台经济从业青年的职业发展空间有限。

三是平台经济从业者群体基础数据缺乏，不利于公共就业服务的开展。目前平台就业尚未形成统一规范的认定标准，统计口径和指标体系不健全，对平台经济从业者的统计调查数据大多来源于平台内部数据库，政府层面公开的统计汇总数据欠缺。另外，平台从业人员规模庞大、增速快、变动快、分布情况复杂，人员流动性强，业态灵活多样，统计难度较大，加上平台经济从业人员很多未被纳入政府就业登记范围，因此很难把握全面完整的平台经济从业人员基础数据，给公共就业服务的开展带来不小的麻烦。

四是平台经济从业青年劳动权益保障问题较为突出。首先是从业青年劳动强度大，风险保障不齐全，劳动纠纷发生多。其次是平台就业稳定性差，在缺乏劳动关系法律保障的现实情况下平台企业的消失更容易引发劳动争议。再次是平台经济从业青年普遍缺乏可供维权的组织化渠道。平台经济就业中工作方式的弹性化助推了劳动用工的分散化，分散于各地的从业人员很难形成可以与平台谈判对话的力量，缺乏明确有效的申诉渠道。

6. 广州青年对就业政策的了解和利用存在差异性，对就业政策信息的获得存在滞后性

一是青年对就业政策的了解和利用程度存在差异。不同性别、户籍、年

龄、家庭经济状况的青年对于政策的认知状况不同，在一定程度上导致了政策利用程度的不均衡，从而影响他们对政策评价的满意度。

二是就业市场变化迅速，就业政策具有相对滞后性。青年的就业问题是动态发展的，随就业形势不断变化，青年对于就业政策的需求也是动态变化的。由于制定过程的严格规范，就业政策的出台和发布难免存在滞后性，这就要求政策的制定要有前瞻性。

三是青年群体需求的差异性与政策一致性之间的矛盾。当前，青年群体的就业需求十分个性化，不同年龄、不同受教育程度、不同户籍青年对就业政策的期待具有不同侧重点。然而政策的施行具有一致性，于是在个体就业过程中，其个性化的需求和一致性的政策之间产生矛盾。为了让就业政策更好地服务于更多青年，一定要努力把握青年的个性化需求，使政策的制定更加精准、有针对性。

7. 广州青年女性就业认知存在偏差，就业保障存在较为明显的短板

一是广州在职青年女性在就业观上存在一些较为突出的问题。她们追求高薪酬待遇，不符合职场发展现实，显得有些浮躁和不踏实；她们每周工作日仅比法定五个工作日多 0.35 天，每天工作时间不到 6 小时，远低于青年平均工作时长；选择就业地集中在北京、上海、广州、深圳及沿海发达城市，这虽然可以理解，但从发展更充分、更平衡的角度来看，还缺乏一些勇气和长远的眼光。

二是参加过就业培训的比例偏低。原因主要有：学校开展的就业培训课程较少，社会化就业培训不健全，导致青年女性就业培训不足；部分青年女性对就业培训不重视，未能主动参加各机构组织的就业培训课程。

三是有三成青年女性遭遇过就业歧视。主要表现有：男女同工不同酬、岗位性别隔离以及求职过程中的性别歧视。除此之外，还有对女性年龄、身高、相貌、先天疾病等的歧视。

四是女性就业保障存在明显短板。从广州在职青年女性享受的就业保障项目来看，仍有较多人未能够完整享受国家规定的一系列就业保障项目，例如生育保险有 25% 的女性不能享受，而产假工资则有超过三成的女性未能

享受，在就业合同签订和"五险一金"等基础保障方面，也有部分女性的权益未能得到保障。此外，在推动青年就业创业的政策方面，缺乏针对女性的专门扶持措施，当女性受到职业伤害时，保护不够及时和便捷。

四 促进广州青年就业创业更好发展的相关建议

为促进广州青年就业创业工作更好地开展，应当立足广大青年需求，结合广州经济社会发展的实际状况，进一步完善政策、落实机制，有针对性地解决青年就业创业所面临的困境和问题，同时充分调动教育资源、组织资源和社会资源，共同开创青年就业创业工作的新格局。

1. 完善青年就业社会支持网络，加强大学生就业服务的全面性

政府部门需要建立起能够充分对接青年就业创业的服务平台，对各方信息资源进行整合。针对有不同需求的青年求职群体，为其量身制定个性化、差异化的扶持政策，引导其做好就业准备。学校要结合市场需求，从专业设置这一源头做出必要的市场预测和招收计划，避免学历教育和职业教育的脱节，同时加强校企合作，与用人单位紧密联系，加大推动学生社会实践的力度，校企联合共同帮助大学生做好就业准备工作。家庭中父母应该营造良好的家庭氛围，引导青年树立理性的择业观，尽可能理解并尊重孩子的正当选择，支持其实现职业发展目标。

在就业服务方面，一要建立以市场需求为导向的青年职业培训体系。随着经济社会的不断发展，市场对劳动力的素质和能力不断提出新的要求，这就要求作为劳动力主力军之一的青年劳动者，应随着市场的需求不断强化自身能力。二要做好社会调研，利用信息优势把握市场动向，搭建青年的就业服务平台，健全覆盖城乡、高效全面的就业创业服务体系。全面有力的就业服务可以在一定程度上缓解就业压力。三要加强青年就业服务的信息化建设，特别是结合信息技术、大数据、新媒体的发展，建立有效覆盖、全面准确的就业信息化平台。四要建立青年职业生涯指导服务体系，完善职业咨询师队伍建设，为青年职业生涯规划和职业能力提升提供全面而完善的服务。

2. 引导青年树立合理的就业观，保障青年女性平等就业权利

当前青年的"就业难"现象更多地表现为"找到满意的工作难""找到专业对口的工作难"，这实质上是一种结构性的就业矛盾。在大众创业、万众创新的经济新常态下，"互联网＋"产业蓬勃发展，新业态、新模式层出不穷、充满活力，人才需求量很大。广大青年要树立与时俱进的科学就业观，关心国家政策风向，密切关注市场变化，适时调整自身的就业期望和职业目标以实现灵活就业。要积极响应国家"双创"号召，投身新产业、熟悉新业态，勇于尝试在中小微企业或"互联网＋"产业领域开展就业实践，主动到贫困地区、经济欠发达地区和人才匮乏的产业、地区就业创业，为国家经济社会建设贡献自己的青春力量。

针对女性在就业市场中处于弱势地位的问题，一定要联动社会力量，采取各种方式提高男女平等意识，反对一切就业歧视，保障女性就业权利。首先，可以完善《就业促进法》，针对妇女平等就业、免受就业歧视等内容做出全面、合理、具体的规定，将国家保护女性平等就业、禁止就业性别歧视的责任和义务予以明晰，将反对一切形式的就业歧视从"道义责任"上升为法律责任；其次，妇联、共青团组织要深入群众，及时了解青年女性就业现状与需求，帮助女性解决实际问题，保护其合法利益不受侵害；再次，要逐步完善女性职业技术教育培养训练系统，建立专门的女性就业服务网络，扫除女性就业障碍，拓宽女性就业领域。

3. 不断完善青年就业创业保障机制，提高青年职业满意度

企业应按照《劳动法》《就业促进法》等法律法规规范用工行为，严格落实相关法规政策，为雇员提供劳动合同、"五险一金"、产假工资等权益保障，通过政策和制度保障，切实增加对青年就业权益的保护，提高青年就业质量。同时，要加大对违法行为的打击力度，保障广州在职青年的合法权益。为避免员工恶意利用产假工资制度，也要建立起相关应对机制（如根据入职时间来确定产假工资，入职时间短的员工产假工资少），尽量保障企业和员工双方利益，提高职业权益保障的普及度。

针对职位升迁相对困难的问题，要建立畅通明确的员工晋升渠道，公开员工晋升评选标准，实行公正公开的内部晋升制度，让员工有努力的方向和动力，提升其职业成就感和幸福感，进而提高其职业满意度，使其在合适的位置上发挥最大效能。对青年自身来说，只有符合市场需求和时代发展，才能获得一份具有较好薪资水平和发展前景的工作。因此青年要树立科学的择业观，结合自身能力进行合理的职业生涯规划，做出理性的职业选择，实现多元化就业。在破除传统就业观念的同时还要加强专业技能学习，适应社会竞争机制，早日实现自己的价值。

4. 加强就业创业服务平台建设，打造更加完善的就业创业环境

第一，完善相关政策，改善创业环境。政府进一步加大对青年创业的财政经费投入力度，社会团体逐渐成立青年创业风险投资基金，金融机构陆续推出更适应创业青年需要的小额贷款业务，为青年创业拓宽融资渠道，提供金融支持；强化针对青年创业的政策支持，在注册登记程序、条件、费用、税收等方面给予优惠和便利，降低青年创办中小企业的审批准入门槛；成立"一站式"创业服务中心，为在穗青年提供工商登记、税收、信贷、项目评估、行政审批等"一站式"服务，增强青年创业的便利性。

第二，加强创业服务平台建设。办好广州青年创新创业大赛，深入实施大学生创业引领计划、农村青年创业致富带头人培养计划、广州女性创业发展计划，加强就业创业孵化基地、青年创新创业示范园区等阵地建设，搭建青年创业项目展示和资源对接平台，完善青年创业信息公共服务网络，做好青年创业项目孵化和人才挖掘、维系和培育工作，建设高层次人才创新创业示范基地。

第三，强化青年创业培训，提升青年创新创业能力。组建专业化的青年创业导师队伍，对创业青年和在校大学生开展创业知识培训、"一对一"辅导创业等活动。完善政府创业培训补贴政策，鼓励社会力量参与创业培训。拓展创业培训的内容，将创业培训与项目推荐、技术支持、人才服务、小额贷款、融资担保等内容完美对接。

第四，营造良好的社会氛围，鼓励青年创新创业。为大学生和在职青年群体提供有针对性的支持政策，为青年创新创业提供便利条件。营造鼓励创业的良好社会氛围，合理引导青年创新创业。

5. 健全平台就业政策和法律体系，保障从业者就业权益

一是制定平台经济从业者就业创业政策体系。要结合平台经济发展规划和运行实际动态制订平台就业中长期发展规划，出台促进平台就业创业的政策措施；改善现有公共就业服务信息提供方式，加强政府与平台企业的沟通联系，建立平台就业劳动力市场供需信息平台，及时发布岗位信息；优化平台创业扶持政策，做好就业补助、职业培训、岗位技能提升等服务工作，鼓励高素质高技能人才依托平台创新创业。

二是健全平台就业和劳动权益保障的法律和政策体系。研究制定包括劳动关系在内的不同类别法律关系的界定标准和认定范围，对不同领域、不同类型平台企业采取有针对性的监管模式，区分平台企业和监管部门的职责边界；加强对平台经济下劳动关系、劳动基准、社会保障和福利等问题的研究，研究制定工资工时等有关劳动基准，确立劳动权益基本保障标准，普及劳动保障相关法律法规，完善劳动争议处理方法；加强平台经济从业青年工会组织建设，增强从业青年维权意识和能力；研究制定适应包括平台就业人员特点的多元化社会保险制度，增强就业、社保相关政策的宣传力度，引导平台就业者积极参保。

三是强化平台就业人员的职业教育体系建设。加强学校教育、职业教育与平台就业市场的适应性，推动引导教育培训机构适应经济社会发展和技术进步需要，培养提升平台就业人员的价值观念和技能技术。推进高等教育、职业教育的专业设置、培养模式与平台经济等新业态发展相衔接，推动从业人员向知识型、技能型转变。

四是建立平台经济从业群体统计制度和动态数据更新系统。鼓励平台经济从业者在政府公共就业信息平台上进行就业登记，充分整合现有平台企业大数据库，建立适合平台经济从业者的统计制度和数据库。基于平台经济从业者的高流动性，还要构建平台经济从业人员动态数据更新系统。

6. 做好就业创业精准服务，为青年提供全面的个性化就业方案

一要推动实施就业优先战略，积极利用财税、金融、产业、贸易、投资等经济政策促进经济增长和扩大就业。加强就业政策与宏观经济政策和社会

政策的衔接，形成有利于促进就业的宏观政策体系，同时大力推动发展吸纳就业能力强的产业，鼓励发展灵活就业新模式，提高青年就业率。

二要做好高校毕业生就业创业促进工作。鼓励各类企业推出高质量岗位，专项用于高校毕业生招聘；在高校建立"就业创业服务站"，开展职业体验、就业创业政策宣传、就业创业指导、技能培训、补贴申领等服务；还可邀请知名企业 HR、青年企业家、就业创业导师等提供政策咨询、就业辅导、职业生涯规划、技能培训等服务，帮助提升高校毕业生就业创业技能。

三要健全覆盖不同类别青年的公共就业创业服务体系，提供全方位、个性化公共就业服务。通过就业创业"一站式"线下服务阵地和"一站式"信息服务矩阵，为青年提供相应就业服务；创新就业创业服务工作方法，探索青年喜爱的创业指导与活动模式；积极发挥线上平台作用为青年提供求职信息服务，在线帮助青年开展职业生涯规划、面试技能提升和就业创业渠道开拓等多方面的指导活动。

四要开展职业教育和技能培训，培养高素质青年人才队伍。通过扩大政府补贴培训供给、拓宽职业培训补贴范围、提高职业补贴标准、优化职业培训服务等多个方面鼓励和支持青年参与职业技能培训；深化产教融合、校企合作，以技能为导向开展培训，让青年掌握更多实用技术；高质量推进"互联网＋职业技能培训"，利用互联网线上平台开展职业技能培训工作。

7. 倡导健康的女性就业文化，构建良好的女性就业生态

一要树立正确的就业观。青年女性要在竞争激烈的就业市场获得平等权利、争取优势，首先要转变观念，树立正确的就业观。要以平等心态对待竞争，以理性态度对待就业市场，形成健康的女性就业文化。

二要强化女性就业培训力度。在公共就业培训工作中适当考虑女性就业所涉及的特殊内容，有针对性地进行培训，提升女性业务能力。同时，在进行培训的过程中，要加强职业技能考核，提升培训效果。

三要减少就业性别歧视。用人单位对女性求职者的就业歧视，既有市场竞争的原因，也有政府缺位的因素。政府在出台各种保障女性权益的政策时也应当认识到女性的生育成本，尽快建立起一套政府、社会、企业、家庭分

担成本的机制，尽量减少女性就业歧视。

四要完善女性就业保障体系。一方面要加强劳动关系运行情况监测，关注处于弱势的女性青年；另一方面，还要为女性就业创业发展提供政策、资金等方面的扶持，为女性群体维权设立专门通道，搭建女性就业服务平台。

五要构建良性的女性就业生态。建立政府、高校、企业之间的良性互动，引导女性正确就业、健康就业、真正就业；对女性就业市场进行深入调查，分层分类剖析，有针对性地出台就业服务政策措施，更好地帮助女性就业创业。

参考文献

广东省教育厅：《2018年广东省高校毕业生就业质量报告》，2018。

涂敏霞主编《广州青年发展报告（2019）》，社会科学文献出版社，2019。

潘本衡、肖冬梅：《贫困大学生心理健康研究》，《中国青年研究》2003年第6期。

马晓倩、田文婷、向杰：《高校大学生就业问题及对策分析》，《产业创新研究》2019年第12期。

沙梦丽：《社会支持视域下大学生"慢就业"的应对策略》，《智库时代》2019年第32期。

徐龙联：《新形势下大学生就业现状及应对策略》，《企业改革与管理》2019年第22期。

朱京凤：《大学生就业创业社会支持体系构建探讨》，《继续教育研究》2017年第4期。

夏宇君：《关于大学生就业问题的文献综述》，《智库时代》2020年第7期。

陈晓雯：《职业生涯规划在大学生就业指导工作中的作用解析》，《文化创新比较研究》2019年第32期。

陈汝楠、常亮：《互联网时代大学生就业能力提升路径研究》，《科技资讯》2019年第5期。

李群：《大学生就业准备中的误区及改进策略》，《经贸实践》2018年第11期。

杨锦：《当代大学生就业心态现状及改善对策分析》，《教育现代化》2018年第11期。

广州市统计局、国家统计局广州调查队编《2019广州统计年鉴》，中国统计出版社，2019。

王伟冰：《服务型地方政府促进大学生就业对策研究》，《吉林师范大学学报》（人文社会科学版）2015 年第 3 期。

周鹤、黄晶梅、黎建林：《论经济危机下促进大学生就业中的政府责任》，《吉林师范大学学报》（人文社会科学版）2014 年第 6 期。

付晓、陈永磊、范文洁：《新常态下大学生就业价值观分析》，《教育教学论坛》2019 年第 2 期。

共青团中山市委课题组：《青年就业创业特点与青年工作对策：以中山市中职（技工）青年调研为例》，《中国青年研究》2016 年第 12 期。

郭巧丽、杨贝乐、任波、黄亚冰：《共青团促进青年就业创业路径研究》，《品牌（下期）》2014 年第 11 期。

刘思广：《新时代背景下国内"95 后"高校学生就业观探析》，《中国商论》2020 年第 3 期。

刘保中：《时代变迁与就业选择：新时代大学生就业意愿的新特征》，《青年探索》2020 年第 1 期。

陶莹、何建晖：《经济新常态下大学生就业观问题及对策探析》，《中国大学生就业》2019 年第 13 期。

周泽仪：《大学生就业观的研究综述》，《劳动保障世界》2020 年第 9 期。

王芳：《高等教育过度视角下的毕业生供求状况研究》，《重庆高教研究》2013 年第 3 期。

陈小玲、钱翀：《大学生就业能力影响因素分析》，《中国高校科技》2015 年第 3 期。

史亚琴：《高等教育大众化阶段高校毕业生的就业问题初探》，《出国与就业》（就业版）2011 年第 4 期。

颜丽娟：《就业歧视的界定和规避》，《人口与经济》2014 年第 S1 期。

鲍春华：《劳动力市场中的歧视现象与对策》，《湖北财经高等专科学校学报》2002 年第 4 期。

郭斌：《女大学生就业难的问题探析》，《中国大学生就业》2007 年第 16 期。

周群英、周文莲：《就业性别歧视的文化机制分析》，《中国矿业大学学报》（社会科学版）2006 年第 3 期。

孙晓燕、陈亚彤：《弱势、准弱势劳动者公平就业的实现途径》，《山东社会科学》2006 年第 6 期。

周兢：《劳动力就业的歧视问题探析》，《人口与经济》2003 年第 3 期。

分　报　告

Sub – Reports

B.2
广州青年就业准备现状分析报告

冯英子[*]

摘　要：　本文基于2020年"广州市青年就业创业状况"调查中的大学生数据，对其就业准备现状进行分析，发现五成广州青年有明确求职意向；最需要专业技能培训、求职应聘技巧指导、及时获得就业信息。性别、年级、户籍和原生家庭经济状况显著影响广州青年的就业准备。目前广州青年就业准备中的问题主要体现在个人心态、原生家庭、就业市场、社会支持方面，建议从加强大学生就业服务的全面性、提升青年职业生涯规划教育水平、完善青年就业的社会支持网络、倡导大学生要有终身学习的职业规划理念等方面促进广州青年就业准备工作。

* 冯英子，广州市穗港澳青少年研究所助理研究员，硕士，主要研究方向为青少年发展、社会工作等。

关键词： 青年 就业准备 广州

一 前言

随着现代化进程的加快和我国教育事业的不断推进，高等教育迅速发展，高校不断扩招，更多的青年人能够接受更好的学术教育和职业培训，根据国家公布数据，2020年应届高校毕业生将有874万人，同比增长40万人，2020年上半年就业形势复杂严峻，大学生青年在职业竞争中逐渐面对着更多的压力和选择。在学生时代，青年人如果能提前做好从"学校人"到"职业人"角色转换的准备，就能在就业以后更快地适应职业生活，从容应付不再单纯的环境，抢先站稳脚跟，更好、更快地在职业生涯的阶梯上攀登。我们常常建议，大学生在校期间就要开始做好职业生涯规划。作为人生早期的一个重要的规划方案，职业生涯规划是个人对自己一生中从事的工作和职务的设计，不仅会影响青年初入职场时的工作取向，也会对其一生的职业发展产生重要影响。

从职业生涯发展角度来看，大学时期属于职业生涯的探索阶段，包括过渡期和试验承诺期，在此阶段，大学生的各项能力不断提升，个人职业兴趣取向逐渐明晰，在完成学历教育后，他们将走向社会，就职于不同的岗位，开始自己的职业生涯。所以，在大学时期，就业准备是大学生的一项重要工作。笔者认为，所谓就业准备，是指个人为了获取理想中的职位而进行的一切预备行动，可以从两个维度来对其进行分析：一是就业准备的认知，包括对就业市场情况的调查了解、个人就业目标的确立、他人意见的获取等；二是就业准备的具体行为，包括身体素质，知识、能力和技能储备，求职面试技巧等。广义上来说，就业准备既可以是已经在职的员工为了更好的职业发展而寻求新工作时的准备，也可以是大学生在就业之前为求职而加强学习、提升能力的行为。

本报告聚焦于大学生这一群体的就业准备情况，主要基于课题组于

2020 年 3 月开展的"广州市青年就业创业状况"调查中的大学生数据,部分内容使用了广州市穗港澳青少年研究所于 2019 年 9 月开展的"青年求职需求调查"中的大学生数据,旨在获知广州大学生的就业准备情况及影响因素,提出有针对性的建议,为以后的研究和政策制定提供支持。

二 广州青年就业准备现状分析

在 2020 年 3 月开展的"广州市青年就业创业状况"调查中,课题组在广州市大学生群体中按照分层分类的原则共计发放 850 份问卷,有效回收 824 份问卷,从性别来看,男性占比 43.4%,女性占比 56.6%;年级分布较为平均,大一、大二、大三分别占比 36.4%、32.4% 和 21.0%,大四占比 6.2%;户籍方面,广东省其他地市户籍大学生占比最高,比例为 72.5%,其次是外省户籍,为 14%,广州户籍占比 11.9%;其中有 76.1% 的大学生是共青团员,8.1% 为党员。现对广州青年就业准备现状分析如下。

(一)广州青年对就业的基本认知

1. 仅五成广州青年有明确求职意向

我们每个人都会依据自己的兴趣和能力水平进行职业规划,从而决定自己想要从事的行业、岗位,带着这种目标去寻求适合自己的工作。明确了求职意向,找工作的时候就能不偏方向,有的放矢。当问及"是否有明确的求职定位与方向"时,仅有 50.7% 的青年大学生表示肯定。由此可以看出有相当一部分广州大学生在大学阶段缺乏明确的就业目标,在进一步访谈中,我们发现这可能跟部分低年级的学生认为"没必要过早地思考就业问题"有关。

进一步分析发现,有 73.9% 的受访者能明确指出自己期望工作的地区,有 61.1% 能明确指出自己期望应征的工作岗位,有 52.6% 的青年能明确指出自己期望工作的公司,有 67% 的受访者能明确指出自己期望工作的产业(见表 1)。这说明大部分广州青年在就业准备时有明确的目标,但仍有相当一部分青年在职业生涯目标上较为迷茫，这也导致了青年在搜集与职业目标相关的资料时陷入迷茫。

表1　广州青年就业准备的目标明确度（N=756）

单位：%

	非常不符合	不符合	有点不符合	有点符合	符合	非常符合
我能明确地指出自己期望工作的地区	2.5	7.0	16.5	32.9	24.1	16.9
我能明确地指出自己期望工作的产业	2.5	6.6	23.8	33.9	21.4	11.7
我能明确地指出自己期望工作的公司	4.5	13.1	29.8	31.0	13.8	7.8
我能明确地指出自己期望应征的工作岗位	2.1	9.5	25.8	32.4	18.6	10.1

资料来源：广州市穗港澳青少年研究所于2019年9月开展的"青年求职需求调查"。

2. 超四成青年认为当前广州就业形势严峻

广东省教育厅历年发布的广东高校毕业生就业质量年度报告显示，2018年广东省实际参加就业的普通高校毕业生为542581人，比2017年增加13950人，增幅为2.64%，增幅比2017年减少1.95个百分点。而基于2019年智联招聘大数据，通过对应届生的招聘、求职及调研数据的整合，我们发现供需双方的数据都呈现出上升趋势，其中需求人数同比上升81%，求职人数同比上升21%[①]。以上数据表明，虽然我国经济稳步发展，企业数量、职位数量有所增加，但求职大学生人数也在逐年增长。

根据我们的调查，鉴于逐年增加的毕业生人数、稀缺的优质岗位以及大学生对职位的期待，有43.7%的广州青年认为当前广州市就业形势严峻，37.7%的青年认为广州就业形势一般，仅有5.5%的青年认为就业形势大好。值得注意的是，还有13.1%的青年称不了解就业情况，显示出他们的

---

① 搜狐网，https://www.sohu.com/a/284204347_99901684。

就业态度不够积极。

3. 广州青年就业选择最易受父母影响

调查显示，广州青年在进行就业选择时，认为父母意见对其影响最大的占比38%，其次是专业咨询机构及其就业指导专家（占比11%），排在第三位的是同学/同事（占比9.7%）。值得注意的是，有21.4%的受访者认为没有人能影响其就业选择，就业的选择权在于自己，可以按照自我的意愿去选择喜欢的工作（见图1）。由此可见，当前广州大学生在进行就业选择时受父母的影响最大。

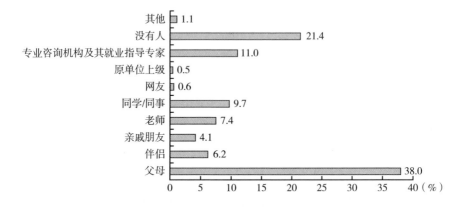

图1 谁的意见影响广州青年的就业选择

（二）就业准备过程中广州青年需要的支持

1. 广州青年最需要专业技能培训、求职应聘技巧指导、及时获得就业信息

调查显示，广州青年对求职帮助的需求主要集中在专业技能培训（20%）、求职应聘技巧指导（18.6%）以及及时获得就业信息（18.5%）。有12.4%的广州青年期待提高薪酬待遇，9.2%的青年期待就业后能有充分发挥自己才能的机会，7.6%的青年期望他们的劳动权益获得切实保障（见图2）。由此可见，广州青年更关注自身职业素养、个人能力的提升，从主观方面进行就业准备的居多；同时，就业信息的及时共享、获取也被青年认为是就业准备的重要内容之一，越来越多的青年人会通过智联招聘、51job

等互联网平台来获取招聘信息。由此可见，互联网的迅猛发展、网络技术的不断提升、网络平台的成熟完善，青年能更"得心应手"地使用互联网来获取就业信息。

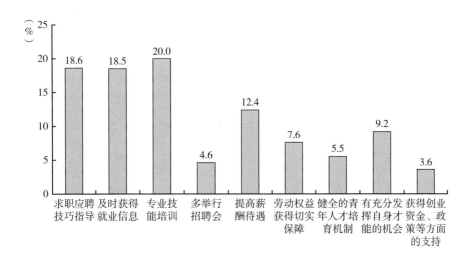

图2　在职业发展方面，广州青年目前最希望获得哪些支持

2. 广州青年倾向于进行面对面的就业咨询

就业咨询可以从职业选择、求职技巧、职业适应等方面给予青年一定的专业建议，在大学生就业准备的过程中起着重要的建议指导作用。在就业咨询的形式上，50.1%的受访者选择了面对面咨询，其次是网络咨询形式，有31.2%的青年选择此项；同学或同事互助（占比8.1%）、团体授课（占比5.3%）和电话咨询（占比4.9%）的形式均受选比例较低（见图3）。

3. 广州青年对个人素质测评和求职技巧辅导最感兴趣

数据显示，广州青年最感兴趣的职业生涯规划辅导类型是个人素质测评，占比为26.8%；其次是求职技巧辅导，占比略低于个人素质测评，为25.2%；排在第三位的是行业资讯推介，选择此项的青年占18.8%，随后是就业政策解读（占比17.4%）（见图4）；理论知识介绍、心理咨询辅导受选比例则较低。由此可见，广州青年对于个人能力的评估和职业规划的需

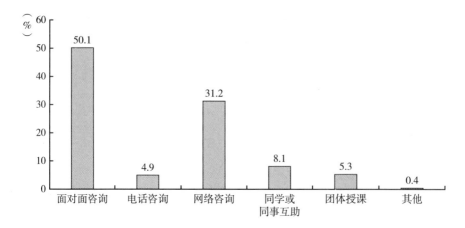

图3 如果接受就业咨询服务，广州青年喜欢的就业咨询服务方式

求最为迫切，这两点也是关系到未来他们能否顺利适应职场生活的重要因素，是就业准备的重要内容。

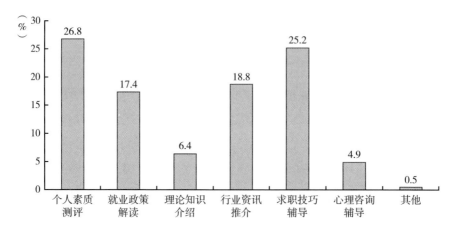

图4 广州青年最感兴趣的职业生涯规划辅导类型

（三）广州青年就业准备的具体行为特征

1. 广州青年拥有较强的职业信息获取能力

从表2可以看出，大部分广州青年在求职过程中会积极地查找相关资料、投递简历和与职业辅导机构、未来的公司联系。具体来看，67.7%的广州青年会从报纸、期刊或专业协会的求职信息中找到自己适合的工作；75%的广州青年会寄送履历表给未来可能的雇主或公司；会主动与未来可能的雇主或公司争取面试机会的受访者有74.4%；会主动与人力部门、就业辅导等单位接触的青年占比66%；有63.6%的青年会主动打电话给未来可能的雇主或公司（见表2）。

但是有一定比例的受访者表示自己不太可能会有以上这些行为，认为自己可能不会主动打电话给未来可能的雇主或公司，不会主动与人力部门、就业辅导等单位接触，不会主动寻找职位信息等，这说明有一部分广州青年求职准备的主动性较差。

表2 广州青年就业准备中的获取信息行为（N=756）

单位：%

	非常不符合	不符合	有点不符合	有点符合	符合	非常符合
我会从报纸、期刊或专业协会的求职信息中找到自己适合的工作	1.9	6.8	23.6	34.4	21.6	11.7
我会寄送履历表给我未来可能的雇主或公司	1.4	8.0	15.6	37.2	26.9	10.9
我会主动与未来可能的雇主或公司争取面试机会	1.8	5.5	18.4	34.1	27.0	13.3
我会主动与人力部门、就业辅导等单位接触	2.5	7.4	24.0	30.3	24.0	11.7
我会主动打电话给未来可能的雇主或公司	2.7	7.4	26.2	27.8	23.9	11.9

资料来源：广州市穗港澳青少年研究所于2019年9月开展的"青年求职需求调查"。

2. 广州青年主要通过学校推荐、招聘网站求职

调查显示，广州青年获取就业信息的渠道中排在前三位的分别是"学校或老师推荐"（占比19.7%）、"专门的招聘网站"（占比17.5%）和"招聘会"（占比14.9%）（见图5），这三个渠道也是以往我们使用的主要信息传递渠道，说明未来还是要加大从这三个渠道宣讲招聘信息的力度。同时"人才市场""直接与用人单位接触或登录用人单位网站""熟人介绍"等也发挥重要作用，人才市场在高校毕业生就业过程中的能动主体作用有待进一步发掘，应进一步完善大学生就业服务工作，拓展服务广度，延伸服务深度。

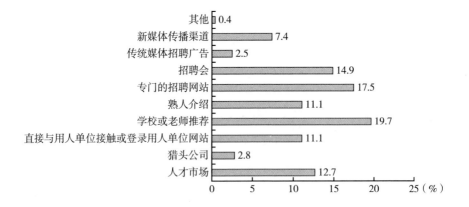

图5 广州青年获取就业信息的主要渠道

3. 大部分广州青年认为自身表达与沟通技巧较好

从数据分析来看，大部分广州青年认为自己的表达与沟通技巧较好，即认为自己可以准确地表达自己的想法、针对不同的人使用不同的沟通技巧；且在面试过程中，也会运用自己的沟通技巧来应对面试中的问题。具体来看，认为"我可以精准地表达想法以让他人充分了解"的青年比例为69.8%；会因不同人而调整合适说话方式的青年有78.8%；高达86%的受访者会在面试过程中听清楚题意再回答问题；77.2%的广州青年会适度自我推荐，以展现欲获得此份工作的动机（见表3）。

表 3　广州青年的表达与沟通技巧（N = 756）

单位：%

	非常不符合	不符合	有点不符合	有点符合	符合	非常符合
我可以精准地表达想法以让他人充分了解	1.9	4.7	23.4	36.8	23.4	9.6
我会因不同人而调整合适说话方式	1.4	3.9	16.0	35.8	28.6	14.4
根据不同对象，我可以用不同的说话方式来与人沟通	0.6	4.7	15.0	34.3	31.4	14.0
在面试过程中，我会听清楚题意再回答问题	0.6	2.3	11.1	32.4	33.7	19.9
在面试时对于不了解的事情，我会主动提出疑问	1.0	4.5	13.9	35.2	29.0	16.4
我会适度自我推荐，以展现欲获得此份工作的动机	1.2	2.9	18.5	34.7	27.7	14.8

资料来源：广州市穗港澳青少年研究所于 2019 年 9 月开展的"青年求职需求调查"。

4. 广州青年会充分准备求职简历并具有信心

从表 4 可以看出，广州青年在简历技巧的各个题项上的回答均较为积极，即大多数人认为自己可以做好一份简历并即时更新简历以应对新的工作要求。但是值得注意的是，有 37.9% 的广州青年认为自己对书写有竞争力的自传内容不太擅长，35.2% 的广州青年不知道如何将自己的优势、特色写入求职简历，这说明一方面他们可能缺乏对自己的能力和应聘公司的工作内容的正确认识，另一方面缺乏书写自传技巧的培训。另外，有 28.5% 的青年表示自己不会特地为某职缺设计定制化的简历，这使得他们在求职过程中缺乏针对性，无法吸引招聘方的眼球，简历比较难以通过筛选（见表 4）。

表4 广州青年的简历技巧（N=756）

单位：%

	非常不符合	不符合	有点不符合	有点符合	符合	非常符合
我知道如何将我的优势、特色写入求职简历	1.6	8.8	24.8	32.9	20.1	11.5
在投出求职简历前，我会先做好面试的准备	0.4	4.1	17.2	37.0	28.3	13.1
我会特地为某职缺设计定制化简历去应征	2.7	4.7	21.1	38.3	21.7	11.5
我知道如何书写有竞争力的自传内容	2.3	8.0	27.6	34.4	17.6	10.0
我会持续更新个人的简历内容	0.8	3.9	12.7	36.6	30.7	15.3

资料来源：广州市穗港澳青少年研究所于2019年9月开展的"青年求职需求调查"。

5. 八成广州青年进行模拟面试准备工作

调查显示，在面试准备、预备行为和人际资源三方面，广州青年的回答都较为积极。有八成左右的广州青年认为自己在面试前会向他人请教并进行模拟面试练习，也会积极地阅读关于面试的文章和参与求职工作坊，同时也会通过与他人的交流获得面试帮助和职位信息。值得注意的是，有超过三分之一的人认为自己可能不会参与有关求职经验的演讲或工作坊（见表5）。这可能说明，在客观上，此类工作坊的数量较少，且有关机构也很少举办此类活动；在主观上，广州青年对工作坊信息的了解程度不深、主动参与工作坊的积极性不高。

表5　广州青年的面试准备（N＝756）

单位：%

		非常不符合	不符合	有点不符合	有点符合	符合	非常符合
面试准备	我会去请教他人求职面试该工作的技巧或经验	1.8	3.7	12.1	37.4	29.2	15.6
	我会去请教他人求职面试该工作的合宜穿着	1.2	3.1	10.8	36.7	30.6	17.6
	在面试前，我会进行模拟面试练习	1.2	4.7	18.9	34.5	24.8	16.0
预备行为	我会阅读有关求职或转职的书籍、杂志或文章	1.6	6.6	20.3	32.7	26.9	11.9
	我会参与求职经验的演讲或工作坊	3.9	7.2	25.6	34.6	19.3	9.4
人际资源	我会与朋友或亲戚讨论可能的职缺信息	1.4	6.4	21.5	38.9	21.7	10.2
	我会与重要他人提起与讨论可能的工作职缺	1.6	5.9	17.2	35.8	27.8	11.7

资料来源：广州市穗港澳青少年研究所于2019年9月开展的"青年求职需求调查"。

综上所述，广州青年的就业准备情况总体良好，按照求职竞争力量表中"非常不符合"（1分）到"非常符合"（6分）赋值，广州青年的就业准备平均总体得分为4.1分，属于中等偏上水平。具体来看，得分最高的是"面试准备"，为4.4分；其次是"表达与沟通"（4.3分）；并列排在第三位的是"简历技巧"、"人际资源"和"肯定行为"，均为4.1分；最低的是"目标明确度"，仅为3.9分（见图6）。由此可见，广州青年能够较积极地为求职做准备，在个人简历制作、表达技巧练习、专门针对面试的准备等方面都是比较完善的，但是在个人求职目标的明确度上还有待提高，从访谈中我们也得知有相当一部分青年对自己未来的求职取向存在疑惑，不太知道自己的兴趣、能力到底如何，亟须就业咨询和辅导。

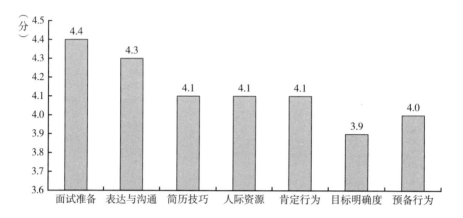

图6　广州青年就业准备评估

三　广州青年就业准备的主要影响因素

（一）性别对广州青年就业准备的影响

1. 男、女青年获取就业信息的渠道有所不同

数据显示，性别显著影响广州青年获取就业信息的渠道。其中，"专门的招聘网站"渠道差异性最大（$x^2 = 23.302$，$p < 0.001$），女性选择这一项的比例为54.1%，而男性仅为37.2%；其次是"熟人介绍"（$x^2 = 19.278$，$p < 0.001$），男性选择此项的比例为37.7%，高出女性14.1个百分点；差异明显的第三个选项是"新媒体传播渠道"（$x^2 = 12.993$，$p < 0.001$），女青年选择此项的比例高出男青年10个百分点，为24%。另外，男青年和女青年通过"招聘会"（$x^2 = 6.627$，$p < 0.01$）、"人才市场"（$x^2 = 4.821$，$p < 0.05$）和"猎头公司"（$x^2 = 4.615$，$p < 0.05$）渠道获

取信息的情况也显著不同：会参加招聘会的女青年比例高于男青年，分别为 43.8% 和 34.9%；通过人才市场获取职位信息的男青年比例高于女青年，分别为 38% 和 30.7%（见图7）。

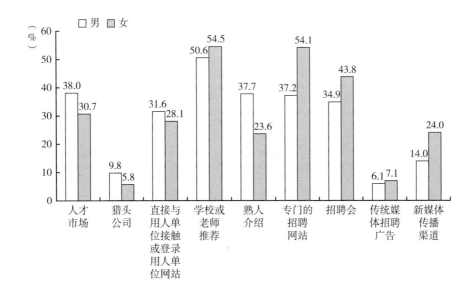

图7　性别影响广州青年获取就业信息的渠道

2. 不同性别青年在"及时获得就业信息"、"劳动权益得到切实保障"和"获得创业资金、政策等支持"方面存在显著差异

对比男女青年所期望的就业帮助发现，首先，广州女青年期望"劳动权益得到切实保障"的比例高出男青年8.1个百分点，选择此项的女青年占比24.9%；其次，男青年更需要"获得创业资金、政策等支持"（占比13.7%），这也与创业青年中男性占比更高相符；再次，女青年更期待"及时获得就业信息"（占比55.6%）。值得注意的是，在"专业技能培训""健全的青年人才培育机制"这两项上男女青年受选比例高度一致，说明在这两方面的服务尤为重要，需要继续深化，扩大覆盖面（见表6）。

表6 不同性别青年期望获得的就业帮助

	求职应聘指导	及时获得就业信息	专业技能培训	多举行招聘会	提高薪酬待遇	劳动权益得到切实保障	健全的青年人才培育机制	有充分发挥自身才能的机会	获得创业资金、政策等支持
男（%）	51.7	47.8	56.4	12.0	36.0	16.8	15.6	28.5	13.7
女（%）	53.4	55.6	56.4	13.5	34.1	24.9	15.2	24.2	7.7
x^2	0.251	4.954*	0.000	0.411	0.326	7.973**	0.026	1.890	7.778**

注：*$p<0.05$，**$p<0.01$，***$p<0.001$。

3. 女青年更青睐网络咨询

数据显示，性别显著影响广州青年的就业咨询方式（$x^2=32.097$，$p<0.001$），其中，网络咨询的差异最明显，女青年愿意采用网络的形式进行就业咨询的比例为38.4%，而男青年仅为21.8%。而其他咨询方式均体现出男青年受选比例高于女青年的特点，其中男青年选择"面对面咨询"的比例为54.2%，比女青年高出7.2个百分点（见图8）。

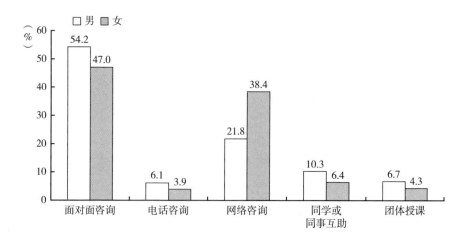

图8 性别影响广州青年就业咨询的方式

4. 男青年对个人素质测评更感兴趣, 女青年更需要求职技巧指导

性别同样显著影响广州青年感兴趣的职业规划辅导内容 ($x^2 = 16.584$, $P < 0.05$)。根据数据可知, 男青年最感兴趣的是个人素质测评, 选择比例为31%, 女性仅为23.6%; 女青年最感兴趣的是求职技巧指导, 选择比例为28.8%, 男青年为20.7%。另外, 男青年在就业政策解读、理论知识介绍上比女青年更感兴趣; 女青年在行业资讯推介和心理咨询辅导上比男青年需求度更高 (见图9)。

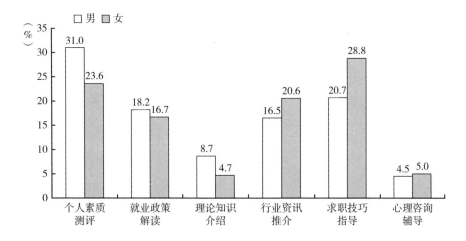

图9 性别影响广州青年最感兴趣的职业生涯规划辅导

5. 择业过程中女青年受到父母意见影响较大

当问及"谁的意见最能影响您的就业选择"时, 男女青年的选择是存在显著差异的 ($x^2 = 27.801$, $p < 0.001$)。在被选比例最高的"父母"中, 女青年选择此项的比例明显高于男青年, 分别为42.5%和32.1%。而男青年认为自己会受到"伴侣"意见影响的占比为9.5%, 高出女性近6个百分点 (见图10)。

(二) 年级对广州青年就业准备的影响

1. 年级越高, 越有明确的就业目标

数据显示, 随着年级的增加, 有明确就业目标的大学生比例显著增加

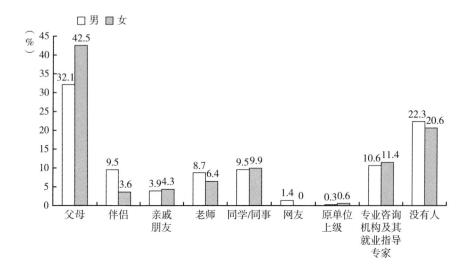

图10 性别影响广州青年意见接纳

（$x^2 = 38.133$，$p < 0.001$）。这也与实际情况相符，大三、大四学生基本都已开始社会实践或工作实习，更有找工作的紧迫性，通过投递简历、参加招聘会不断累积求职经验，对岗位需求、招聘市场情况有更深入的了解，不再"纸上谈兵"，这样让他们能够树立明确的就业目标，做更有针对性的求职准备。

表7 不同年级广州青年的就业目标明确性

	大一学生	大二学生	大三学生	大四学生	硕士在读	博士在读
有（%）	44.0	44.2	65.3	58.8	61.1	83.3
x^2	38.133 ***					

注：* $p < 0.05$，** $p < 0.01$，*** $p < 0.001$。

2. 大一学生最需要个人素质测评，大四学生最需要求职技巧指导

当问及"您最感兴趣的职业生涯规划辅导是什么"时，不同年级广州青年的回答表现出了显著差异（$x^2 = 77.804$，$p < 0.001$）。在个人素质测评

方面，大一学生选择此项的比例最高，为34%，博士生选择比例最低，为16.7%；在就业政策解读方面，博士生选择此项比例最高，为50%，最低的是大四学生，为11.8%；硕博士最需要行业资讯推介，受选比例均为33.3%；大四学生最需要求职技巧指导，比例高达37.3%（见表8）。从以上数据可以看出，大一学生刚入学不久，在就业准备方面，更需要对自身能力有一个测评认知，便于他们由此开始进行职业规划；大四学生面临的求职需求最迫切，而求职技巧正是决定他们能否成功就职的重要因素；硕博士由于学历层次较高，能符合他们求职期望的单位、匹配他们能力的岗位并不多，故他们很需要行业资讯推介。

表8　不同年级广州青年的职业生涯规划辅导需求

	个人素质测评（%）	就业政策解读（%）	理论知识介绍（%）	行业资讯推介（%）	求职技巧指导（%）	心理咨询辅导（%）
大一学生	34.0	20.0	7.7	14.3	18.0	5.7
大二学生	21.7	16.9	7.5	19.5	29.2	4.9
大三学生	23.1	13.3	5.2	24.3	29.5	4.0
大四学生	27.5	11.8	2.0	17.6	37.3	3.9
硕士在读	22.2	22.2	0	33.3	16.7	5.6
博士在读	16.7	50.0	0	33.3	0	0
x^2	77.804 ***					

注：* $p < 0.05$，** $p < 0.01$，*** $p < 0.001$。

（三）户籍影响青年就业准备

1. 广州户籍青年有明确求职目标的比例最高

将不同户籍青年的求职目标明确性做比较发现存在显著差异（$x^2 = 9.511$，$p < 0.05$）。广州户籍青年有明确求职目标的比例最高，为65.3%，其次是广东省其他地市户籍青年，比例为48.9%，外省户籍青年有明确求职目标的比例为47.8%。

2. 广东青年从人才市场获取就业信息的比例高于外省户籍青年，外省户籍青年更善于使用新媒体搜集信息

数据显示，广东青年从人才市场获取就业信息的比例远高于外省户籍青年，二者存在显著差异（$x^2 = 16.533$，$p < 0.01$），比例分别是 36.7% 和 19.1%，相差 17.6 个百分点，这说明广东本地的人才市场发挥了较大的作用，尤其是针对本地户籍青年的服务覆盖面较广。外省户籍青年更善于使用新媒体传播渠道来搜集就业信息，占比为 30.4%，广州户籍青年选择此项的比例略低，为 27.6%，而仅有 16.2% 的广东省其他地市户籍青年选择了此项（见表9）。

表9 不同户籍青年的求职信息渠道

求职信息渠道	广州户籍（%）	广东省其他地市户籍（%）	外省户籍（%）	x^2
人才市场	36.7	36.7	19.1	16.533**
猎头公司	8.2	7.0	8.7	2.333
直接与用人单位接触或登录用人单位网站	31.6	27.8	38.3	5.738
学校或老师推荐	55.1	51.9	54.8	0.793
熟人介绍	32.7	29.3	26.1	6.353
专门的招聘网站	45.9	48.2	41.7	3.608
招聘会	30.6	41.0	40.9	5.947
传统媒体招聘广告	4.1	7.2	7.0	2.341
新媒体传播渠道	27.6	16.2	30.4	16.790**

注：*p < 0.05，**p < 0.01，***p < 0.001。

（四）原生家庭经济状况影响青年就业准备

1. 原生家庭经济状况影响求职目标的明确度

调查显示，家庭经济状况处于中上层的广州青年有明确求职目标的比例最高，为 60%，其后依次是中层（占比 52.7%）、中下层（占比 52.5%）和下层（占比 38.8%）。

2. 原生家庭经济状况越差者认为就业形势越严峻

家庭经济状况与广州青年对就业形势的认知情况呈显著相关（x^2 = 45.407，$p < 0.001$）。从数据来看，原生家庭经济状况处于下层的广州青年认为就业形势严峻的比例最高（占比54.5%），其次是中下层，占比为45.2%，中层的则为38.7%，中上层的为34.3%，原生家庭经济状况越差，越觉得就业形势严峻（见表10）。

表10　不同家庭经济状况广州青年对就业形势的认知情况

家庭经济状况	形势严峻（%）	一般（%）	形势大好（%）	不了解（%）
上层	0	0	100.0	0
中上层	34.3	42.9	11.4	11.4
中层	38.7	45.7	4.5	11.2
中下层	45.2	36.4	5.6	12.9
下层	54.5	21.6	5.2	18.7
x^2	45.407 ***			

注：* $p < 0.05$，** $p < 0.01$，*** $p < 0.001$。

3. 家庭经济状况中上层的青年更容易通过熟人介绍获取就业信息

调查显示，不同家庭经济状况的青年通过熟人介绍获取就业信息差异显著（$x^2 = 14.146$，$p < 0.01$），家庭经济状况为中上层的广州青年通过熟人介绍获取就业信息的比例为57.1%，远高于其他层次比例；家庭经济状况为下层的广州青年通过专门的招聘网站来获取就业信息的比例最高，为53.7%；家庭经济状况中层的广州青年多通过学校或老师推荐获取就业信息。

表11　家庭经济状况与就业信息获取渠道

家庭经济状况		猎头公司	学校或老师推荐	熟人介绍	专门的招聘网站	新媒体传播渠道
上层	计数	1	0	0	0	0
	百分比（%）	100.0	0	0	0	0
中上层	计数	2	17	20	8	13
	百分比（%）	5.7	48.6	57.1	22.9	37.1

续表

家庭经济状况		猎头公司	学校或老师推荐	熟人介绍	专门的招聘网站	新媒体传播渠道
中层	计数	27	159	87	145	75
	百分比(%)	8.6	50.8	27.8	46.3	24.0
中下层	计数	21	201	96	160	55
	百分比(%)	6.2	58.9	28.2	46.9	16.1
下层	计数	11	58	42	72	19
	百分比(%)	8.2	43.3	31.3	53.7	14.2
x^2		14.006 **	11.908 *	14.146 **	11.555 *	15.925 **

注: * $p < 0.05$, ** $p < 0.01$, *** $p < 0.001$。

通过本次调查,我们发现性别因素、年级因素、户籍因素以及原生家庭经济状况因素与广州青年的就业准备状况显著相关,是主要的影响因素。我们需特别注意以下几个特点:一是女青年在就业准备过程中体现出和男青年的不同之处,倾向于网络咨询,对面对面咨询不如男青年那样热衷,同时还更容易受到父母意见的影响;二是不同年级的广州青年对于就业技巧指导的需求是显著不同的,要有不同的指导内容,分层分类地指导计划制订;三是广东本省户籍青年使用人才市场就业服务的比例远高于外省户籍青年,说明广东省的人才市场还需在外地户籍青年的就业服务工作中加大宣传力度,推出有针对性的就业服务,吸引更多外省户籍青年;四是原生家庭经济状况会影响青年人就业,要多关注家庭经济状况较差的大学生,了解他们在就业准备过程中遇到的困难或需求,提供更多的就业指导服务和支持,帮助他们更好地适应从学校人到社会人的转变。

四 广州青年就业准备过程中面临的问题及原因

(一)个人心态:从"学校人"到"社会人"的角色转换带来迷茫、焦灼

大学低年级时,大学生对于职业规划并无太多思考,更多人对此的心态

是比较迷茫的。数据显示，大一、大二学生的求职目标不甚明确，而到了大三、大四甚至是硕博阶段，他们有了明确的求职目标，然而往往不太知道如何进行就业准备，获取信息的渠道也不一致，面对面的咨询需求量很大。恰是在此阶段，他们在求职过程中面临来自各方面的压力，同时随着高校不断扩招，社会竞争压力逐年增大，学生更容易遭遇求职面壁的情况，很多青年戏称自己是"面霸"。面临从"高调"到"低调"的心理落差，从"学校人"到"社会人"的角色转换，急迫不安、自我怀疑的情绪容易在青年人心中滋生，青年人在求职过程中，会面临来自社会各个方面的压力，很容易陷入迷茫、焦灼的状态。

（二）原生家庭：社会关系网络影响信息渠道来源

结合本次调查数据，在大学生求职场域中，家庭的社会关系网络会影响求职大学生的信息来源，强关系或者弱关系都具有传递求职信息资源的作用。当前熟人推荐作为强关系的一种重要形式，依然是广州大学生的一大重要求职渠道，例如广州本地的大学生更多通过熟人推荐获得求职信息。但我们也注意到，越来越多多元化的信息来自互联网平台，作为弱关系的一种主要形式，网络上有海量职位信息，其所提供的这些求职信息，保证了各类求职信息的快速流动、传播，往往会让大学生在求职时能够有更多的选择，也是当前大学生求职意向多样化的原因，如果大学生能够熟练使用互联网筛选、甄别对自己有效的职位信息，在求职过程中会事半功倍。

（三）就业市场：供需错位，市场"行情"与大学生个人期望不符

首先，随着社会行业分工不断细化，新兴产业方兴未艾，大学生在就业市场中并不一定占有优势地位，企业往往更看重社会实践经历、工作经验等要素，对就业人员的要求也越来越高，因此近年来高校也逐步加大了推动学生外出实习的力度。其次，由于大学生身处校园，面对不断变化的国民经济状况、复杂的就业市场，往往无法精准地把握情况，面对海量的就业信息无法精准筛选，找到符合自身定位、期望的职位。本次调查显示，目前大学生

青年比较常用的获取就业信息的渠道是个人关系网络中的学校、老师、熟人介绍，或者是外部平台的人才市场、招聘会渠道。再次，大多数大学生并未做好充足的就业准备，对自身定位不准确，没有明确的求职目标，缺乏对自己未来期待职业以及个人能力的正确认知，身处校园的他们无法及时更新相关职业信息，不能较好地契合社会期待，从而产生"理想很丰满，现实很骨感"的感叹。

（四）社会支持：大学生职业生涯规划的社会支持力度不足导致求职方向偏差

首先，有些家长对孩子的学业成绩高度重视，相对忽视个人素养培育、成长教育、职业生涯教育，没有及早地让孩子知道职业生涯规划的重要性，结合本次调查数据来看，广州青年在找工作时最容易受到父母意见的影响，然而目前还有许多家长不能积极主动地了解就业政策、市场情况、子女能力，无法在子女求职时给予正向的引导，故我们的家长应当在大学生求职中引导他们树立理性的择业观，根据性格特点、能力特长进行职业生涯规划，尊重他们的选择，而不是左右他们的思想。其次，学校的课程设置还存在跟市场脱节的情况，更重视专业课程的设置，对学生个性化、互动性的职业生涯规划课程较少，培养出来的人才难以匹配岗位要求，对自己未来的规划不明确。再次，政府作为就业政策、法规的制定者，作为就业市场的调控方，针对大学生群体的就业政策仍需进一步完善，有的政策在落地过程中未能达到预期效果，引导企业在招聘大学生时做到一视同仁、避免歧视、公开透明，引导高校处理好和专业对口企业的关系从而促进产教融合的实践平台构建，均是政府方面需要为大学生提供的支持。

五 促进广州青年做好就业准备的对策建议

（一）整合资源，加强大学生就业服务的全面性

一是建立以市场需求为导向的青年职业培训体系。随着经济社会的

不断发展，市场对劳动力的素质和能力不断提出新的要求，这就要求作为劳动力主力军之一的青年劳动者随着市场的需求变化不断强化自身能力。二是做好社会调研，利用信息优势把握市场动向，搭建青年的就业服务平台，健全覆盖城乡、高效全面的就业创业服务体系。全面有力的就业服务可以在一定程度上缓解就业压力。三是加强青年就业服务的信息化建设，特别是结合信息技术、大数据、新媒体的发展，建立有效覆盖、全面准确的就业信息化平台。四是建立青年职业生涯指导服务体系，完善职业咨询师队伍建设，为青年职业生涯规划和职业能力提升提供全面而完善的服务。

（二）注重教育，提升青年职业生涯规划教育水平

一是不断提升学生职业规划教育的质量，课程内容的设计和安排要注意衔接，部门之间要做好良好的沟通工作，构建起一个完整的职业生涯规划体系。要想提升青年学生的职业就业能力，高校就需要将职业生涯规划教育贯穿在整个大学教学过程中。二是高等院校要开展各类职业技能训练活动，鼓励青年学生进行就业创业实践，培养学生的各项职业能力，做好青年学生的未来职业生涯规划引导。三是关注处于求职阶段大学生的心理健康，开展心理咨询服务，疏导他们在求职"碰壁"时面临的心理落差和焦灼情绪，帮助他们顺利度过这个重要的人生阶段。

（三）搭建平台，完善青年就业的社会支持网络

首先，政府要引导建立、完善能充分对接青年就业创业的服务平台，充分对各方信息资源进行整合。针对有不同需求的青年求职群体，为其量身定制个性化、差异化的扶持政策。引导青年转变就业观念，避免出现青年劳动力的自愿性失业状态。通过媒介宣传等方式，帮助青年改变不合理的固有观念，引导其树立灵活就业、自主择业等观念。其次，学校要结合市场需求，从专业设置这一源头做出必要的市场预测，制订针对性招收计划，从而避免学历教育和职业教育的脱节，加强校企合作，与用人单位紧密联系，加大推

动学生社会实践的力度，尤其是增加即将毕业的大三、大四学生的实际工作经验，从而实现校企联合，支持大学生做好就业准备，帮助其实现个人职业发展目标。

（四）强化引领，倡导大学生要有终身学习的职业规划理念

除了创造外部条件，我们还要教会青年人以下几点。第一，学习能力是职业能力的组成部分，青年面对全新的和不断变化的职业生活，需要不间断地接受教育和学习。一个职场新人的学习能力正成为其职业能力的重要指标。有研究指出，大多数用人单位把应聘者的学习能力作为必须具备的能力素质。第二，学习能力不仅关系到职业生涯的发展水平，也关系到生活质量和自我实现的水平，越来越多的新科技新知识被应用到我们的日常生活中，对这些新科技新知识的学习直接关系到我们能否跟上时代的发展。第三，终身学习要学会选择。在一个知识和信息爆炸的时代，个体是无法学完那浩繁无尽的知识的，每个个体的时间和精力都是有限的，因而必须学会选择性学习，并把学习与职业发展结合起来，多学那些与职业相关的新知识，在职业生涯中努力使自己始终站在本领域的知识前沿。

（五）培养"互联网＋"思维，鼓励青年人将新兴行业纳入求职目标范围

首先，要在就业准备过程中培养大学生的"互联网＋"思维，引导他们更好地利用微信、QQ等信息平台，主动、积极同招聘者进行沟通，获取薪资待遇、工作类型、工作地点、工作内容等信息，从而找到与个人能力、期望相符合的职位。其次，当前新兴行业方兴未艾，互联网经济发展迅猛，让大学生就业有了更多的可能，我们可以引导更多的大学生将新兴行业的职位纳入他们的求职目标，不局限于"体制内"，激发他们更多的创新创业热情，拓展就业渠道、方式，充分发挥个人能力。

参考文献

广东省教育厅：《2018 年广东省高校毕业生就业质量报告》，2018。

涂敏霞主编《广州青年发展报告（2019）》，社会科学文献出版社，2019。

潘本衡、肖冬梅：《贫困大学生心理健康研究》，《中国青年研究》2003 年第 6 期。

马晓倩、田文婷、向杰：《高校大学生就业问题及对策分析》，《产业创新研究》2019 年第 12 期。

沙梦丽：《社会支持视域下大学生"慢就业"的应对策略》，《智库时代》2019 年第 32 期。

徐龙联：《新形势下大学生就业现状及应对策略》，《企业改革与管理》2019 年第 22 期。

朱京凤：《大学生就业创业社会支持体系构建探讨》，《继续教育研究》2017 年第 4 期。

夏宇君：《关于大学生就业问题的文献综述》，《智库时代》2020 年第 7 期。

陈晓雯：《职业生涯规划在大学生就业指导工作中的作用解析》，《文化创新比较研究》2019 年第 32 期。

陈汝楠、常亮：《互联网时代大学生就业能力提升路径研究》，《科技资讯》2019 年第 5 期。

李群：《大学生就业准备中的误区及改进策略》，《经贸实践》2018 年第 11 期。

杨锦：《当代大学生就业心态现状及改善对策分析》，《教育现代化》2018 年第 11 期。

叶锐挺：《论广州市政府在青年创业工作中的角色定位与作用》，兰州大学硕士学位论文，2017。

B.3
广州青年就业观研究报告

孙 慧*

摘　要：　本报告从广州青年对就业条件的认知、择业观、对职业发展
影响因素的认知、创业观等维度剖析了广州青年的就业观及
存在的问题。研究发现，广州青年对自身职业竞争力充满信
心；收入、发展机会、工作稳定性是广州青年择业时考虑的
最主要因素；广州青年越来越认可人力资本因素对工作的影
响，就业观念日趋合理；证明自己的能力、做自己喜欢做的
事是广州青年创业的主要动机；男女职业平等意识仍有待增
强。基于这些发现，本报告提出了相应的对策建议。

关键词：　青年　就业观　择业观　人力资本

一　研究背景

　　青年就业问题是一个世界性难题，也是我国改革进程中的一个突出的社
会热点问题。就业是青年获取社会身份的主要载体，就业不足和失业将使其
遭受生命历程转换挫折，进而影响家庭生活建构乃至社会参与，引发各类青
年问题，甚至社会问题。一般来说，解决就业问题有两个关键，一是保证青
年有业可就，二是让青年乐意去就。有业可就更多是从国家、社会层面出

＊　孙慧，广州市团校、广州市穗港澳青少年研究所助理研究员，硕士，主要研究方向为青年就
　　业、共青团工作等。

发，强调的是岗位和条件问题，乐意去就则是从青年自身的角度出发，强调的是青年的就业观念与态度问题。对于大多数青年，尤其是高校毕业生而言，他们的"就业难"更多是结构性的，不是"无业可就"，而是"有业不就"。"有业不就"体现的就是青年就业观对其就业行为的影响和制约。可以说，就业观影响甚至决定青年的就业前景与人生命运，它就像一只无形的手，决定着青年能否就业、就业的地域、就业岗位、工作与专业匹配度、就业满意度等等。

2020年1月19日，《广州市中长期青年发展规划（2019~2025年）》正式印发，为新形势下广州青年就业创业工作指明了新方向，提出了新要求。在此背景下，本文以广州青年为研究对象，对其就业观现状进行客观详细的描述，试图揭示广州青年就业观的特点与存在的问题，并进一步回答在当前经济、文化、教育及社会结构背景下，如何引导青年形成积极健康的就业观，更好地实现就业的问题。探究这些问题也是做好广州青年就业工作，促进广州经济发展与社会稳定的前提。

二 样本基本情况

本报告的研究对象包括在职青年和大学生两大群体，其中在职青年样本1591份，大学生样本824份。在职青年中男性占比55.9%；未婚青年占比65.1%，初婚青年占比33.7%；政治面貌以共青团员为主，占比51.8%，党员占比25.9%，群众占比22.3%；学历以大学本科为主，占比40.5%，高中及以下学历占比20.5%，大专学历占比26.3%，研究生学历占比12.7%；原生家庭经济状况以中下层为主，所占比例为40.4%，中层占比34.8%，下层占比21.6%，中上层及上层占比分别为2.8%、0.4%。大学生样本中，男性占比43.4%；户籍以广东省其他城市户籍为主，所占比例为72.5%，广州本地户籍占比11.9%；政治面貌同样以共青团员为主，占比76.1%，党员占比8.1%，群众占比15.7%；原生家庭经济状况以中下层为主，所占比例为41.4%，中层占比38%，下层占比16.3%，中上层

及上层占比分别为4.2%、0.1%。本报告的研究分析均基于本次调查样本进行。

三 广州青年就业观分析

（一）广州青年对就业条件的认知

1. 大部分广州青年认为自身职业竞争力中等偏上

职业竞争力是指一个人在职业生涯中所具有的独特的、有竞争力的技能、态度、知识等各个方面的总和。对自身职业竞争力的正确认知可以帮助青年找到合适自己的职业。我们的调查发现，广州青年对自身职业竞争力的总体判断为中等偏上。具体来看，近六成的青年认为自己的职业竞争力一般；30%的青年认为自己的职业竞争力比较好或非常好；对自身职业竞争力评价比较差或非常差的占比10.7%（见图1）。由此可以看出，广州青年对自身职业竞争力的评估整体上是较为乐观的，认为自己在就业市场中有较强的竞争力。

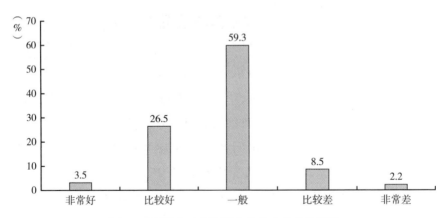

图1 广州青年对自己职业竞争力的总体判断

2. 在职青年、男性青年对自身职业竞争力的评估较好

在职青年中，认为自己职业竞争力非常好的比例为3.4%，认为自己竞争力比较好的比例为29.6%，二者合计33%。大学生群体中，认为自己职

业竞争力非常好或比较好的比例只占 23.1% ，比在职青年群体低近 10 个百分点；认为自己职业竞争力比较差或非常差的比例则比在职青年高 5.9 个百分点（见表 1）。

表 1　广州青年对自己职业竞争力的总体判断

		在职青年		大学生	
		频率	有效百分比(%)	频率	有效百分比(%)
对自己职业竞争力的总体判断	非常好	54	3.4	28	3.4
	比较好	471	29.6	162	19.7
	一般	926	58.2	513	62.3
	比较差	110	6.9	99	12.0
	非常差	30	1.9	22	2.7

在性别方面，男性对于自己职业竞争力的总体判断好于女性青年，认为自己职业竞争力非常好或比较好的男性青年占比 32.9% ，比女性青年高 7个百分点，这种差异是显著的。这可能是因为就业市场长期存在的性别歧视现象使得女性青年在求职时屡屡碰壁；并且相对男性，女性在职场中获得晋升的难度也较大，从而导致女性的自信心受到打击，对自身职业竞争力的评估也相对较低。

在年龄方面，26 ~ 30 岁、31 ~ 35 岁年龄组的青年对自身职业竞争力的判断优于 21 ~ 25 岁以及 20 岁以下年龄组的青年。26 ~ 30 岁年龄组认为自己职业竞争力非常好或比较好的比例为 34.3% ；31 ~ 35 岁年龄组认为自己职业竞争力非常好或比较好的比例为 32% ；20 岁及以下、21 ~ 25 岁年龄组认为自己职业竞争力非常好或比较好的比例分别为 24.3% 、29.1% 。年龄较大的青年通过多年的工作已经积累了一定的职场经验，并且有些已经获得了一定的成就，他们对自身职业竞争力的评估高于刚刚迈进或即将迈进职场的青年也就不难理解了。

在受教育程度方面，除小学及以下文化程度外（样本量较少），受教育程度越高，对自己职业竞争力的评估越好，博士研究生认为自己职业竞争力非常好或比较好的比例比初中学历的青年高出近 35 个百分点。

表2 不同受教育程度广州青年对自己职业竞争力的总体判断

单位：%

		您对自己职业竞争力的总体判断				
		非常好	比较好	一般	比较差	非常差
您的受教育程度	小学及以下	50.0	0	33.3	0	16.7
	初中	3.0	12.1	63.6	18.2	3.0
	高中(含中专、中技)	7.3	21.3	58.9	9.1	3.5
	大专	3.3	27.8	61.0	6.0	1.9
	大学本科	1.4	32.5	58.2	6.5	1.4
	硕士研究生	2.1	40.6	51.0	5.7	0.5
	博士研究生	20.0	30.0	50.0	0	0
	其他	0	0	100.0	0	0

（二）广州青年的择业观

择业观是青年就业观的重要组成部分。本次调查的择业观，主要是通过青年在选择职业时的期望或选择职业的标准来考察，包括择业时考虑的主要因素、倾向的就业岗位与就业地区以及期望的薪酬待遇等方面。

1. 收入、工作稳定性、发展机会是广州青年择业时主要关注的因素

调查显示，广州青年在选择工作时考虑的因素前三项分别是"薪资待遇好"（占比74.1%）、"工作稳定"（占比55.7%）以及"发展机会大"（占比43.5%）。此外，能体现个人价值、工作压力不大、符合自己兴趣志向等也是青年考虑较多的因素。这说明越来越多的青年择业时选择遵从自己的内心，并从自身实际情况出发，多维度考虑职业选择。

与以往调查数据相比较，我们发现广州青年对于薪资待遇的重视程度越来越高，对于工作稳定性的重视程度则有所下降。具体来看，2010年、2012年"广州青年发展状况"调查数据均显示，工作稳定性是广州青年找工作时考虑的最主要因素，其次为工资待遇，符合自己兴趣志向与适合自己能力紧跟其后。2014年、2016年、2018年、2020年的调查数据则显示，薪资待遇已经超过工作稳定性，成为青年求职考虑的首要因素。对比历年数

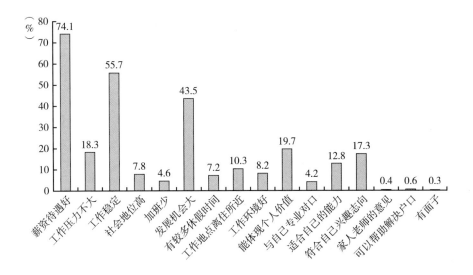

图2　广州青年择业时考虑的主要因素

据，可以看到薪资待遇与工作稳定性始终是广州青年比较关注的因素，这可能与广州较高的生活成本以及现代青年较高的经济压力有关。这一数据比较客观地体现出广州青年的真实心态和现实需求。值得注意的是，与2018年调查数据相比，广州青年对工作稳定性的重视程度增加了9个百分点，这体现出广州青年在严峻就业形势下找工作的"求稳"心态。

2. 性别、年龄等因素影响青年择业时考虑的因素

在群体差异方面，男性青年更加注重收入性因素，选择工作时考虑薪资待遇好的比例比女性青年高8个百分点；女性青年对工作地点离住所近、有较多休假时间的重视程度则显著高于男性，女性青年择业时主要考虑工作地点离住所近这一因素的比例比男性青年高5.9个百分点，主要考虑有较多休假时间这一因素的比例比男性青年高6.2个百分点。可见，男性比女性更看重经济性因素，女性则比男性更看重福利性因素。

从年龄因素来看，对薪资待遇的考虑随着年龄的增大有不断增强的趋势，到30岁以后有所下降，31～35岁青年找工作时对社会地位以及工作地点离住所距离的考虑较多，说明这个年龄段的青年比较看重工作岗位的隐性

福利。年龄较小青年对发展机会的考虑较多，对工作压力的考虑随着年龄的增长而减少。

群体类别方面，大学生群体更加注重工作发展机会，选择工作时考虑工作发展机会的比例比在职青年高8.2个百分点；在职青年则更加注重薪资待遇以及工作能否体现个人价值，选择工作时最主要考虑薪资待遇好与工作能体现个人价值的在职青年所占比例比大学生群体分别高6.2个与5.4个百分点。

3. 七成以上的广州青年最倾向就职于北、上、广、深

对就业地区的选择也是反映青年就业取向的一个重要维度。调查发现，在2702名被调查的广州青年中，表示最倾向在北京、上海、广州、深圳等大城市就业的青年占比70.3%；表示最倾向在沿海发达城市，比如长三角、珠三角等地的城市就业的青年占比10%；倾向回到自己的家乡就业的占比4.9%；只有极少数的青年将其他一线城市、内地二三线城市、国家政策鼓励的中西部或边远地区等视为最倾向的就业地区；同时还有9.1%的青年表示"无所谓地域，工作合适就行"。这表明北、上、广、深等发达城市对广州青年的吸引力仍占绝对优势，未来广州市应该进一步加强硬件和软件建设，更好地吸引和服务青年人来广州就业。值得关注的一点是，随着粤港澳大湾区的建立以及"一带一路"建设的加强，广州与粤港澳地区及国际社会之间的交流更加频繁，愿意去港澳地区或国外就业的青年也占一定比例。在受访者中，表示最倾向去港澳地区和国外就业的青年分别占0.6%与0.9%。这预示着未来广州青年流动性将会进一步增强，青年人的劳务输出将是未来人才流动的一个重要方面。

4. 在职青年更倾向于在北、上、广、深就业，大学生选择沿海发达城市就业的比例高于在职青年

在群体差异方面，在职青年与大学生群体择业时最倾向的就业地区均为北京、上海、广州、深圳等发达城市。但从细分数据来看，72.5%的在职青年择业时最倾向的就业地区是北、上、广、深，高于大学生群体的63%；大学生选择沿海发达城市、其他一线城市、内地二三线城市、国家政策鼓励的中西部或边远地区的比例均高于在职青年。这可能是因为在职青年在工作

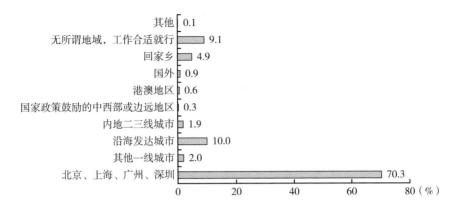

图3 广州青年最倾向的就业地区

的过程中更加明确了自己想就业的地区,因此在选择最倾向的就业地区时更具体、更具有针对性;而大学生群体还处在事业准备期或事业发展的起步期,考虑得更多的是"先就业"的问题,因此在就业地区的选择上分布比较均衡。

5. 企业管理人员、公务员、教师为广州青年最倾向的就业岗位

数据显示,对于最倾向的就业岗位,22.7%的广州青年选择了企业管理人员;19.3%的广州青年选择公务员;11.1%的广州青年选择教师;还有7.4%的广州青年倾向从事微商、淘宝店主、网红、网约车司机、快递员、外卖骑手、独立撰稿人等新兴职业。可见,广州青年倾向的就业岗位比较多元,进企业成为管理人员成为青年生涯规划的目标,考取公务员或学校编制单位也依然是青年求职的一个重要的选择方向。前文分析中提到,工作稳定性一直是广州青年择业时考虑的主要因素,企业管理人员、公务员、教师等就业岗位,尤其是公务员与教师的工作稳定性都较高,因此成为青年最倾向的就业岗位之一。

6. 在职青年更青睐公务员岗位,女性青年更倾向成为教师

我们将群体类别、性别、年龄、原生家庭经济状况、政治面貌、受教育程度等特征变量与广州青年最倾向的就业岗位进行相关分析后发现以下几个特点。

在职青年更倾向公务员岗位。在职青年中，最倾向公务员岗位的青年所占比例为21.7%，比大学生群体高出近10个百分点；大学生群体倾向成为工程师、会计师等专业技术岗位的比例高于在职青年（见表3）。

表3　广州青年最倾向的就业岗位

	在职青年		大学生	
	频率	有效百分比（%）	频率	有效百分比（%）
公务员(机关干部)	345	21.7	98	11.9
科研人员	82	5.2	33	4.0
教师	176	11.1	92	11.2
工程师	120	7.5	96	11.7
会计师	28	1.8	62	7.5
医生	34	2.1	9	1.1
企业管理人员	378	23.8	180	21.8
微商	14	0.9	13	1.6
淘宝店主	20	1.3	24	2.9
企业一线员工	104	6.5	62	7.5
律师	22	1.4	18	2.2
演艺人员	22	1.4	12	1.5
新闻出版部门编辑	4	0.3	9	1.1
新闻记者	4	0.3	7	0.8
农民	17	1.1	1	0.1
军人	57	3.6	14	1.7
网红	18	1.1	6	0.7
独立撰稿人	34	2.1	11	1.3
网约车司机	10	0.6	0	0
快递员	13	0.8	1	0.1
外卖骑手	7	0.4	2	0.2
家政人员	4	0.3	1	0.1
服务员	0	0	3	0.4
导购	0	0	5	0.6
其他	78	4.9	65	7.9
合计	1591	100.0	824	100.0

性别方面，女性青年更想成为教师，男性青年则更想成为工程师。女性青年倾向成为教师的比例为17.9%，比男性青年高13个百分点；男性青年倾向工程师岗位的比例为14.1%，比女性青年高10.6个百分点；此

外，倾向成为科研人员、企业管理人员、军人的男性青年均多于女性青年，倾向成为公务员、会计师的女性青年则多于男性青年。这表明在就业岗位的选择上存在较大的性别差异，相对而言，女性更倾向比较稳定的职业（见图4）。

受教育程度方面，受教育程度越高，越倾向于成为公务员与教师。分析发现，大学本科及以上学历的青年倾向公务员岗位的比例显著高于大专及以下学历的青年；硕士研究生及以上学历的青年倾向教师岗位的比例显著高于大学本科及以下学历的青年；学历较低的青年倾向从事微商、淘宝店主、网红、网约车司机、快递员、外卖骑手等新兴职业的比例较高。

在年龄方面，高年龄组青年倾向企业管理人员、公务员岗位的比例比低年龄组高。20岁及以下年龄组青年选择企业管理人员岗位的比例比31~35岁年龄组低6.5个百分点；20岁及以下年龄组倾向公务员岗位的比例为12.5%，21~25岁年龄组为18.6%，26~30岁年龄组为22.4%，31~35岁年龄组为20.8%。

（三）广州青年对职业发展影响因素的认知

1. 工作经验或社会实践经历为影响青年求职的最主要因素

随着社会的发展，青年在求职过程中运用的就业渠道逐渐多元化，影响就业的因素也越来越多。在多元的就业渠道中，洞悉影响就业的因素、选准有效的就业渠道对提高青年就业成功率很重要。研究发现，广州青年认为影响求职的最主要因素为工作经验或社会实践经历，所占比例为66.3%；其次为学历，占比58.8%；再次为专业技能，所占比例为28.4%（见图5）。这说明在青年看来，在就业市场中雇主最看重应聘者的工作经验和社会实践经历；学历作为雇主评价应聘者能力的市场信号的功能依然十分强大，整个社会对于学历还是相当重视；对于专业技能的认可，说明在广州青年看来雇主能够给予应聘者展示能力的机会，一定程度上能做到唯才是举。此外，广州青年认为专业、个人业务能力、社会关系等对青年求职的影响也比较大。

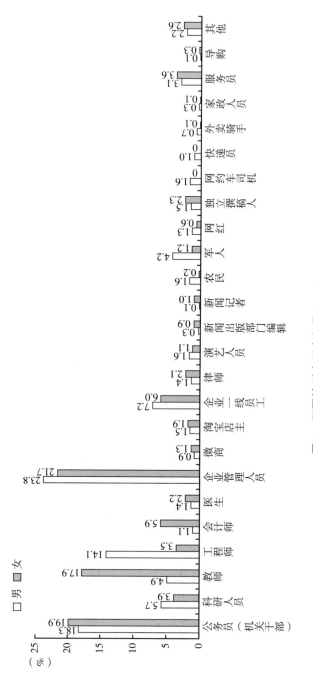

图 4　不同性别广州青年最倾向的就业岗位

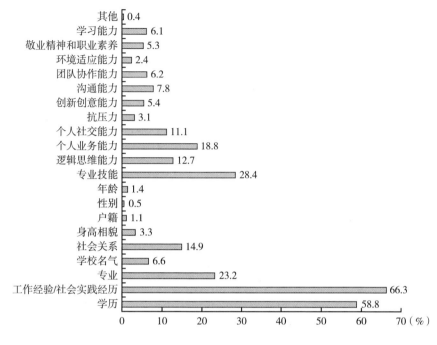

图5 广州青年认为影响求职的主要因素

2. 女性青年、大学生群体更加看重专业技能对求职的影响；年龄越小、原生家庭经济状况越好的青年越认可学历因素的影响

我们进一步将群体类别、性别、年龄、原生家庭经济状况、政治面貌、受教育程度等特征变量与广州青年认为影响求职的主要因素进行相关分析后发现，不论何种类别的青年群体，均认为工作经验或社会实践经历、学历、专业技能等因素是影响求职的主要因素。但从细分数据来看，在群体类别方面，大学生群体更加看重专业技能、工作经验或社会实践经历等因素的影响，在职青年则更加看重社会关系在求职方面的影响。大学生群体中将专业技能视为影响求职最主要因素的比例比在职青年高7.7个百分点；认为工作经验或社会实践经历为影响求职最主要因素的比例比在职青年高6.2个百分点。在职青年认为社会关系为影响求职最主要因素的比例比大学生高近5个百分点（见表4）。说明相比较而言，大学生更认可个人人力资本在求职时的作用，在职青年则更加看重社会资本对求职的影响。

表4 广州青年认为影响求职的主要因素

	在职青年		大学生	
	频率	百分比(%)	频率	百分比(%)
学历	913	57.4	506	61.4
工作经验/社会实践经历	1021	64.2	580	70.4
专业	370	23.3	190	23.1
学校名气	86	5.4	74	9.0
社会关系	264	16.6	96	11.7
身高相貌	48	3.0	31	3.8
户籍	16	1.0	10	1.2
性别	11	0.7	1	0.1
年龄	31	1.9	4	0.5
专业技能	411	25.8	276	33.5
逻辑思维能力	199	12.5	108	13.1
个人业务能力	308	19.4	145	17.6
个人社交能力	188	11.8	81	9.8
抗压力	52	3.3	22	2.7
创新创意能力	78	4.9	53	6.4
沟通能力	140	8.8	48	5.8
团队协作能力	99	6.2	51	6.2
环境适应能力	46	2.9	13	1.6
敬业精神和职业素养	83	5.2	44	5.3
学习能力	108	6.8	39	4.7
其他	8	0.5	1	0.1

在性别方面,女性青年认为专业技能是影响求职最主要因素的比例为33.5%,比男性高9.8个百分点;认为个人业务能力为求职最主要影响因素的比例比男性高7.3个百分点。

在经济状况方面,原生家庭经济状况越好,越倾向于认可学历在求职中的重要性;原生家庭经济状况为上层与中上层的青年大多将学历视为影响求职的第一因素。原生家庭经济状况为上层的青年认为学历是影响求职的最主要因素的比例为71.4%;中上层青年中这一比例为70%;原生家庭经济状况为中层、中下层、下层的青年中这一比例分别为 57%、58.7% 与 60%。

在年龄方面，认为学历为影响求职最主要因素的比例随着年龄的增长而降低；认为社会关系为影响求职最主要因素的比例则随着年龄的增长而增加。具体来看，20 岁以下年龄组认为学历为最主要影响因素的比例为 63.2%，21~25 岁年龄组这一比例为 60.5%，26~30 岁年龄组这一比例为 57.2%，31~35 岁年龄组中这一比例则只有 48.2%；同样，20 岁以下年龄组认为社会关系为影响求职最主要因素的比例比 31~35 岁年龄组低 6.2 个百分点。

3. 工作经验、个人业务能力、学历为影响工作升迁的最主要因素

青年在工作过程中的升迁也是影响青年人职业发展的重要因素。在问及"影响工作升迁的最主要因素是什么"这一问题时，接近一半的青年表示工作经验或社会实践经历为最主要的影响因素；其次为个人业务能力，所占比例为 35.7%；再次为学历，占比 30.1%。此外，专业技能、个人社交能力、社会关系等因素所占比例也较高（见图 6）。

说明不管是求职，还是工作升迁，工作经验或社会实践经历、个人业务能力、学历等人力资本都是重要的影响因素，在青年的职业发展过程中扮演着重要的角色。

4. 在职青年、男性、年龄较大者更加认可社会关系对工作升迁的影响

在性别差异方面，男性青年认为影响工作升迁排名前三的主要因素是工作经验或社会实践经历（50.3%）、学历（35.4%）以及个人业务能力（29.6%）；女性青年则认为是工作经验或社会实践经历（44.1%）、个人业务能力（42.2%）以及专业技能（29.3%）。可以看出，男性对工作经验或社会实践经历、学历的认可程度高于女性，女性对个人业务能力的认可程度高于男性。此外，认为专业技能为影响工作升迁最主要因素的男性比例比女性低 6.9 个百分点，认为社会关系为影响工作升迁最主要因素的男性则比女性高 4.4 个百分点。女性对于抗压力、沟通能力、团队协作能力重要性的认可程度也高于男性。

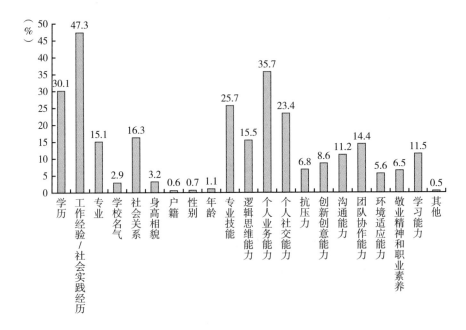

图6 广州青年认为影响工作升迁的主要因素

在群体类别方面，在职青年与大学生群体均认为工作经验或社会实践经历、个人业务能力、学历为影响青年工作升迁的主要因素。总体来看，在职青年更加看重社会关系在工作升迁中的作用，认为社会关系为影响工作升迁最主要因素的比例比大学生群体高7.3个百分点；大学生则更加认可团队协作能力的作用，选择团队协作能力为影响工作升迁最主要因素的比例比在职青年高7.6个百分点。

在年龄差异方面，21～25岁、26～30岁、31～35岁年龄组认为工作经验或社会实践经历、学历、个人业务能力为影响工作升迁的主要因素；20岁及以下年龄组认为工作经验或社会实践经历、学历、个人社交能力为影响工作升迁的主要因素。从具体数据来看，年龄越大，认为学历、工作经验或社会实践经历、团队协作能力等为影响工作升迁主要因素的比例越低，认为社会关系、沟通能力等为影响工作升迁主要因素的比例则越高。

表5 不同年龄组广州青年认为影响工作升迁的主要因素

单位：%

您认为影响工作升迁的主要因素	年龄组			
	20 岁及以下	21 ~ 25 岁	26 ~ 30 岁	31 ~ 35 岁
学历	32.4	32.0	27.2	25.7
工作经验/社会实践经历	51.6	48.6	43.8	42.0
专业	17.4	14.3	16.2	10.4
学校名气	3.1	3.2	2.2	2.9
社会关系	13.0	13.7	18.9	25.1
身高相貌	4.3	3.2	2.4	2.9
户籍	0.2	1.0	0.5	0.3
性别	0.5	0.8	0.5	1.3
年龄	1.0	0.9	1.3	1.3
专业技能	24.7	26.8	26.0	24.1
逻辑思维能力	15.1	17.2	15.1	12.1
个人业务能力	34.4	36.1	35.7	37.1
个人社交能力	25.0	22.9	22.4	23.8
抗压力	7.1	7.9	6.3	4.6
创新创意能力	8.6	9.1	8.2	8.1
沟通能力	8.2	11.1	12.0	16.0
团队协作能力	17.6	14.3	12.5	12.4
环境适应能力	5.3	5.7	4.6	7.8
敬业精神和职业素养	6.1	6.2	6.3	9.1
学习能力	8.9	11.2	14.7	11.1
其他	0.8	0.3	0.5	0.3

（四）广州青年的创业观

以创业带动就业是当前我国青年群体"就业难"形势下，各级政府出台的积极就业政策之一。因此在讨论广州青年就业观时，有必要对其创业观进行研究。

1. 接近三成青年有明确的创业打算

青年创业是时代和现实的客观要求，是关乎国家未来、民族兴衰的民生工程，是解决青年就业难的重要而有效的途径。强烈的创业意愿是青年人成功创业的第一步。在调查广州青年的创业意愿时，28.4%的青年明确表示有创业的打算，一半左右的青年表示暂时还未想好，没有创业打算的青年占比21.9%（见图7）。这表明，近几年，国家和地方政府在创业政策上的支持鼓励以及资金上的大力投入对青年的创业意愿起到了较大的激励作用，青年创业意愿相对较高；但与此同时，仍有部分青年对创业兴趣不足，在创业问题上犹豫不决，对创业产生畏难情绪。

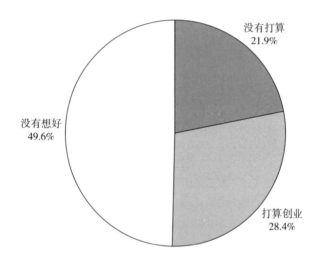

图7 广州青年创业意愿

2.男性、年龄较小青年的创业意愿较高

进一步分析发现，在性别差异方面，男性青年打算创业的比例为35.1%，比女性青年高13.8个百分点；明确表示没有创业打算的女性青年比例则比男性青年高8.9个百分点（见图8）。

在年龄方面，30岁以下青年的创业意愿随着年龄的增长而降低，到30岁以后创业意愿有所提升。具体来看，20岁以下年龄组青年打算创业的比例为33.1%，比26～30岁年龄组高9.2个百分点；31～35岁年龄组的打算创业的比例为32.2%，与20岁及以下年龄组基本持平（见表6）。

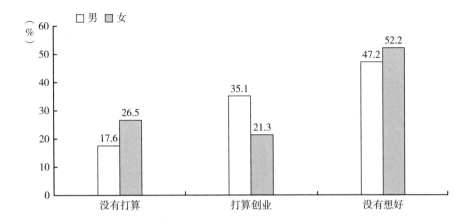

图8　不同性别广州青年创业意愿

表6　不同年龄组广州青年创业意愿

单位：%

		年龄组			
		20 岁及以下	21～25 岁	26～30 岁	31～35 岁
您是否打算在将来进行创业？	没有打算	13.8	22.3	27.6	25.4
	打算创业	33.1	27.2	23.9	32.2
	没有想好	53.1	50.6	48.6	42.3

3. 证明自己的能力是广州青年创业最主要的动机

调查显示，广州青年的创业动机主要集中在三个方面："为了证明自己的能力，把握自己的命运"（占比72.9%）、"做自己喜欢做的事"（占比71.3%）、"为了追求个人财富积累"（占比66.8%）（见图9）。与2018年"广州青年发展状况"调查数据相比，广州青年的创业动机没有表现出明显的变化，2018年的调查中证明自己的能力、追求个人财富积累以及做自己喜欢做的事为排前三的创业动机。从这两年的数据来看，广州青年的创业动机主要是规划自己的人生，证明自己的能力，实现自己的价值，是一种精神需求，同时也追求物质财富，更多的是发自内心的兴趣和追求，而较少是因为生活所迫或者打发时间和潮流驱使。可见，目前广州青年追求自我个性的释放，符合自己兴趣、志向，发挥主动性已经是青年选择创业的重要影响因素；另外追求财富也是青年创业的一个重要助推因素。

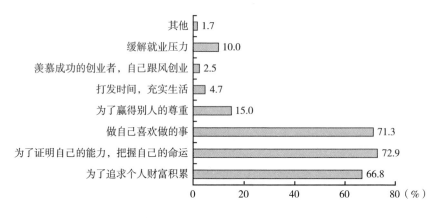

图9 广州青年的创业动机

4. 性别、年龄、婚姻状况等因素影响青年创业动机

进一步分析发现，群体类别、户籍状况、政治面貌、受教育程度等因素对青年的创业动机影响不大，排名前三的均为"为了证明自己的能力，把握自己的命运"、"为了追求个人财富积累"以及"做自己喜欢做的事"。性别、年龄、婚姻状况等因素对青年的创业动机有显著影响。

具体来看，女性青年创业最主要的动机是"做自己喜欢做的事"，占比71.5%；其次是"为了证明自己的能力，把握自己的命运"，占比67.9%；再次为"为了追求个人财富积累"，所占比例为62.7%。而男性青年最主要的创业动机则是"为了证明自己的能力，把握自己的命运"，占比75.8%；其次为"做自己喜欢做的事"，占比71.2%；再次为"为了追求个人财富积累"，占比69.2%。

在年龄方面，20岁及以下年龄组与21～25岁年龄组青年创业的最主要动机均是"为了证明自己的能力，把握自己的命运"，所占比例分别为74.6%、76.9%；其次是"做自己喜欢做的事"，所占比例分别为70.6%、71.4%；再次则是"为了追求个人财富积累"，占比分别为61.2%、65.1%。26～30岁年龄组最主要的创业动机则是"做自己喜欢做的事"，占比77.2%；其次为"为了追求个人财富积累",占比73.8%;"为了证明自己的能力,把握自己的命运"则是第三大创业动机,占比66.4%。31～35岁年龄组青年最主要的创业动机是"为了追求个人财富积累",占比71.7%;其次为"为了证明自己的能力,把握自己的命运",所占比例为69.7%;再次为"做自己喜欢做的事",占比63.6%。此外,年龄越大,创业动机为"为了赢得别人的尊重"的比例越低。

从婚姻状况来看,未婚青年创业的最主要动机是"为了证明自己的能力,把握自己的命运"(占比75.7%);其次是"做自己喜欢做的事"(占比75.3%);再次为"为了追求个人财富积累"(占比65.9%)。已婚青年最主要的创业动机则是"为了追求个人财富积累"(占比74.9%);其次是"为了证明自己的能力,把握自己的命运"(占比68.6%);排名第三的创业动机同样为"做自己喜欢做的事"(占比65.2%)。

四 广州青年就业观特点及问题分析

(一)广州青年择业观较为合理,人力资本因素对工作的影响日益增强

数据分析结果显示,广州青年在找工作时考虑最多的因素是薪资待遇、发展机会、工作稳定性、是否体现个人价值、工作压力以及是否符合自己兴趣志向等。其中,薪资待遇属于经济性因素,工作稳定性与工作压力属于福利性因素,发展机会与是否体现个人价值属于自我实现性因素,是否符合自己兴趣志向属于自身特点因素。从数据分布情况来看,广州青年在找工作时比较理性,会综合考虑经济性因素、福利性因素以及自我实现性因素,注重从自身特点出发,寻找符合自己特征、兴趣、能力的工作,而不是盲目地去追求高工资、高福利。

在认为影响个人求职以及工作升迁的因素方面,工作经验或社会实践经历、个人业务能力、学历、专业技能等被认为是主要的影响因素。户籍、性

别、年龄、身高相貌等因素则影响不大。这些数据表明，个人人力资本因素对就业的影响越来越大，学校名气、专业背景、性别以及户籍等因素的影响正在逐步消退。这也进一步向广大青年表明，成功就业的前提是不断增强自己各方面能力，提升个人综合素质，扩展自身人力资本。

（二）广州青年择业期待值较高，容易导致就业不足

青年是整个社会最有创新精神的群体，是一个城市乃至国家经济和社会发展的重要推动者，可以说谁留住了青年人才，谁就拥有了经济、社会发展的优先权。我国一再宣传青年要树立正确的就业观，积极投身到社会最需要的地方去，但由于受到市场经济思潮的影响，在市场化作用下极易导致人才的高度集聚，而不是扩散。我们的调查也发现，在地域选择方面，广州青年最倾向的就业地区主要集中在北、上、广、深等发达城市。不可否认，这些城市是中国经济最发达的地区，无论是教育资源、医疗条件，还是交通、治安状况等等都比其他城市完善很多。但是不可忽视的是，青年人才的高度集聚，一方面会增加人才集聚城市青年就业的压力，导致"就业难"现象频频发生；另一方面也会导致中西部等经济欠发达地区人才不足，出现"用工荒"现象。

此外，广州青年在择业时最倾向的就业岗位主要为企业管理人员、公务员、教师等，对于其他工作岗位则兴趣不大。在期待的月薪方面，广州青年期望的月收入为15645.7元，远高于广州青年的实际月薪。这些因素都会影响广州青年的就业选择，出现"有业不就"的情况。

（三）两成以上青年在就业市场中遇到过对女性歧视的现象，男女职业平等意识有待加强

分析发现，广州在职青年与大学生中均有24%左右在就业市场中遇到过性别歧视的现象，并且女性表示遇到过歧视的比例显著高于男性（在职青年群体中女性比例比男性高24.8个百分点，大学生群体中女性比例比男性高21.8个百分点）。这说明仍有部分青年和企业的男女职业平等意识较为薄弱，需要进一步加强。我们应采取相关措施，提高他们的男女职业平等意识。

五　对策与建议

（一）加强男女职业平等意识，促进女性青年群体就业

男女平等是女权运动一直以来追求的信念和理想，也是社会发展到一定水平的必然要求。但是受某些传统思想的影响，仍有部分群体与企业男女平等意识不足，对女性就业设置重重关卡。尤其是在就业形势日益严峻的现代社会中，女性的就业权利更是无法得到保障，在就业市场中一直处于弱势地位。我们要联动社会力量，采取相关措施，促进女性青年群体就业。首先，完善《就业促进法》，针对妇女平等就业、免受就业歧视等内容做出全面、合理、具体的规定，将国家保护女性平等就业，禁止女性就业歧视的义务和责任明确化、清晰化，将反对一切形式的就业歧视从"道义责任"上升为法律责任。其次，妇联、共青团组织要深入群众，及时了解女性青年就业现状与需求，保护其合法权益不受侵害。最后，要逐步完善女性职业技术教育培养训练系统，建立女性就业服务网络，拓宽女性就业领域。

（二）加强青年择业观引领，合理转变就业观念

当前青年"就业难"现象实际上更多表现为"找到满意的工作难""找到专业对口的工作难"，这实质上是一种结构性的就业矛盾。国家当前正在推动供给侧结构性改革，从就业服务角度来看，重点在于提供精准的就业服务，以及青年人才的合理流动配置。首先，培养青年"互联网＋"思维，树立与时俱进的就业观。在大众创业、万众创新的经济新常态下，"互联网＋"产业蓬勃发展，各种新业态、新模式如雨后春笋般涌现。尤其是一些中小型科技公司、成长型企业，往往是青年创业者和大学毕业生较为集中的平台，这些新的产业、新的业态，工作方式、商业模式都较为灵活，企业文化时尚开放，具有大量的人才需求和无限的职业想象空间，有别于以往传统产业的发展规律和人才需求。建议青年关注市场的变化，关心国家就业创业的政策风向，

适时调整自身的就业期望和职业目标，积极响应国家"双创"号召，勇于尝试在中小微企业或"互联网+"产业领域就业实践。其次，引导青年树立"哪里需要哪里安"的就业观。在就业地区的选择上不能一味地想去北、上、广、深或沿海发达城市，要勇于到贫困地区、经济较落后地区或者人才匮乏的产业、乡镇就业创业，为国家经济社会建设奉献青春智慧；在就业单位方面不能一味地追求高薪与稳定性，应主动去民营企业、非政府组织、基层、中小型企业等就业，这些地方更渴望人才，发展机会也更多，应鼓励青年去这些企业磨砺青春，发光出彩。

（三）注重提升综合素质和跨界学习，增强个人的核心竞争力

21世纪是一个人才辈出的世纪，也是一个竞争日趋激烈的世纪，这个世纪需要的人才是复合型人才，是能够适应知识经济时代的高素质人才。这个时代的竞争是知识的竞争，是能力的竞争，更是综合素质的竞争。综合素质的提升，有助于青年进入职场后快速适应市场节奏和企业文化，并能通过较好的学习能力快速适应专业以外的各种岗位挑战，有助于青年在步入职场后健康成长。我们的分析也发现，人力资本因素对工作的影响日益增强，工作经验或社会实践经历、个人业务能力和学历成为影响求职和职位升迁的主要因素。建议青年立足岗位学习，积极参与和拓展相关领域甚至跨界知识的学习，特别是在语言表达、沟通协调、应用写作、互联网技术、综合管理以及新业态商业模式等方面的学习，并积极参与各类职业培训和职业素养拓展活动；同时，通过实践将这些知识运用于实际，在实践过程中专注于个人业务能力的提高，增强自己的核心竞争力。

参考文献

邓蕾、黄洪基主编《选择与期待——青年就业创业研究》，上海交通大学出版社，2011。

付晓、陈永磊、范文洁：《新常态下大学生就业价值观分析》，《教育教学论坛》2019 年第 2 期

共青团中山市委课题组：《青年就业创业特点与青年工作对策：以中山市中职（技工）青年调研为例》，《中国青年研究》2016 年第 12 期。

郭巧丽、杨贝乐、任波、黄亚冰：《共青团促进青年就业创业路径研究》，《品牌（下期）》2014 年第 11 期。

黄梁：《大学生就业从众心理与主体性就业指导》，《人民论坛》2019 年第 14 期。

胡俊岩：《供给侧改革背景下高校大学生就业探究》，《湖北函授大学学报》2018 年第 8 期。

林岳新、杨小松：《青年就业创业现状及影响因素调查分析》，《青少年研究》2014 年第 4 期。

刘成斌：《改革开放 30 年与青年就业观念的变迁》，《中国青年研究》2008 年第 1 期。

刘思广：《新时代背景下国内"95 后"高校学生就业观探析》，《中国商论》2020 年第 6 期。

刘保中：《时代变迁与就业选择：新时代大学生就业意愿的新特征》，《青年探索》2020 年第 1 期。

黎淑秀编译《全球青年就业趋势研究——为青年提供优质的就业政策》，《中国青年社会科学》2020 年第 1 期。

潘文庆：《就业价值观对大学生就业质量的影响研究》，《广东社会科学》2014 年第 4 期。

孙慧：《广州青年就业发展研究》，载涂敏霞主编《广州青年发展报告（2019）》，社会科学文献出版社，2019。

陶莹、何建晖：《经济新常态下大学生就业观问题及对策探析》，《中国大学生就业》2019 年第 13 期。

张君：《"大众创业、万众创新"视域下习近平青年择业观探析》，《金华职业技术学院学报》2020 年第 1 期。

周泽仪：《大学生就业观的研究综述》，《劳动保障世界》2020 年第 9 期。

B.4
广州在职青年就业状况调查报告

傅承哲*

摘　要： 本报告基于1591名广州在职青年的问卷调查数据，从广州在职青年就业状况与工作满意度、青年权益保障情况等方面进行调研。研究发现当前广州青年职业还是以传统职业为主，但新兴行业群体规模有所扩大；有将近一半的在职青年面临较大压力；从整体上看，青年的工作满意度相对较高，相比2018年也有提高。总体而言，广州在职青年的就业权益保障体系有所推进，工作福利制度日渐成熟，但仍需关注一些市场竞争力较弱的群体，比如受教育程度低的在职青年。

关键词： 青年群体　就业政策　就业保障　广州青年

一　研究背景及目的

2019年《政府工作报告》第一次针对就业提出"要正确把握宏观政策取向，实施就业优先政策"[①]。就业问题事关广大人民的切身利益，事关改革发展稳定的整体局面，事关全面建成小康社会宏伟目标的实现，可以

---

* 傅承哲，管理学博士，华南师范大学政治与公共管理学院讲师，研究方向为公共认知、政府决策与评估。华南师范大学法学院学生陈俊鸿对本文资料收集也有贡献，一并致谢。

① 李克强：《政府工作报告——2019年3月5日在第十三届全国人民代表大会第二次会议上》，人民出版社，2019。

说就业是民生之本。而广州处于改革开放的发展前沿，也是青年群体聚集的地区，广东省教育厅的高校电子学籍数据表明，2019 年广东高校预计毕业生人数为 53 万人左右，比起往年仍保持增长趋势，且外省涌入广州就业的应届毕业生也不在少数。以上情况表明，广州高校应届毕业生将面临激烈的就业竞争，"就业难"问题凸显。加上新冠肺炎疫情影响，社会就业压力剧增，青年大学生就业问题再次成为政府施政关注焦点。因此，了解广州在职青年的就业现状，将是进一步完善"稳就业"政策的重要前提。

本报告的目标为考察当前广州在职青年就业现状以及心理认知情况，充分挖掘广州在职青年的就业调查数据，分析研究青年群体的实际需求，并提出及时有效的应对对策，促进青年就业。具体来看，本研究一共对 1591 名广州在职青年进行调查，其中男女比例约为 1∶1.2，年龄介于 16~35 岁，25~35 岁的占比稍大（占比 58.2%），各行业的分布比例较为平均，以工人（占比 28.66%）、专业技术人员（占比 19.11%）、企业管理人员（占比 12.51%）以及传统商业和服务业人员（占比 12.76%）为主。本报告将从广州市在职青年就业的概况、工作满意度、权益保障情况等方面进行分析，并与之前的调研数据进行纵向对比，分析广州在职青年就业情况的变迁趋势，总结主要特征、变化趋势，就现有问题提出针对性对策建议。

二　广州青年就业现状分析

（一）广州在职青年工作压力状况分析

1. 在职青年工作时间较长，当前收入与期望存在一定差距

广州在职青年职业基本情况如表 1 所示，广州在职青年平均职业更换次数为 1.14 次，平均每周工作天数为 5.35 天，平均每周工作 30.24 小时，2019 年税前平均月收入为 7175.85 元，期望月收入平均为 13500.74 元，超出 2019 年税前平均收入约 88.1%。说明当前广州在职青年大部分

仍处于"朝九晚五双休"的工作模式，当前收入与期望收入之间存在一定差距。

表1　广州青年职业基本情况

	极小值	极大值	均值	标准差
职业更换次数(次)	0	15	1.14	1.666
平均每周工作天数(天)	0	8	5.35	0.743
平均每周工作小时数(小时)	0	144	30.24	22.190
2019年税前平均月收入(元)	1000	70000	7175.85	6089.17
期望月收入(元)	1000	120000	13500.74	13441.93

2. 在职青年工作压力较大

广州在职青年工作压力情况如表2所示，当前广州在职青年觉得压力非常大的占比7.3%，觉得压力比较大的占比41%，两者合计将近50%；44.9%的在职青年觉得压力一般，只有5.2%的在职青年觉得压力较小或没有。这说明当前广州在职青年有将近一半的青年在工作过程中面临着较大的压力。

表2　广州在职青年压力感知

		频率	百分比(%)	有效百分比(%)	累积百分比(%)
	非常大	116	7.3	7.3	7.3
	比较大	653	41.0	41.0	48.3
	一般	715	44.9	44.9	93.3
在工作中感受到的压力大吗	较小	68	4.3	4.3	97.5
	基本没有	14	0.9	0.9	98.4
	说不清	20	1.3	1.3	99.7
	其他	5	0.3	0.3	100.0
	合计	1591	100.0	100.0	

3. 工作压力与每周工作时间、性别、年龄和受教育程度呈显著相关性

将广州在职青年的性别、年龄、婚姻状况、受教育程度、政治面貌、职业、社会阶层、转换工作次数和每周工作时间与工作压力进行回归分析，结果如表3所示，发现每周工作时间（p＜0.01）、性别（p＜0.05）、年龄（p＜0.05）和受教育程度（p＜0.05）、政治面貌、职业类别以及工作时间与工作压力呈显著相关性。具体而言，在其他因素不变的情况下，女性相比男性，工作压力感更大；随着年龄增大，工作压力感减小；与群众及民主党派人士相比，党员的工作压力感显著更小；受教育程度越低的在职青年，工作压力感越大；工人相比其他职业的工作压力感更大；每周工作时间越多，工作压力感越小。

表3　广州在职青年工作压力的影响因素回归分析

类别	工作压力感
性别（参照组＝男性）	.12 **
	(.05)
年龄	-.02 **
	(.01)
婚姻状况（参照组＝未婚）	-.04
	(.06)
受教育程度	-.04 **
	(.02)
政治面貌（参照组＝群众及民主党派人士）	
党员	-.13 *
	(.07)
共青团员	.01
	(.07)
职业（参照组＝其他）	
工人	.16 **
	(.08)
专业技术人员（包括教师、律师等）	-.05
	(.08)
企业管理人员	.07
	(.08)
社会组织工作者	-.01
	(.13)
传统商业和服务业人员	-.03
	(.08)

续表

类别	工作压力感
新兴商业和服务业人员（快递员、网约车司机）	.23
	(.14)
新媒体从业者和自由职业者	.32
	(.21)
事业单位管理人员	.03
	(.14)
社会阶层	0
	(.03)
转换工作次数	.01
	(.02)
每周工作时间	−.15 ***
	(.04)
_cons	3.26 ***
	(.27)
Observations	1491
R-squared	.06

Standard errors are in parentheses
注：*** p<.01，** p<.05，* p<.1。

（二）广州在职青年就业权益保障情况分析

1. 广州在职青年权益保障体系渐趋完善,但医疗保障力度有待加大

比较分析历年调查数据发现，广州在职青年权益保障体系日趋完善，各种保险及福利均有覆盖。具体来看，医疗保险普及率从2014年的71.9%提高到2019年的85.1%；失业保险普及率从56.1%提高至79.8%；生育保险普及率从54.7%提高到75.0%；住房公积金普及率从62.4%提高到83.4%；养老保险普及率从65.2%提高到83.5%；工伤保险普及率从62.5%提高到79.4%。以上说明，随着广州市的社会权益保障制度的不断改进和发展，广州在职青年的就业权益保障体系有所进步，工作福利制度也逐渐成熟。但是值得注意的是，医疗保险普及率从2018年的90.4%降到2019年的85.1%，情况值得关注（见表4）。

表4　2014～2019年广州在职青年权益保障情况

单位：%

权益保障普及率	2019 年	2018 年	2016 年	2014 年
医疗保险	85.10	90.40	72.70	71.90
失业保险	79.80	70.60	62.10	56.10
生育保险	75.00	71.60	61.60	54.70
养老保险	83.50	76.90	68.50	65.20
住房公积金	83.40	80.40	64.20	62.40
工伤保险	79.40	58.40	63.60	62.50
劳动合同	92.80	61.30	77.50	77.70
病假工资	63.20	50.80	46.80	48.80
带薪休假	73.60	58.20	62.90	62.80
产假工资	68.10	52.10	53.40	51.10

2. 在职青年中女性、受教育程度较高的、已婚的、公务员及工商业从业者在权益保障方面较为完备

如表5所示，将就业权益保障情况与性别进行交互分析，结果发现，男女青年在产假工资、"五险一金"以及商业医疗保险上存在显著差异（p<0.001）。多重比较发现，女性在这些项目上的普及率明显高于男性青年，这可能是因为女性偏向于选择的工作都是保障程度比较高的工作。

表5　广州在职青年就业权益保障情况与性别的交互分析

类别	性别	平均值	标准偏差	F 值	p 值
劳动合同	男	.92	.264	.285	.593
	女	.93	.253		
病假工资	男	.62	.486	1.222	.269
	女	.65	.478		
带薪休假	男	.73	.446	1.138	.286
	女	.75	.434		
产假工资	男	.60	.490	65.251	.000
	女	.78	.411		
社会医疗保险	男	.83	.378	8.546	.004
	女	.88	.325		

续表

类别	性别	平均值	标准偏差	F 值	p 值
养老保险	男	.80	.400	16.833	.000
	女	.88	.328		
失业保险	男	.76	.426	15.380	.000
	女	.84	.365		
工伤保险	男	.77	.421	7.376	.007
	女	.82	.380		
生育保险	男	.69	.464	44.087	.000
	女	.83	.375		
住房公积金	男	.80	.400	16.157	.000
	女	.88	.330		
商业医疗保险	男	.45	.497	18.726	.000
	女	.34	.474		
职业年金	男	.51	.500	.617	.432
	女	.49	.500		
其他	男	.02	.129	.433	.511
	女	.01	.113		
以上皆无	男	.04	.195	.487	.485
	女	.03	.178		

　　将就业权益保障情况与受教育程度、婚姻状况、政治面貌以及原生家庭经济状况进行交互分析，发现以下几个特征。（1）在就业权益保障情况上，不同受教育程度群体上的分布呈现显著差异（$p < 0.001$）。多重比较发现，受访者的得分均随着受教育程度的提高而提高，说明了受教育程度越高，所从事工作的保障程度越高。（2）在与生育相关的就业保障上以及"五险一金"上，已婚群体与未婚群体呈现显著差异（$p < 0.001$）。多重比较发现，已婚群体的就业保障程度比未婚群体高，这可能与已婚群体青年更有可能获得保障较好的工作有关。（3）原生家庭经济状况不同的群体在五险保障和假期工资的保障情况分布上呈现显著差异（$p < 0.001$）。多重比较发现，原生家庭经济状况为中上层的青年所从事工作的就业权益保障程度相对较高，原生家庭经济状况为下层的青年从事工作的权益保障程度相对较低。这可能是因为原生家庭经济水平较好的青年更有可能获得保障较好的工作。（4）将青年的职业

与就业权益保障情况进行交互分析,发现不同职业之间的就业权益保障情况存在差异(p<0.001)。经多重比较,发现新兴商业和服务业人员各方面职业保障情况均处于较低水平,而传统商业和服务业各个方面职业保障均处于较高水平。而在"五险一金"和劳动合同方面,工农职业的保障情况处于较高水平,而在假期福利方面,公务员的保障情况则处于较高水平。

3. 广州在职青年就业权益保障情况与年龄、受教育程度、职业以及每周工作时间、转换工作次数呈现显著相关性

将广州在职青年的性别、年龄、婚姻状况、受教育程度、职业、社会阶层、转换工作次数和每周工作时间与青年就业权益保障情况进行回归分析,如表6所示,发现年龄(p<0.01)、受教育程度(p<0.01)、政治面貌(p<0.01)、职业、转换工作次数(p<0.01)和每周工作时间(p<0.01)与青年就业权益保障情况呈显著相关性。具体而言,在其他因素不变的情况下,随着年龄增大,青年就业权益保障逐渐完善;受教育程度越高,青年就业权益保障越完善;工人和企业管理人员相比其他职业人员就业权益保障更完善,而新兴商业和服务业人员(快递员、网约车司机)的保障程度则相对较低;每周工作时间越长、转换工作次数越多,就业权益保障越少。这可能是因为工作时间越长或转换工作次数越多的受访者,其从事工作的就业权益保障程度越低。

表6　广州在职青年就业权益保障的影响因素回归分析

	职业保障程度
性别	0
	(.01)
年龄	.01 ***
	(0)
婚姻状况(参照组=未婚)	.04 **
	(.02)
受教育程度	.04 ***
	(0)
政治面貌(参照组=群众及民主党派人士)	
党员	.05 **
	(.02)

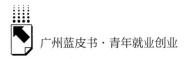
续表

	职业保障程度
共青团员	.09 ***
	（.02）
职业（参照组 = 其他）	
工人	.13 ***
	（.02）
专业技术人员（包括教师、律师等）	.05 *
	（.02）
企业管理人员	.08 ***
	（.03）
社会组织工作者	.06
	（.04）
传统商业和服务业人员	.07 **
	（.03）
新兴商业和服务业人员（快递员、网约车司机）	－ .15 ***
	（.04）
新媒体从业者和自由职业者	－ .1 *
	（.05）
事业单位管理人员	.05
	（.04）
社会阶层	0
	（.01）
转换工作次数	－ .04 ***
	（.01）
每周工作时间	－ .05 ***
	（.01）
_cons	.42 ***
	（.08）
Observations	1491
R-squared	.28

Standard errors are in parentheses

注：*** p < .01，** p < .05，* p < .1。

（三）广州在职青年工作满意度分析

1. 2019 年广州在职青年的工作满意度较高，在不同方面与上年相比均有不同程度的提升，以福利保障提升幅度最大

本研究从工作岗位、工作环境、福利保障、经济收入、升迁机会、人际关系以及职业的社会地位等 7 个维度来测量广州在职青年的工作满意度。如表 7 所示，大部分受访青年对各维度满意度的选择都是"一般""比较满意""非常满意"。从纵向比较上看，2019 年选择"非常满意"的比例在各维度上均高于往年。

表7　2016 ～ 2019 年广州在职青年的工作满意度

单位：%

	年份	极不满意	较不满意	一般	比较满意	非常满意
工作岗位	2016	2.00	6.80	48.00	38.80	4.40
	2018	2.70	6.70	49.60	36.80	4.10
	2019	1.40	5.60	42.10	42.40	8.50
工作环境	2016	1.60	6.60	43.70	42.70	5.30
	2018	2.40	6.60	44.30	42.10	4.70
	2019	1.50	5.30	36.30	45.40	11.50
福利保障	2016	3.00	13.90	48.10	30.90	4.00
	2018	3.20	9.90	46.90	36.50	3.50
	2019	3.10	5.40	29.70	50.10	11.70
经济收入	2016	5.20	22.00	52.00	18.20	2.60
	2018	7.30	19.00	51.70	19.80	2.20
	2019	4.00	12.40	50.30	28.60	4.80
升迁机会	2016	4.80	18.80	57.50	16.00	2.90
	2018	4.70	14.20	58.60	20.10	2.40
	2019	4.50	14.00	55.30	22.30	4.00
职业的社会地位	2016	2.90	11.80	59.60	22.30	3.40
	2018	4.00	11.10	58.40	23.40	3.10
	2019	2.30	7.00	50.30	34.40	6.00
人际关系	2016	1.40	5.10	41.90	44.90	6.60
	2018	2.10	3.20	45.30	43.70	5.70
	2019	1.30	4.50	38.30	46.20	9.70

从整体上看，2019 年广州在职青年的工作满意度较高。从工作满意度各维度得分情况来看（极不满意 =1，较不满意 =2，一般 =3，比较满意 =4，非常满意 =5）[1]，广州青年对 7 个维度的满意度得分均值均高于 3 分，表示青年对这些维度的满意度为"一般偏上"，其中对福利保障的满意度最高，为 3.62 分，对升迁机会的满意度最低，为 3.07 分。

对比 2018 年的调查数据[2]，如表 8 所示，2019 年广州在职青年对工作岗位、工作环境、福利保障、经济收入、升迁机会、人际关系、职业的社会地位 7 个维度满意度均有所提升。

表 8　2018、2019 年广州在职青年工作满意度

	2018 年			2019 年		
	样本量（份）	均值（分）	标准差（分）	样本量（份）	均值（分）	标准差（分）
工作岗位	1482	3.33	0.773	1591	3.51	0.787
工作环境	1486	3.40	0.780	1591	3.60	0.817
福利保障	1480	3.27	0.811	1591	3.62	0.874
经济收入	1483	2.90	0.872	1591	3.18	0.853
升迁机会	1482	3.01	0.791	1591	3.07	0.833
人际关系	1481	3.48	0.744	1591	3.58	0.779
职业的社会地位	1477	3.11	0.782	1591	3.35	0.790

2. 在工作满意度上，男性更加满意工作的物质收获，而女性则更加满意工作中的人际关系

如表 9 所示，经济收入满意度在青年男女群体中的分布呈现出显著差异（$F = 20.103$，$p < 0.000$），升迁机会满意度在性别上的分布也呈现显著性差异（$F = 6.692$，$p < 0.010$）。具体而言，在经济收入满意度维度上，女性的平均得分低于男性。在升迁机会满意度维度上，女性的平均得分低于男性。

---

[1]　王琪、高翔：《政府促进大学生就业政策实施中存在的问题与对策》，《青岛行政学院学报》2011 年第 2 期，第 82~85 页。

[2]　孙慧：《广州青年就业发展研究》，载涂敏霞主编《广州青年发展报告（2019）》，社会科学文献出版社，2019。

由此可以推断出，青年男性经济收入比青年女性更高，在升迁机会上可能具备更多优势。

而在人际关系满意度维度上，青年女性得分为 3.61 分，高于青年男性得分的 3.56 分。说明相对于青年男性，青年女性更加满意工作中的人际关系。

表 9　广州在职青年工作满意度指标与性别的交互分析

	性别	平均值（分）	标准偏差（分）	F 值	p 值
工作岗位	男	3.54	.828	3.225	.073
	女	3.47	.729		
工作环境	男	3.57	.848	1.955	.162
	女	3.63	.775		
福利保障	男	3.65	.908	2.934	.087
	女	3.58	.827		
经济收入	男	3.26	.875	20.103	.000
	女	3.07	.812		
升迁机会	男	3.12	.851	6.692	.010
	女	3.01	.807		
人际关系	男	3.56	.804	1.376	.241
	女	3.61	.745		
职业的社会地位	男	3.32	.818	2.402	.121
	女	3.38	.752		

3. 党员的工作满意度高于其他群体，受教育程度越高的青年工作满意度总体越高，婚姻状况不同的青年则无显著差异

将广州在职青年的政治面貌与工作满意度进行交互分析，发现在工作环境、工作岗位、福利保障、经济收入和职业的社会地位五个维度的满意度存在明确显著性（$p < 0.001$）。经过多重比较分析，党员的工作满意度相对较高。

将在职青年的受教育程度与工作满意度进行交互分析，除了升迁机会维度，工作岗位、工作环境、福利保障等 6 个维度在不同受教育程度群体上的分布呈现显著差异（$p < 0.001$）。在 6 个维度上，受访者的得分均随着受教育程度的提高而提高。说明了受教育程度越高，工作满意度越高。

将在职青年的婚姻状况与工作满意度进行交互分析，未发现明确显著性。多重比较发现，已婚或再婚群体的人际关系满意度比未婚群体高；离异群体的工作岗位满意度和职业的社会地位满意度比起其他群体高；再婚群体对工作环境和福利保障的满意度更高；未婚群体对经济收入和升迁机会的满意度较高。

4. 不同职业在工作满意度的各维度上存在显著差异

如表 10 所示，将广州在职青年的职业与工作满意度进行交互分析，发现不同职业之间的工作满意度存在差异（p＜0.001）。经多重比较分析，发现传统商业和服务业人员以及公务员的各维度工作满意度普遍较高，而工农以及新兴商业和服务业人员的各维度工作满意度普遍较低，其中差异比较明显的是福利保障和职业的社会地位两个维度。

表 10　广州在职青年工作满意度指标与职业的交互分析

	职业	平均值	标准偏差	F 值	p 值
工作岗位	工农	3.43	.839	3.166	.024
	传统商业和服务业人员	3.57	.765		
	公务员	3.54	.769		
	新兴商业和服务业人员	3.47	.748		
工作环境	工农	3.51	.837	3.737	.011
	传统商业和服务业人员	3.65	.796		
	公务员	3.70	.773		
	新兴商业和服务业人员	3.56	.846		
福利保障	工农	3.71	.897	13.811	.000
	传统商业和服务业人员	3.67	.805		
	公务员	3.68	.729		
	新兴商业和服务业人员	3.32	.997		
经济收入	工农	3.20	.909	1.985	.114
	传统商业和服务业人员	3.21	.833		
	公务员	3.17	.785		
	新兴商业和服务业人员	3.07	.835		

续表

	职业	平均值	标准偏差	F 值	p 值
升迁机会	工农	3.04	.882	1.794	.146
	传统商业和服务业人员	3.12	.805		
	公务员	3.05	.837		
	新兴商业和服务业人员	3.00	.816		
人际关系	工农	3.54	.823	2.385	.068
	传统商业和服务业人员	3.64	.735		
	公务员	3.59	.765		
	新兴商业和服务业人员	3.51	.813		
职业的社会地位	工农	3.24	.828	10.399	.000
	传统商业和服务业人员	3.44	.738		
	公务员	3.51	.807		
	新兴商业和服务业人员	3.23	.806		

5. 工作满意度综合影响因素模型

将广州在职青年的性别、年龄、婚姻状况、受教育程度、政治面貌、职业、社会阶层、转换工作次数和每周工作时间与工作满意度进行回归分析，如表 11 所示，发现性别（$p < 0.01$）、政治面貌（$p < 0.1$）、社会阶层（$p < 0.01$）以及每周工作时间（$p < 0.01$）与广州在职青年工作满意度呈显著相关性。

具体而言，在其他因素不变的情况下，年龄越大的广州在职青年工作满意度越高；与群众及民主党派人士相比，党员和共青团员的工作满意度越高；受教育程度越高，广州在职青年工作满意度越高；工人和企业管理人员相比其他职业人员工作满意度更高，而新兴商业和服务业人员（快递员、网约车司机）的工作满意度则不如其他职业人员；每周工作时间越少，工作满意度越高。

进一步将工作压力感和权益保障感两个自变量与工作满意度进行回归分析，发现权益保障感（$p < 0.01$）和工作压力感（$p < 0.05$）与工作满意度呈现显著相关性。具体而言，在其他变量不变的情况下，权益保障感越强，工作满意度越高；工作压力感越强，工作满意度越高，但影响系数较小。

表11　广州在职青年工作满意度综合影响因素机制

	模型（1）	模型（2）
	工作满意度	工作满意度
性别	- . 15 ***	- . 15 ***
	（. 03）	（. 03）
年龄	- . 01	- . 01 *
	（. 01）	（. 01）
婚姻状况（参照组＝未婚）	0	- . 02
	（. 04）	（. 04）
受教育程度	. 01	- . 01
	（. 01）	（. 01）
政治面貌（参照组＝群众及民主党派人士）		
党员	. 09 *	. 07
	（. 05）	（. 05）
共青团员	. 1 **	. 06
	（. 05）	（. 05）
职业（参照组＝其他）		
工人	. 02	- . 05
	（. 06）	（. 06）
专业技术人员（包括教师、律师等）	. 04	. 02
	（. 06）	（. 06）
企业管理人员	. 1	. 06
	（. 06）	（. 06）
社会组织工作者	. 04	. 02
	（. 09）	（. 08）
传统商业和服务业人员	. 01	- . 01
	（. 06）	（. 06）
新兴商业和服务业人员（快递员、网约车司机）	- . 02	. 03
	（. 1）	（. 1）
新媒体从业者和自由职业者	- . 07	- . 04
	（. 11）	（. 11）
事业单位管理人员	. 03	0
	（. 1）	（. 1）
社会阶层	. 13 ***	. 13 ***
	（. 02）	（. 02）

	模型（1） 工作满意度	模型（2） 工作满意度
转换工作次数	- .01	.01
	（.01）	（.01）
每周工作时间	- .14 ***	- .11 ***
	（.03）	（.03）
工作压力感		.05 **
		（.02）
权益保障感		.45 ***
		（.07）
_cons	3.68 ***	3.31 ***
	（.18）	（.19）
Observations	1491	1491
R-squared	.07	.11

Standard errors are in parentheses

注：*** p < .01，** p < .05，* p < .1。

三 广州青年就业存在的问题与原因分析

（一）广州青年工作存在一定压力，工作满意度有进一步提升空间

数据显示，当前广州在职青年觉得压力非常大的占比 7.3%，觉得压力比较大的占比 41%，两者占比合计将近 50%；44.9% 的在职青年觉得压力一般，只有 5.2% 的在职青年觉得压力较小或没有。这说明当前广州在职青年有将近一半的青年面临着较大的工作压力。回归分析显示，每周工作时间与工作压力呈现正相关关系，而工作时间一方面与市场竞争相关，另一方面也与企业管理制度相关，企业应当严格遵从《劳动法》《就业促进法》等法律法规，避免工作时长超过法定工作时长，给予员工适当的工作自由度，在效率和自由之间寻找更加合适的平衡点，保障员工心理健康。对于在职青年而言，职场压力也源于不能很好地协调工作、生活和自

我成长的时间，工作与生活的紧张关系也是让"90后"职场青年感到压力的重要因素。①

广州青年对人际关系、工作环境、工作岗位、福利保障、职业的社会地位、经济收入以及升迁机会的满意度得分均值均高于3分，这是对之前就业政策效果全面性的肯定。但需要看到对升迁机会的满意度最低，为3.07分。这说明各工作单位在青年职工的职位升迁上存在相对的困难，这一方面体现人才竞争压力大，另一方面也说明现有各工作单位的职位升迁制度仍存在不足。明晰青年职工的升迁道路，对于激发青年职工的工作热情和工作积极性具有重大意义。

（二）病假工资、产假工资和生育保险普及率有待提高，医疗保险参与率出现一定下滑，且要注重新兴商业和服务业人员的就业保障

当前在职青年权利保障体系日趋完善，但仍存在较多不足。2019年广州在职青年"五险一金"中生育保险的普及率是最低的，为75%，病假工资和产假工资的普及率也相对较低，分别为63.2%和68.1%。关于生育保险，《女职工劳动保护特别规定》规定："如果没有参加生育保险，那么按照产假前工资支付产假工资。如果已经参加生育保险，那么在产假期间可享受生育津贴，这也可视为产假工资，由生育保险基金支付。对未参加生育保险的，按照女职工产假前工资的标准由用人单位支付。"②

而此次调研发现了广州在职青年的生育保险和产假工资普及率较低的情况，表现了当前女性青年职工生育需求与单位工作两者间存在一定的张力关系，例如企业中出现了少数女性员工入职后不久即怀孕，休完产假就离职的现象，导致雇工之间关系紧张，出现产假工资和生育保险兑现不到位的现象。而调查也发现病假工资普及率较低，这也可能是由于病假工资的发放标

---

① 王伟冰：《服务型地方政府促进大学生就业对策研究》，《吉林师范大学学报》（人文社会科学版）2015年第3期，第82~85页。

② 《女职工劳动保护特别规定》（国务院令第619号），中国政府网，2019年5月7日，http://www.gov.cn/flfg/2012-05/07/content_2131582.htm。

准相对其他制度而言较为模糊，容易引发道德风险，导致雇主对病假工资的发放有所顾虑。此外，在各种职业中，新兴商业和服务业人员（快递员、网约车司机）的就业保障感比起其他职业更低，这与法律保障没有及时同步跟进有关。而新兴产业从业人员的规模正在不断扩大，这要求政府更多地关注该群体的就业保障情况。

（三）个别青年群体的就业心态仍需进一步引导

广州青年薪资期待过高，超过当前市场均值的一半。本次调研显示，2019 年税前平均月收入为 7175.85 元，期待月收入平均为 13500.74 元，超过 2019 年税前平均收入约 88.1%。广州在职青年迫切需要提高薪酬待遇，但现实情况很难实现，我国经济有很大的下行压力，岗位竞争也日趋激烈。① 太高的起薪期望，不利于广州青年找到适合的工作，最初不愿意考虑低于自己薪资预期的岗位，可能会错过一些有发展潜力的岗位。再者，频繁更换工作也不利于青年开展本职工作。

另外，本次调研显示，原生家庭经济状况为上层的青年除了经济收入满意度较高外，其他方面满意度均较低，甚至低于原生家庭经济状况为下层的群体。笔者认为该现象背后的原因可能是原生家庭经济状况处于上层的青年的生活环境较好，对于工作环境的期待较高，而现实工作无法达到其期待水平，进而出现落差感，导致该青年群体工作满意度较低。原生家庭经济状况处于上层并不代表青年能力居于同龄群体的上层，这种原生家庭经济状况与自身能力之间的落差，会影响该青年群体的就业质量和工作满意度。值得注意的是，本次调查也显示，受教育程度越高，工作的多方面满意度越高。多重比较后发现，初中以上学历的群体工作满意度均较高，小学及以下的工作满意度较低。这说明我国就业保障体系仍然处于发展过程中，低学历群体和基层职业的就业保障仍然需要进一步提升。

---

① 周鹤、黄晶梅、黎建林：《论经济危机下促进大学生就业中的政府责任》，《吉林师范大学学报》（人文社会科学版）2014 年第 6 期，第 121～124 页。

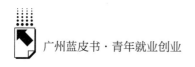

四 对策与建议

（一）完善法规政策，加大劳动关系的管控执法力度和心理调节

调研结果显示，当前广州在职青年权益保障体系日趋完善，但仍存在较多不足，例如女性职工的孕期合法权益得不到有效保障。这要求企业应按照《劳动法》《就业促进法》等法律法规，规范用工行为。各用工企业要严格执行相关法规政策，为雇员提供劳动合同、"五险一金"、产假工资等相关权益保障。通过政策和制度的保障，切实加大对青年就业权益的保障，提高青年就业质量。加大对违法行为的打击力度和执法力度，保障广州在职青年的合法权益。与此同时，用人单位也要积极为员工缴纳生育保险费，由生育保险基金来负担产假工资，保障用人单位与员工双方利益，提高产假工资的普及率，有效缓解员工入职即怀孕等现象带来的影响。

（二）企业应明晰畅通员工晋升渠道，提高职业满意度

调研结果显示，在工作满意度的7个维度中，广州在职青年对升迁机会的满意度最低，说明各用人单位在青年职工的职位升迁上存在不足。然而员工未来的晋升通道是否畅通，与员工的工作积极性具有显著正相关关系。因此，用人单位要建立人性化、清晰明确的员工晋升渠道，做到公平公正，能者上任，公开员工晋升评选标准，让员工有努力的方向和动力，提升其职业成就感和幸福感，进而提高其职业满意度。用人单位建立高效合理的人事晋升制度，能有效提高当前广州在职青年的工作满意度，这对于企业产能和效率的提高具有重大意义。

（三）开展大学生职业生涯规划教育，改变对高起薪的盲目追求

调研结果显示，当前广州青年的期待工资远高于现实工资。但评估一份

工作的薪资水平，科学地看应该是看十年或十年以上的总收入，而不是单单看起薪。[①] 学校应重视对于学生的职业发展规划教育，明确告知学生在当今市场环境下，不同职业发展阶段的薪酬水平，给学生科学定位提供参考。不仅劳动保障部门要高度重视这个问题，各级团组织更要增强责任意识、紧迫意识和作为意识。培养学生就业和择业的自主意识，使其学会自主收集就业信息，结合自身的能力确定职业定位，这也是对大学生进行起薪期待管理的有效举措。

（四）培养多元化就业观念，拓宽价值实现渠道

本次调研显示，广州在职青年迫切需要提高薪酬待遇。影响薪资水平的原因有很多，与行业发展热度和职业技能价值都息息相关，比如热门的互联网行业薪资就普遍较高，"90后"职场青年找工作时应破除传统观念，实现多元化就业，顺应新岗位需求，努力加强专业技能学习，选择具备一定市场需求体量的就业岗位，才能有更多的渠道实现自己的价值。学校也要进行一定的理念传播，让学生明白迎合市场的需求和时代的发展才能获得一份具有较好薪资水平和发展前景的工作。而且，原生家庭经济状况较好的青年也要摆正心态，适应社会竞争机制，充分发挥原生家庭带给自己见识层面的优势。

（五）注重按劳分配和分配公平，重视低学历在职青年的就业保障

本次调研显示，小学及以下的青年员工工作满意度和就业保障情况不佳，远低于均值。位于企业一线的员工的就业保障和工作满意度存在一定程度上的不足。在共同的经济环境下，保持并稳步提高基层员工的工作满意度，对于提高企业的生产效益具有重大意义。一方面要根据员工的技能水平和生产效益合理地拉开薪资差距，让高产员工获得更高的薪资，从而充分调动生产积极性，提升高产员工的生产积极性和工作满意度。另一方面要注重

[①] 张丽芳：《调整与适应——大学生就业问题的若干政策思考》，《漯河职业技术学院学报》2011年第3期，第115~116页。

薪资的公平分配，防止因薪酬的分配不公造成员工工作情绪低落，打击了工作的积极性和主动性，甚至出现员工辞职的现象。①

此外，当前基层人员相对弱势，是更加需要就业权益保障的群体。除此之外，新兴商业和服务业人员（快递员、网约车司机）这类新兴基层职业人员的就业保障情况也需进一步完善，应与时俱进地调整就业保障体制，惠及基层，充分保障基层就业人员的权益，帮助广州地区青年更好地投入到日常工作中。

参考文献

李克强：《政府工作报告——2019 年 3 月 5 日在第十三届全国人民代表大会第二次会议上》，人民出版社，2019。

王琪、高翔：《政府促进大学生就业政策实施中存在的问题与对策》，《青岛行政学院学报》2011 年第 2 期。

孙慧：《广州青年就业发展研究》，载涂敏霞主编《广州青年发展报告（2019）》，社会科学文献出版社，2019。

王伟冰：《服务型地方政府促进大学生就业对策研究》，《吉林师范大学学报》（人文社会科学版）2015 年第 3 期。

周鹤、黄晶梅、黎建林：《论经济危机下促进大学生就业中的政府责任》，《吉林师范大学学报》（人文社会科学版）2014 年第 6 期。

张丽芳：《调整与适应——大学生就业问题的若干政策思考》，《漯河职业技术学院学报》2011 年第 3 期。

刘洋、李业川：《民营企业低学历员工工作满意度现状与应对策略研究》，《中小企业管理与科技》（下旬刊）2009 年第 2 期。

张静华：《人力资本与社会资本对高职毕业生就业影响的实证分析——以河南省为个案》，华东师范大学硕士学位论文，2009。

《广东省 2020 届普通高校毕业生首场供需见面会举行 8000 家企业提供 16 万个岗位》，《南方都市报》2019 年 11 月 10 日。

---

① 刘洋、李业川：《民营企业低学历员工工作满意度现状与应对策略研究》，《中小企业管理与科技》（下旬刊）2009 年第 2 期，第 40～41 页。

B.5
广州青年的创业意愿
与创业特征研究报告

张桂金*

摘　要： 基于广州市在职青年、大学生群体和创业青年群体问卷调查数据，本报告发现，广州青年群体总体创业意愿较高，但不同社会特征青年创业意愿存在差异。广州青年创业意愿主要受个人追求自我实现与财富自由驱动；客观条件的约束（资金）、自身能力和经验的欠缺、风险厌恶偏好、创业教育和工作经验不足则是阻碍个人创业意愿的主要原因。广州创业青年受教育程度普遍较高，且以机会型创业为主，认为市场能力和经济资本是创业成功的主要因素，对广州创业制度环境评价总体较高。

关键词： 创业意愿　创业青年　创业特征　广州

一　引言

青年创业的活跃程度关系一个国家或地区的创新、创造能力。当前，党和政府提出了"大众创业、万众创新"的国家战略，并出台了一系列支持创新创业的政策措施。青年是创业者中的核心群体，青年创业者的多寡更代

---

* 张桂金，广东省社会科学院社会学与人口学研究所助理研究员、博士，研究方向为社会流动与社会分层、劳动力迁移。

表着一个国家和地区经济的发展潜力和发展活力。围绕中国青年群体的创业活动，中央和地方出台了一系列支持性政策。就国家层面而言，在《中长期青年发展规划（2016～2025年）》中，中共中央、国务院把"青年就业创业"列入未来十大发展领域中，明确提出了青年创业就业的发展目标是实现"青年创业服务体系更加完善，创业活力明显提升"。在地方层面，各省市中长期青年发展规划皆把青年创业纳入未来规划中，如《广东中长期青年发展规划（2018～2025年）》提出要"完善青年创业就业政策支持体系""推动青年创业实践"。

广州是粤港澳大湾区内的重要城市，广州青年的创业活动关系广州未来经济社会的发展。近年来广州市委市政府积极推动青年创新创业，不断完善广州青年的创业服务体系。2019年《广州市中长期青年发展规划（2019～2025年）》把"完善青年创业服务体系、增强青年创业能力"纳入青年发展规划中，与此同时广州加大了对创业（孵化）平台发展、促进创业带动就业的政策支持力度。在"大众创业、万众创新"以及粤港澳大湾区建设背景下，广州青年创业也面临着新的机遇与挑战，对其创业过程、特征的研究能够为青年的创业提供更好的扶持依据，同时对于全方位提升青年创业质量有着不可或缺的现实意义。基于此，摸清广州在职青年和大学生群体的创业意愿、创业青年的群体特征以及青年群体在创业过程中遭遇的问题与挑战，对提高青年创业意愿和创业绩效具有重要的理论意义和现实指导意义。本研究立足于广州在职青年、广州大学生群体和广州创业青年群体的问卷调查数据，从创业过程的角度试图对以下问题进行回答：广州在职青年和大学生群体的创业意愿如何？广州创业青年的社会来源具有哪些特征？广州青年创业面临着怎样的制度环境？在当前广州的创业生态环境中，青年创业面临着哪些挑战？他们对广州创业的制度环境持何种态度？

本次问卷调查由广州市团校组织，于2020年3月进行，受新冠肺炎疫情影响，本次调查采用腾讯电子问卷形式进行，最终有效回收在职青年样本1591份，广州大学生样本824份，广州创业青年样本101份。

二 广州青年创业的意愿

（一）广州青年创业意愿较高

本报告所定义的创业意愿，是指个体有意创办新组织（企业）并计划将来在某一时点付诸实践。根据《全球创业观察报告 2017/2018》数据，在 25～34 岁年龄段，成为新创企业家（Total early-stage entrepreneurial activity，TEA）[①] 比例最高的是北美，约 23.4%；全球 18～34 岁青年创业的比例则为 14%，其中，拉丁美洲和加勒比地区为 16.5%，而欧洲18～34 岁青年创业的比例最低。广州近年来不断改善营商环境，市场主体获得感、满意度显著提升，良好的营商环境有力地推动经济高质量发展，带动着创业活动。根据中国社科院等单位发布的《中国营商环境与民营企业家评价调查报告》，在企业家对营商环境主观评价的榜单中，广州营商环境综合评分在全国主要城市中名列第一。广州市目前建立港澳台青年创新创业基地 28 个，累计落户港澳台团队 273 个，7 家双创基地得到省政府、港澳特别行政区政府、国台办等政府部门认可和肯定。创新创业人数 12869 人次，其中具备海外留学背景人员近 200 人，创新创业人员平均年龄 31 岁，各基地累计成功孵化企业数量 232 家，产生专利数量 846 件，获得创投资金 5.67 亿元。根据本次的抽样调查数据，本研究发现广州在职青年创业意愿较高。具体来看，在职青年中打算创业的比例占 28.22%，没有打算的占比 23.7%，"没有想好"的占比 48.08%，且有 13.39% 的被访在职青年曾经进行过创业。

从大学生群体看，被调查的 824 名在读大学生中，有 46 名大学生报告自己曾经尝试过创业，约占此次调查样本的 5.58%；将来打算创业的有 238 人，占比 28.88%；没有打算的 152 人，占比 18.45%；还没有想好的 434 人，

[①] 即成年人中创办新创企业或所运行企业 3.5 年以内的比例。

占 52.67%（见表1）。总体而言，广州在职青年与大学生打算创业的比例无显著差异。

表1　广州在职青年与大学生群体的创业经历、意愿

在职青年			大学生		
变量名	观测值	均值/百分比	变量名	观测值	均值/百分比
创业经历			创业经历		
曾经创业	213	13.39%	曾经创业	46	5.58%
从未创业	1378	86.61%	从未创业	778	94.42%
创业意愿			创业意愿		
没有打算	377	23.70%	没有打算	152	18.45%
打算创业	449	28.22%	打算创业	238	28.88%
没有想好	765	48.08%	没有想好	434	52.67%
年龄	1591	26.66 岁	年龄	824	20.26 岁
性别			性别		
女	702	44.12%	女	466	56.55%
男	889	55.88%	男	358	43.45%
婚姻状态			户籍状态		
未婚	1036	65.12%	广州市	98	11.89%
初婚	536	33.69%	广东省其他城市	597	72.45%
再婚	1	0.06%	外省户籍	115	13.96%
离异	11	0.69%	港澳台地区	10	1.21%
同居	7	0.44%	其他地区	4	0.49%
政治身份			政治身份		
中共党员	412	25.90%	中共党员	67	8.13%
共青团员	824	51.79%	共青团员	627	76.09%
其他民主党派	1	0.06%	其他民主党派	1	0.12%
群众	354	22.25%	群众	129	15.66%
文化程度			在读年级		
小学及以下	6	0.38%	大一学生	300	36.41%
初中	33	2.07%	大二学生	267	32.40%
高中	287	18.04%	大三学生	173	21.00%
大专	418	26.27%	大四学生	51	6.19%
大学本科	644	40.48%	硕士在读	18	2.18%
硕士研究生	192	12.07%	博士在读	6	0.73%

续表

在职青年			大学生		
变量名	观测值	均值/百分比	变量名	观测值	均值/百分比
博士研究生	10	0.63%	延毕	2	0.24%
其他	1	0.06%	其他	7	0.85%
原生家庭经济状况			原生家庭经济状况		
上层	6	0.38%	上层	1	0.12%
中上层	45	2.83%	中上层	35	4.25%
中层	554	34.82%	中层	313	37.99%
中下层	643	40.41%	中下层	341	41.38%
下层	343	21.56%	下层	134	16.26%
当前职业					
工人	456	28.66%			
农民	7	0.44%			
专业技术人员（如教师、律师等）	304	19.11%			
公务员	35	2.20%			
个体户和私营企业主	7	0.44%			
企业管理人员	199	12.51%			
社会组织工作者	50	3.14%			
传统商业和服务业人员	203	12.76%			
新兴商业和服务业人员（如外卖骑手、网约车司机）	56	3.52%			
新媒体从业人员	17	1.07%			
自由职业者	25	1.57%			
事业单位管理人员	51	3.21%			
其他	181	11.38%			

（二）不同社会经济特征青年创业意愿存在差异

总体上，在职青年中明确表示有创业意愿的比例达到28.22%。分不同社会经济特征群体看，不同青年群体之间的创业意愿存在明显差异。表2展示了广州在职青年创业意愿的群体差异，不同性别、年龄组、文化程度、政治身份、当前职业以及原生家庭经济状况群体之间的创业意愿存在明显差异。具体而言，男性的创业意愿远高于女性，如在职青年中34.53%的男性表现出明确的创业意愿，相比较而言，女性有明确创业意愿的比例要低得多，只有20.23%；明确表示"没有打算"创业的比例上，女性则比男性高出10.1个百分点。基于不同年龄组在职青年群体的比较发现，31~35岁的在职青年"打算创业"的比例最高，为32.35%，其次是16~25岁的在职青年，"打算创业"的比例为30.38%，26~30岁在职青年群体"打算创业"的比例则最低，为23.87%；同样地，26~30岁在职青年明确表示"没有打算"创业的比例最高，为27.58%，"没有打算"创业比例最低的群体则是16~25岁的在职青年。创业意愿的代际差异反映了当前广州在职青年越来越具有创业精神，创业越来越趋活跃。从婚姻状态看，已婚在职青年比未婚在职青年打算创业的比例更高，32.59%的已婚在职青年表示打算创业。从政治身份看，在职青年中非党员表示"打算创业"的比例为31.41%，党员"打算创业"的比例则为19.13%，非党员更倾向于创业。

不同文化程度广州在职青年的创业意愿也具有很大差异，总体表现为文化程度与创业意愿呈负相关，即教育水平越高，创业意愿越低。如高中及以下文化程度的广州青年"打算创业"的比例为47.85%，大专文化程度的青年中这一比例下降至35.65%，本科的比例进一步下降到18.17%，研究生的比例则只有13.30%，且明确表示"没有打算创业"的比例随着文化程度的提高而提高。究其原因可能在于高学历的青年更容易在广州劳动力市场上找到体面的工作而实现向上流动，因而无须参与到充满风险的创业中，而对于低学历者而言，工资工作的回报难以满足他们的生活期待，因此有更强烈的通过创业来改变命运的意愿。

不同职业类型青年的创业意愿存在差异。创业者所感知到的创业机会往往以特定的产业和工作背景为依托，因此个体所处的行业、职务状况是影响其做出创业决定的重要因素。根据2002年对美国500家成长最快的私营企业的调查数据，75%的创业者是在其直接工作的产业内部发现了创业机会并创业的，另外有23%的创业者是在与其工作相关的产业内发现创业机会并决定创业的。本次调查发现，以金融保险业、信息服务业、旅游业、现代物流业、平台型服务业为代表的新兴商业和服务业，正在提供越来越多的工作机会，也为青年群体提供了更加广阔的创业空间，新兴商业和服务业人员的创业意愿最高，"打算创业"的比例达到45.27%，其次是工人和农民，29.81%的青年表示"打算创业"，再次是企业管理人员，"打算创业"的比例为29.13%，传统商业和服务业从业青年"打算创业"的比例为29.06%，公务员、事业单位管理人员和专业技术人员打算创业的比例则相对较低，为22.05%。

从家庭背景看，原生家庭经济状况不同，青年的创业意愿也不同，呈"U"形曲线关系。总体而言，原生家庭经济状况处于上层的青年，打算创业的比例最高，达50%，原因可能是经济状况上层的家庭能够为子女提供创业所需资金以及生意网络，因此子女更愿意去创业。原生家庭经济状况处于中上层的青年打算创业的比例为31.11%，中层的比例为27.08%，中下层的比例为24.88%，下层的比例则为35.57%。经济状况处于中层的家庭，由于资金支持和风险抵抗力一般，所以难以支持子女从事高风险的创业活动，在这种环境下成长的子女，职业选择上可能更保守，但对于社会下层的家庭而言，只有通过创业才更有机会实现向上流动。

表2　不同特征群体广州在职青年的创业意愿差异（N = 1591）

单位：%

变量	类别	没有打算	打算创业	没有想好	合计	卡方检验
性别	男	19.24	34.53	46.23	100	显著
	女	29.34	20.23	50.43	100	
年龄组	16～25岁	19.25	30.38	50.38	100	显著
	26～30岁	27.58	23.87	48.55	100	
	31～35岁	25.49	32.35	42.16	100	
婚姻状态	未婚	23.24	26.00	50.76	100	显著
	已婚	24.58	32.59	42.83	100	
政治身份	非党员	20.29	31.41	48.3	100	显著
	党员	33.41	19.13	47.46	100	

续表

变量	类别	没有打算	打算创业	没有想好	合计	卡方检验
文化程度	高中及以下	9.2	47.85	42.94	100	显著
	大专	16.03	35.65	48.33	100	
	本科	30.9	18.17	50.93	100	
	研究生	39.9	13.30	46.8	100	
当前职业类型	工人和农民	19.44	29.81	50.76	100	显著
	公务员、事业单位管理人员和专业技术人员	32.82	22.05	45.13	100	
	企业管理人员	24.76	29.13	46.12	100	
	新兴商业和服务业人员	12.84	45.27	41.89	100	
	传统商业和服务业人员	19.21	29.06	51.72	100	
	其他行业从业人员	27.62	21.55	50.83	100	
原生家庭经济状况	上层	16.67	50.00	33.33	100	显著
	中上层	28.89	31.11	40	100	
	中层	26.71	27.08	46.21	100	
	中下层	23.17	24.88	51.94	100	
	下层	19.24	35.57	45.19	100	

（三）广州在职青年创业的影响因素分析

大量的经济学家、社会学家探讨了个人特征以及家庭背景对职业选择的影响，如学者伊万和雷顿发现流动性约束对个体职业选择的影响，来自富裕家庭的个体更倾向于选择创业[1]。国内学者则主要关注个体的人力资本、社会网络、家庭财富等方面对创业行为的影响[2]。上述的描述性分析表明，不同社会特征群体在创业意愿上存在显著差异。根据已有研究中的创业决策模型，在本节中我们使用广州在职青年样本，采用logit模型估计广州在职青年的创业意愿。模型中依次纳入了广州青年的性别、年龄、婚姻状态、党员身份、受教育程度、当前职业类型以及原生家庭的经济状况变量，嵌套模型

---

[1] Evans D. S., L. S. Leighton, 1989, "Some Empirical Aspects of Entrepreneurship," *The American Economic Review*, 79（3）：519 - 535.

[2] 曲兆鹏、郭四维：《户籍与创业：城乡居民自我雇佣的差异研究——来自CGSS2008的证据》，《中国经济问题》2017年第6期，第72~86页。

结果见表 3。

在模型 1、模型 2 和模型 3 中，模型 3 拟合结果更优。实证结果表明，在控制其他变量后，性别对在职青年的创业意愿有显著影响，相比男性，女性创业的可能性更低（b = − 0.5088，p < 0.001），这跟国内外的研究结果一致。广州青年创业意愿上的性别差异，可能跟性别角色有关，也可能与我国的社会文化有关。从年龄来看，年龄增长显著降低创业可能性，年龄越大的广州青年创业意愿越低，但只在 0.1 水平上显著。从婚姻状态看，婚姻可以显著提高创业可能性（b = 0.6371，p < 0.001）。党员身份对创业的影响并不显著。教育对创业有显著的抑制效应，受教育程度越高的青年，创业意愿反而越低，原因可能是：（1）教育提高了青年人在劳动力市场中的议价能力，他们有更多的选择权[1]；（2）创业需要的是"万事通"（jacks of all trades）而不是专家，文凭难以测量其综合特质[2]；（3）没有控制行业特征和专业特征，高科技、专业技术要求的行业，教育对创业的影响可能不同。在职青年的职业类型对创业有显著影响，相比工人和农民，专业性技术性职业、企业管理职业、新兴商业和服务业以及传统商业和服务业皆提供了更多的创业可能性。最后从家庭背景看，总体上，原生家庭经济状况越好的青年，创业的可能性也越高，这可能反映了广州创业门槛在逐渐提高，初始投入在加大，对家庭背景的依赖增大。

表 3　广州在职青年的人口、社会、经济特征与创业意愿（N = 1591）

变量名	模型 1	模型 2	模型 3
性别（男 = 0，女 = 1）	− 0.7634 ***	− 0.5692 ***	− 0.5088 ***
	(0.1186)	(0.1317)	(0.1339)
年龄	− 0.0702 ***	− 0.0116	− 0.0369 +
	(0.0173)	(0.0187)	(0.0194)

---

① M. Cowling, 2000, "Are Entrepreneurs Different Across Countries?" *Applied Economics Letters*, 7 (12)：785 – 789.

② Edward P. Lazear, 2004, "Balanced Skills and Entrepreneurship," *American Economic Review*, 95 (2)：208 – 211.

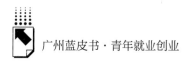

续表

变量名	模型1	模型2	模型3
在婚(是=1,否=0)	0.6808 ***	0.6146 ***	0.6371 ***
	(0.1466)	(0.1545)	(0.1581)
党员身份(是=1,否=0)		−0.1013	−0.0861
		(0.1740)	(0.1774)
受教育程度(参照组:高中及以下)			
大专		−0.4495 **	−0.4171 *
		(0.1597)	(0.1632)
本科		−1.5718 ***	−1.4854 ***
		(0.1905)	(0.1937)
研究生		−2.0355 ***	−1.9667 ***
		(0.2938)	(0.2987)
当前职业类型(参照组:工人和农民)			
公务员、事业单位管理人员和专业技术人员		0.7360 ***	0.7331 ***
		(0.1981)	(0.2011)
企业管理人员		0.9054 ***	0.7802 ***
		(0.2166)	(0.2222)
新兴商业和服务业人员		0.9440 ***	0.6894 **
		(0.2111)	(0.2193)
传统商业和服务业人员		0.8152 ***	0.7699 ***
		(0.2111)	(0.2143)
其他行业		0.2499	0.1937
		(0.2272)	(0.2312)
原生家庭经济状况			1.2138 ***
			(0.1693)
常数项	0.9994 *	−0.1980	2.6830 ***
	(0.4372)	(0.4651)	(0.6235)
样本数(N)	1591	1591	1591
PseudoR²	0.0345	0.1039	0.1310
Log lik.	−914.0225	−848.3382	−822.7002
Chi-squared	65.3428	196.7115	247.9875

（四）创业的主要原因：自我实现与财富追求

根据调查数据,广州在职青年与大学生创业的主要原因是追求自我兴趣、自我实现和证明自己的"成就型动机",以及追求个人财富积累的"功利型动机",缓解就业压力等生存型动机、羡慕成功创业者而跟风创业的"跟风性动机"则不强。具体来看,打算创业的449名在职青年中,73.05%的人表示创业是为了"做自己喜欢做的事",72.83%的人是为了"证明自己的能力,把握自己的命运",69.49%的人是为了"追求个人财富积累","缓解就业压力"的"生存型创业"比例为9.13%,"羡慕成功的创业者,自己跟风创业"的比例3.34%;大学生群体中表现出类似的倾向,68.07%的人表示创业是为了"做自己喜欢做的事",73.11%的人是为了"证明自己的能力,把握自己的命运",61.76%的人是出于"追求个人财富积累","缓解就业压力"的"生存型创业"比例为11.76%,"羡慕成功的创业者,自己跟风创业"的比例为0.84%(见表4)。总体上,广州在职青年与大学生对创业有理性的认识,大部分是出于自我实现、财富追求的理性选择。

表4 广州青年打算创业的原因

打算创业的原因	在职青年(N=449)			在读大学生(N=238)		
	频率	权重比(%)	百分比(%)	频率	权重比(%)	百分比(%)
追求个人财富积累	312	27.81	69.49	147	26.2	61.76
证明自己的能力,把握自己的命运	327	29.14	72.83	174	31.02	73.11
做自己喜欢做的事	328	29.23	73.05	162	28.88	68.07
赢得别人的尊重	71	6.33	15.81	32	5.70	13.45
打发时间,充实生活	19	1.69	4.23	13	2.32	5.46
羡慕成功的创业者,自己跟风创业	15	1.34	3.34	2	0.36	0.84
缓解就业压力	41	3.65	9.13	28	4.99	11.76
其他原因	9	0.80	2.00	3	0.53	1.26

进一步分析发现,有创业意愿的广州在职青年,打算创业的行业主要集中在餐饮行业(23.16%),销售行业(10.91%),文化娱乐行业(9.13%),教育培训业(8.91%),农、林、牧、渔、水利业(8.02%),IT等高科技行业(6.46%);此外还有部分青年选择商务咨询、加工生产、金融等行业(见图1)。总体上,在职青年创业想进入的行业主要集中在传统行业。相比较而言,大学生中选择从事IT等高科技行业的比例最高,占

17.65%，其次是餐饮行业（13.45%）、销售行业（10.08%）、文化娱乐行业（9.24%）、教育培训业（8.82%）、金融行业（6.72%）（见图2）。

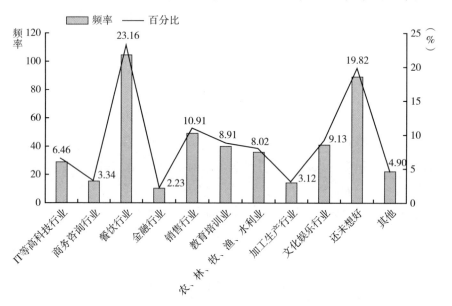

图1　广州在职青年打算创业进入的行业

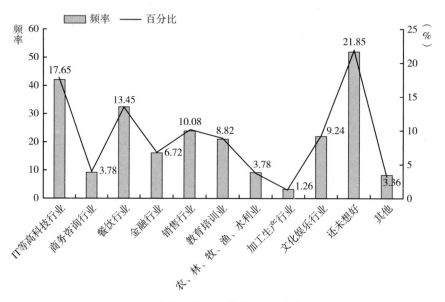

图2　广州大学生打算创业进入的行业

（五）不愿创业的主要原因：多元化且群体之间有差异

调查数据显示，在职青年中明确表示没有打算创业的比例为23.7%。之所以没有打算创业，排在前五位的原因是自己的创业能力不足（54.38%）、启动资金短缺（49.87%）、创业没有社会保障（33.69%）、担心创业失败（29.71%）、没有任何的工作经验和社会关系（26.53%）。而在大学生群体中，之所以没有打算创业，排在前五位的原因则是没有任何的工作经验和社会关系（58.55%）、创业政策等服务不好（55.26%）、创业教育培训体系不健全（52.63%）、自己的身体或心理素质不够（29.61%）和自己的创业能力不足（19.74%）（见表5）。比较而言，在职青年不打算创业的原因更多来自客观条件的约束（资金）、自身能力和经验的欠缺以及风险厌恶偏好（怕失败、没保障），即更多是现实客观条件制约着创业选择；而在校大学生则更多是因为国家的创业政策、创业教育不足以及工作经验不足而不敢创业，对创业所需资金、创业的风险则较少担忧。

表5　广州青年没有打算创业的原因

不打算创业原因	在职青年（N = 377）			大学生（N = 152）		
	频率	百分比（%）	权重比（%）	频率	百分比（%）	权重比（%）
自己的创业能力不足	205	54.38	23.14	30	19.74	7.73
启动资金短缺	188	49.87	21.22	21	13.82	5.41
创业没有社会保障	127	33.69	14.33	9	5.92	2.32
担心创业失败	112	29.71	12.64	8	5.26	2.06
没有任何的工作经验和社会关系	100	26.53	11.29	89	58.55	22.94
自己的身体或心理素质不够	55	14.59	6.21	45	29.61	11.6
创业教育培训体系不健全	44	11.67	4.97	80	52.63	20.62
创业政策等服务不好	30	7.96	3.39	84	55.26	21.65
担心家人反对	16	4.24	1.81	16	10.53	4.12
其他原因	9	2.39	1.02	6	3.95	1.55
总样本数	886	235.01	100	388	255.26	100

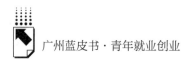

三　广州青年创业的特征

根据《全球创业观察（GEM）2017/2018 中国报告》的研究结果，中国创业者中最为活跃的群体是 25～34 岁的青年群体；中国创业者的创业类型主要是机会型创业；中国创业者集中在以批发、零售为主的客户服务业，在具有高附加值的商业服务业中，中国创业者的比例则较低。广州作为中国经济最发达的城市之一，创业青年具有其独特性：广州创业青年受教育程度普遍较高，其创业类型以机会型创业为主，创业资金来源以个人积累为主，创业进入渠道主要与个人职业经历相关。

（一）家庭条件普遍较好，个人受教育程度高

创业是充满风险、需要谨慎谋划的经济行为。就创业发生的社会过程而言，创业具有社会嵌入性，创业的参与、创业的成败受一系列社会经济因素的共同影响，如家庭背景、社会资本、个体市场能力和职业经历等。从调查数据看，虽然广州在职青年和大学生群体都具有较强的创业意愿，接近 29% 的青年明确表示"打算创业"，但最终真正能够投身创业并让企业生存下来的并不多。对大多数青年而言，他们并不具备创业必备的诸多资源（如创业资本、社会网络等），真正能够把创业意愿付诸实践的青年要比有创业意愿者少很多，而能够成为企业家的青年，更是少数。

本次调查的 101 名广州创业青年，年龄为 20～25 岁的占比 27.72%，26～30 岁的占比 42.57%，31～35 岁的占比 29.70%。从性别看，男性创业者占 71.29%。户籍为广州本地的创业者占 38.61%，非广州户籍的创业者占 61.39%，可见，移民创业者的比例更高；56.44% 的创业青年未婚；广州创业青年普遍学历较高，54.46% 的创业者拥有本科学历，22.77% 的创业者拥有研究生学历，20.79% 的创业者拥有大专学历，只有 1.98% 的创业者是高中及以下学历。从原生家庭经济状况看，来自下层和上层的创业者占比

较少，普遍原生家庭经济状况较好（中下层、中层和中上层）。可见，广州创业青年普遍拥有较好的家庭条件以及较高的个人能力（见表6）。

表6　广州创业青年的社会经济特征（N=101）

变量	类别	比例(%)	变量	类别	比例(%)
年龄	20~25岁	27.72	最后学历获得地	内地	91.09
	26~30岁	42.57		港澳台地区	3.96
	31~35岁	29.70		国外	4.95
性别	女性	28.71	原生家庭经济状况	上层	4.95
	男性	71.29		中上层	18.81
户籍	非广州户籍	61.39		中层	36.63
	广州本地	38.61		中下层	30.69
婚姻状态	未婚	56.44		下层	8.91
	在婚	43.56	政治身份	非党员	71.29
受教育程度	高中及以下	1.98		党员	28.71
	大专	20.79			
	本科	54.46			
	研究生	22.77			

（二）以机会型创业为主

2001年，全球创业观察组织（GEM）首次区分了创业的两种类型：由于别无选择、就业压力大而出于生存考虑被迫进入创业活动的生存型创业（Necessity Entrepreneurship），以及个体主动追求财富、商业机会、实现自我价值的机会型创业（Opportunity Entrepreneurship）[1]。两种创业类型在进入机制、创业成就上存在明显差异。从广州创业青年的调查数据看，广州青年创业者大部分为机会型创业。58.42%的创业青年是为了"抓住好的创业机会"而创业，23.76%的创业青年是因"当时有好的工作岗位，但创业机会

---

[1]　Paul D. Reynolds, William D. Bygrave, Erkko Autio, Larry W. Cox, and Michael Hay, *Global Entrepreneurship Monitor*, *2002 Executive Report*, London：Babson College, London Business School and Kauffman Foundation, 2002.

更加好"。6.93%的创业青年属于生存型创业,是因为"没有更好的工作选择"而被迫创业。10.89%的创业青年属于"混合创业":一方面因为没有好的工作选择而创业,另一方面也因为抓住了好的创业机会。

(三)创业的社会过程

创业的社会过程包括创业进入的渠道、资金来源、资金投入、企业发展等情况。从广州创业青年进入创业的主要渠道看,40.59%的创业青年表示与"原来的工作经历"相关,37.62%的创业青年认为主要是"自己的探索",12.87%的创业青年创业是靠"亲友的介绍",5.94%是受"祖上的事业"影响,只有2.97%的人是通过"模仿其他企业"而创业的(见图3)。由此可见,广州创业青年的创业进入途径主要受自身工作经历和自我探索的影响。

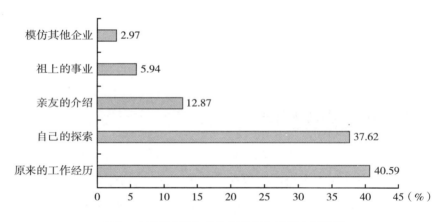

图3 广州创业青年此次创业进入的最主要途径

在创业资金来源上,个人积累与社会关系网络是广州创业青年创业资金的主要来源,来源于信贷、创投等正式融资渠道的比例较少。调查显示,31.05%的广州创业青年创业资金主要来自"个人积累",30.53%来自"朋友、生意伙伴与其他社会关系",来自"家人和亲属资助"的占17.37%。来自金融机构的占8.95%,来自创投机构的占6.84%,来自政府的占4.74%(见图4)。从创业投资规模看,投资在200万元以上的占比7.92%。

平均雇佣人数 18 人。可见，广州创业青年主要借助于非正式渠道融资创业，而正式的融资机构对他们作用有限。

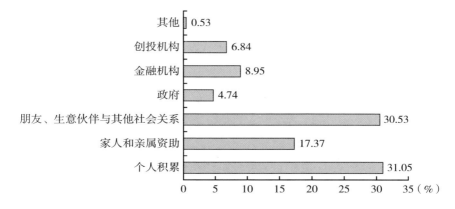

其他 0.53
创投机构 6.84
金融机构 8.95
政府 4.74
朋友、生意伙伴与其他社会关系 30.53
家人和亲属资助 17.37
个人积累 31.05

图 4　广州创业青年此次创业的资金来源

从行业分布看，本次调查的广州创业青年，主要集中于 IT 等高科技行业，约占 24.75%；其次是文化娱乐行业，占 13.86%；教育培训业、销售行业以及商务咨询行业占比皆为 11.88%；餐饮行业占 5.94%，加工生产行业占 4.95%，农、林、牧、渔、水利业占 3.96%，金融行业占 2.97%（见图 5）。从企业盈利能力看，2019 年"亏损较大"的占 24.75%，"亏损较小"的占 24.75%，"基本持平"的占 22.77%，"有盈利但盈利较少"的占 24.75%，"盈利较好"的占 2.97%（见图 6）。在未来发展的信心上，63.37% 的创业青年表示对未来充满信心。

四　广州创业青年对创业环境的认识

任何创业者都处于一定的创业环境中，因此，创业环境是影响青年创新创业的重要结构性因素。创业环境包括创业的市场环境、制度环境、社会文化环境等，良好的创业环境有助于提高创业参与率和创业成功率。中国历来重视创业环境的营造，《国务院关于大力推进大众创业万众创新若干政策措施的意见》提出了从税收优惠、创业平台支持、拓宽融资渠道等方面提供

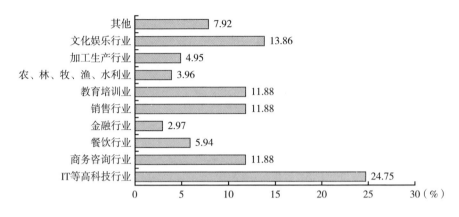

图5　广州青年创业进入的行业

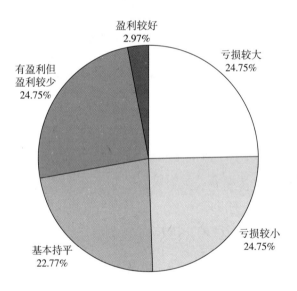

图6　2019年广州青年创业企业的盈利能力

政策支持，以营造良好的创业环境。根据《全球创业观察（GEM）2018/2019中国报告》的研究数据，在G20经济体中，中国创业环境的综合评价得分排名靠前，处于第6位①。根据启迪创新研究院完成的《2018中国城市

---

① 王晓樱：《全球创业观察2018/2019中国报告发布》，光明日报客户端，2019年10月24日，http：//news.gmw.cn/2019-10/24/content_33262730.htm。

创新创业环境评价研究报告》数据，2017年中国城市创新创业环境10强城市分别是北京市、上海市、深圳市、广州市、杭州市、南京市、苏州市、武汉市、成都市、西安市，广州创新创业环境在全国处于第4位。根据58同城、安居客发布的《长期看好　短期承压——2019全国写字楼市场宏观报告》，2019年北、上、广、深写字楼每平方米月平均租金分别为389元、310元、178元和233元，广州的写字楼平均租金最低，是创业性价比最高的城市。

（一）市场能力和经济资本被认为是创业成功的主要因素

基于中国的一些研究认为，创业成功的因素主要为创业者的市场能力因素、体制资本因素、社会资本以及所处制度环境。丰富的家庭经济资本、家庭社会资本和家庭自然资本对促进创业具有积极效应。随着中国经济改革的不断深入，创业所需要具备的首要能力是市场能力。调查数据显示，27.72%的广州创业青年认为足够的社会经验和管理经验对创业成功最为重要，12.87%的广州创业青年认为创业者具备创业能力对创业成功最为重要，6.93%的广州创业青年认为创业者有良好的身体和心理素质对创业成功最重要，这三项皆反映了创业青年的市场能力，合计占47.52%。正确的投资方向和充足的创业资金也是创业成功的重要因素，二者各占18.81%。此外还有制度环境的影响，5.94%的广州创业青年认为政府和社会的扶持最重要，4.95%的广州创业青年认为社会经济发展状况良好最为重要；社会关系的影响，约有2.97%的广州创业青年认为足够的人脉关系对创业成功最重要，0.99%的广州创业青年认为亲友的支持最重要（见图7）。总体而言，广州创业青年对创业成功因素的认识更侧重于自身能力，而非制度环境和关系网络。

（二）较为满意创业有关法律法规、支持和鼓励性措施，不太满意政府救助失败企业的措施

全球创业观察组织（GEM）在创业分析框架中把个体所处的创业环境作为最重要的分析维度之一。创业环境包括与创业有关的法律法规的完善度、对产权的保护、鼓励和支持创业的政策环境、创业平台等。根据本次调

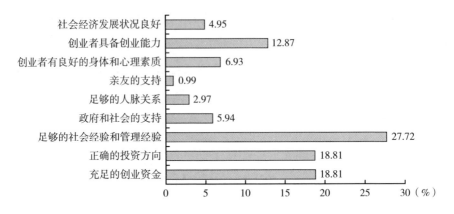

图7 广州创业青年对创业成功因素的认识

查数据,广州创业青年对广州创业环境满意度的综合评分为3.7分(满分5分)。具体来看,广州创业青年对政府以及相关部门鼓励创业的力度满意度得分最高,为3.89分;其次是政府组织的各类创业大赛,满意度得分为3.87分;对私有产权的保护力度满意度得分为3.83分;对广州现有保障创业的法律法规满意度也较高,得分为3.8分;对政府提供的创业平台的满意度得分为3.77分;对政府提供创业的特殊优惠政策满意度得分为3.71分。广州创业青年对"政府对创业失败企业的帮助"的满意度得分最低,只有3.31分(见表7)。总体而言,创业者对广州创业有关的法律法规、支持和鼓励性的创业措施满意度总体较高,对政府救助失败企业的措施则满意度最低。

表7 广州创业青年对广州创业环境的满意度评分

创业环境满意度	样本数(份)	均值(分)	标准差(分)	最小值(分)	最大值(分)
现有保障创业的法律法规	101	3.80	1.05	1	5
对私有产权的保护力度	101	3.83	0.97	1	5
政府以及相关部门鼓励创业的力度	101	3.89	1.02	1	5
政府提供创业的特殊优惠政策	101	3.71	1.12	1	5
政府提供的创业平台	101	3.77	1.05	1	5
政府组织的各类创业大赛	101	3.87	1.07	1	5
政府对创业失败企业的帮助	101	3.31	1.32	1	5
政府采购优先考虑有创业项目企业	101	3.41	1.23	1	5

（三）对创业平台知晓率较高，对平台发挥的作用较为认可

广州拥有"专创·众创空间""ATLAS 寰图·办公空间""Timetable 精品联合办公空间""众创五号空间"等众多的青创基地、创业平台和孵化基地。这些基地和平台旨在帮助广州青年更好地进行创新创业。在粤港澳大湾区建设背景下，广州市近年来不断拓展粤港澳居民的创业空间，将符合条件的港澳创业者纳入广州的创业扶持政策体系中，通过提供创业补贴、政策支持促进港澳青年和中小微企业在穗的健康发展。调查数据显示，本次调查中有 30.69% 的广州创业青年目前入驻创业平台，26.73% 的创业青年表示曾经入驻过但现在没有入驻，知道创业空间、孵化基地等平台但没有申请入驻的占 26.73%，不了解创业空间、孵化基地的占 8.91%，"曾经申请过但没有通过"的占 6.93%（见图 8）。

创业空间、孵化基地等创业平台对广州青年的创业发挥了重要作用。从曾经入驻过青创平台的创业青年数据看，一是发挥了扶持、宣传推广作用，76.6% 的创业青年认为创业平台发挥了孵化扶持作用，对新创企业的宣传

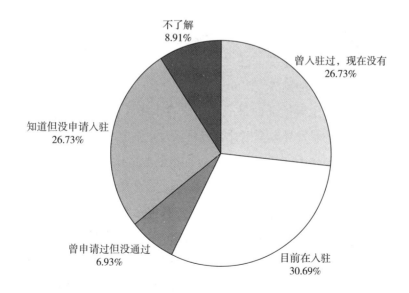

图 8　广州创业青年入驻创业空间、孵化基地等平台情况

推广作用也较大（70.21%）。二是发挥创业经验分享与创业培训的作用，76.6%的创业青年认为它发挥了业界创业经验交流、沙龙分享和创业培训的作用，70.21%的创业青年认为它发挥了导师辅导作用。三是发挥信息桥梁作用，创业平台为创业者提供了商务信息服务（74.47%）。四是发挥政府商业服务作用，创业平台提供了工商税务登记（72.34%）。五是提供了创业所需的场地空间（61.7%）。六是创业平台也发挥着生活居住、交友等作用，扩大了创业者之间的朋友圈，提供了更多的社会资本，有59.57%的创业青年认为创业平台在生活居住、娱乐和扩展朋友圈上发挥了作用。

五　广州青年创业遭遇的挑战

（一）挑战：经济下行、资金链断裂以及新冠肺炎疫情影响

近年来世界经济逐渐出现下行状态，中美贸易摩擦一定程度上也影响了我国的经济，就业创业形势不容乐观。根据调查数据，34.65%的广州创业青年认为企业发展遭遇的主要挑战是经济下行，大环境不好，32.67%的创业青年遭遇的最大挑战是资金链断裂风险大。激烈的市场竞争带来的挑战也是广州创业青年面对的主要问题之一（13.86%）。自身产品竞争力不足也是部分青创企业面临的挑战（5.94%）（见图9）。

广州创业青年主要遭遇的挑战除了来自市场环境的变化影响外，2020年新冠肺炎疫情的暴发导致全国社会经济活动"停摆"，广州直到3月底才逐步恢复正常的经济生产活动，无疑对青年创业造成较大影响。数据显示，有58.42%的创业青年表示在此次疫情中受损失较大，几乎不受影响的只占6.93%，受损较小的占32.67%（见图10）。其中受疫情影响损失较大的行业，主要集中在餐饮行业（100%），农、林、牧、渔、水利业（75%），IT等高科技行业（68%），销售行业（58.33%），商务咨询行业（58.33%），文化娱乐行业（42.86%），教育培训业（41.67%），加工生产行业（40%），金融行业（33.33%）。

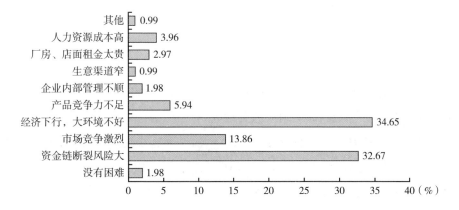

图9　广州创业青年所遭受的主要挑战

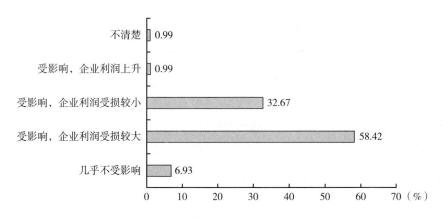

图10　广州创业青年受新冠肺炎疫情的影响

（二）政策需求：税收优惠与金融服务

全球创业观测组织（GEM）2017～2018年创业观察数据显示，企业家教育培训、R&D研发投入、政府的税收政策和制度规定、政府的创业项目、企业融资环境对创业的影响最大。在"大众创新，万众创业"背景下，广州在积极贯彻落实国家相关创业扶持政策的同时，结合地方实际，出台了支持广州创业的优惠政策，如2018年出台的《广州市鼓励创业投资促进创新创业发展若干政策规定》（穗府办规〔2018〕18号）提出了创新创业的奖励、扶持政策；2020 年出台的《广州市人力资源和社会保障局　广州市财政局　广州市地方金融监督管理局　中国人民银行广州分行营业管理部关于转发〈创业担保贷款担保基金和贴息资金管理办法〉的通知》规定将提高创业担保贷款额度，个人创业担保贷款额度从原来的 20 万元提高到 30 万元，而合伙经营可以申请"捆绑性"贷款额度则提高到最高 300 万元，小微企业借款人最高可贷 500 万元。其中，个人贷款享受三年全额贴息，小微企业贷款享受三年 50% 贴息。针对高校毕业生群体，广州市通过系列优惠政策如提供创业担保贷款、创业企业社会保险补贴、一次性创业资助、优秀创业项目资助补贴、支持高校毕业生自主创业的创业补贴等，鼓励高校毕业生自主创业。2020 年出台的《广州市鼓励创业投资促进创新创业发展专题申报指南（征求意见稿）》提出，对成功转化和产业化科技项目成果的企业，最高可提供每年 800 万元的补助。从调查数据结果看，广州创业青年最希望政府提供的帮助是给予税收优惠（59.41%）、放宽贷款政策（59.41%），以及拓宽融资渠道（50.5%）。此外，广州创业青年认为，政府需要加强创业服务机构建设的占比 24.75%，放宽新企业的审批及简化审批程序的占比 21.78%，成立创业者组织的占 14.85%，提供与同行交流的平台的占 12.87%，希望开展创业教育培训的占 8.91%，希望社会舆论支持的占 3.96%（见表 8）。

表 8　广州创业青年所需创业支持

创业支持	频率	权重（%）	占比（%）
放宽贷款政策	60	23.17	59.41
给予税收优惠	60	23.17	59.41
拓宽融资渠道	51	19.69	50.5
加强创业服务机构建设	25	9.65	24.75
放宽新企业的审批及简化审批程序	22	8.49	21.78
成立创业者组织	15	5.79	14.85
提供与同行交流的平台	13	5.02	12.87
开展创业教育培训	9	3.47	8.91
舆论支持	4	1.54	3.96
合计	259	100	256.44

六 进一步促进广州青年创业的建议

受新冠肺炎疫情等因素影响，当前部分青年的创业意愿降低、创业企业效益下降，广州需要在进一步营造良好的创业环境上下功夫。

一是完善以改善创业环境为目标的相关政策。在金融支持方面，扩宽融资渠道，解决青创企业融资难、资金链易断裂等问题。鼓励金融部门开发多样化的、专门针对青年创业的金融优惠政策，在具体贷款额度、还款期限、贷款利率等方面尽可能给予政策优惠，拓宽青年创业的正式融资渠道；加大政府创业支持经费的投入，建立广州"青年创业基金"，为符合条件的在穗青创企业提供一定的资金支持；鼓励和支持创业风险投资基金在穗发展，吸引更多民间资本进入创业风险投资，帮助青创企业链接风险投资基金。在税收优惠方面，从市级层面出台更为优惠的税收政策，对创业初期的青年给予更多税收优惠，减少税费负担。在创业服务方面，建议争取工商等部门完善青年创业方面的服务体系，依托"一站式"创业服务中心建设，实现创业中的工商登记、税收、信贷、项目评估、行政审批等"一条龙"服务和"一站式"办理，让在穗创业青年只需"跑一次"；加大对创业孵化基地、青创空间等创新创业平台的政策支持力度，对入驻平台的各类企业提供创业补贴、资源链接、税费减免等配套政策；逐步降低在穗青年创办中小企业的审批准入门槛和降低企业的注册资本。

二是加强创业服务平台建设。办好"青年创新成果广州交流会"、"青创杯"广州青年创新创业大赛、"赢在广州"大学生创业大赛，深入实施大学生创业引领计划、农村青年创业致富带头人培养计划、广州女性"红棉睿丽"创业发展计划，加大广州青年就业创业孵化基地、青年创新创业示范园区等阵地建设，搭建青年创业项目展示和资源对接平台，完善青年创业信息公共服务网络，做好青年创业项目孵化和人才挖掘、维系和培育工作。推动建设100个青年众创空间、20个青年创新人才工作站。深入实施产业领军人才政策，支持高层次人才积极投身创业实践，建设高层次人才创新创业示范基地。

三是强化青年创业培训，提升广州青年的创新创业能力。由政府出面，组织优秀创业者、创业专家，组建成专业化的青年创业导师队伍，以"创业讲堂"、"一对一"辅导创业等形式，对创业青年群体和在穗高校大学生群体开展常态化创业知识培训。完善政府创业培训补贴政策，鼓励社会力量参与创业培训。不断拓展创业培训的内涵与外延，在内涵上不断丰富创业培训的内容，建立完整的创业课程体系，在外延上，打通创业培训与资源之间的连接通道，把项目推荐、技术支持、人才服务、小额贷款、融资担保等与创业培训对接起来。

四是营造良好的社会舆论氛围，鼓励青年创业。虽然广州在职青年与大学生群体总体创业意愿较强，广州也有良好的创业氛围，但未来能否创业还受多种因素的制约，真正能把创业意图付诸实践的可能并不多。在鼓励青年创业方面，应当给予分类支持，对在职青年、大学生群体有不一样的支持性政策；不同行业要有不同的政策引导，合理引导青年创业。

参考文献

Evans D. S. , L. S. Leighton，1989，"Some Empirical Aspects of Entrepreneurship，"*The American Economic Review*，79（3）.

曲兆鹏、郭四维：《户籍与创业：城乡居民自我雇佣的差异研究——来自 CGSS2008 的证据》，《中国经济问题》2017 年第 6 期。

M. Cowling，2000，"Are Entrepreneurs Different Across Countries?"*Applied Economics Letters*，7（12）.

Edward P. Lazear，2004，"Balanced Skills and Entrepreneurship，"*American Economic Review*，95（2）.

Paul D. Reynolds，William D. Bygrave，Erkko Autio，Larry W. Cox and Michael Hay，2002，*Global Entrepreneurship Monitor*，*2002 Executive Report*，London：Babson College，London Business School and Kauffman Foundation.

王晓樱：《全球创业观察 2018/2019 中国报告发布》，光明日报客户端，2019 年 10 月 24 日，http：//news. gmw. cn/2019 – 10/24/content_ 33262730. htm。

B.6
广州平台经济从业青年状况研究

——以网约车司机为例

邓智平　赵道静*

摘　要： 本报告依托广州平台经济从业青年问卷调查数据及现有的文献数据资料，对广州平台经济从业青年，尤其是网约车司机的规模、人口特征、就业和劳动保障等现状，以及存在问题和发展趋势进行分析。研究发现，广州平台经济从业青年规模庞大，以网约车司机为代表的平台经济从业青年呈现年轻化、较高学历化、专职化等特征；存在平台劳动时间长、社会保障享有状况不理想、收入与期望值有较大差距、对职业社会地位和职业发展普遍不满意等问题。在此基础上，报告就完善平台经济从业青年的就业和创业政策体系、社会保障和劳动权益保护相关法律法规和政策体系提出了相关建议。

关键词： 平台经济　平台就业　青年　劳动权益保障

一　研究背景

平台经济，又称为互联网平台经济（Platform Economy），是利用互联

---

* 邓智平，广东省社会科学院改革开放与现代化研究所所长，研究员，博士，研究方向为劳动关系、社会保障；赵道静，广东省社会科学院社会学与人口学研究所助理研究员，研究方向为劳动就业、人口流动。

网、物联网、大数据等现代信息技术,通过构建平台产业生态环境,实现资源的最大化利用、商务贸易的更便捷开展、生产效率的大幅度提升,推动经济高质量发展的新型经济形态,人们日常生活中常见的网购、共享出行、外卖等,都是平台经济的典型代表①。随着互联网和信息技术的高速发展,平台经济在全球迅速兴起。中国通信研究院发布的《互联网平台治理研究报告(2019年)》显示,在全球市值最高的10家上市公司中,有7家是平台企业②。当前,我国以百度、阿里巴巴、腾讯和京东等企业为主要代表的平台经济正呈现蓬勃发展的态势。统计数据显示,2019年上半年,我国规模以上互联网企业收入同比增长17.9%;全国实物商品网上零售额38165亿元,同比增长21.6%,占社会消费品零售总额的近20%③。2019年出台的《国务院办公厅关于促进平台经济规范健康发展的指导意见》(国办发〔2019〕38号)指出,"互联网平台经济是生产力新的组织方式,是经济发展新动能,对优化资源配置、促进跨界融通发展和大众创业万众创新、推动产业升级、拓展消费市场尤其是增加就业,都有重要作用"。可以预见,在政策的强力支持下,我国的平台经济将持续快速发展,成为重要的经济增长点。

平台经济作为新型业态的蓬勃发展,为劳动力就业市场带来了一系列新职业、新工种和新岗位。数据显示,2018年平台经济带动就业机会增加累计超过6000万个,美团等平台企业带动就业机会增加1960万个,超过270万名外卖骑手从美团取得收入④。2019年3月国家信息中心发布的《中国共享经济发展年度报告(2019)》指出,2018年我国共享经济参与者约达到

---

① 《网购、约车、订外卖……你天天用的这些服务,要有大变化》,中国政府网,2019年8月10日,http://www.gov.cn/fuwu/2019 - 08/10/content_ 5420336. htm。
② 中国信息通信研究院:《互联网平台治理研究报告(2019年)》,http://www.caict.ac.cn/kxyj/qwfb/bps/201903/t20190301_ 195339. htm。
③ 《上半年规上互联网企业收入增长百分之十七点九 平台企业将实施差异化监管》,《人民日报》2019年8月9日,http://www.gov.cn/zhengce/2019 - 08/09/content_ 5419953. htm。
④ 《平台经济破解"成长烦恼"》,《人民日报》2019年8月9日,http://www.gov.cn/xinwen/2019 - 10/09/content_ 5437273. htm。

7.6 亿人，参与提供服务的人数约 7500 万，同比增长 7.1%；平台员工规模从 2017 年的 556 万人增长到 2018 年的 598 万人，同比增长 7.6%。预计到 2020 年"网约工"人数将超过 1 亿，互联网平台从业者将是未来劳动者中一支不容小觑的生力军①。大规模的平台经济从业人员的发展现状如何，面临哪些就业困难和问题，是平台经济快速发展过程中亟须研究的问题。

从学术研究现状来看，平台经济的理论和实证研究正随着平台经济的迅猛发展成为研究热点，经济学和管理学领域就平台经济对实体经济影响的研究分析较多见。从平台经济从业人员角度出发的现有研究主要聚焦于平台从业人员的劳动关系和权益保障问题。如曹佳研究平台经济下的就业现状与发展趋势，他总结平台经济就业的特征有规模扩大化、形式多样化、行业领域集中化、群体分布差异化等，平台经济就业的问题有职业发展缺乏持续性、技能结构矛盾突出、质量不高、权责关系确定困难等②。王全兴等研究网约工的劳动关系认定和权益保护，对"网约工"的概念进行了界定③。闫新燕等研究了共享经济模式下的网约车司机劳动权益保障问题，指出目前网络用工平台通过不与"网约工"签订劳动合同的形式来降低用工成本。"网约工"的劳动权益得不到应有的保障，维权也较为困难④。也有部分研究机构和学者采用问卷调查的方式，对平台经济从业人员的劳动就业特征和社会保险权益状况进行调查研究，如中国劳动和社会保障科学研究院通过调查分析了平台就业者的人口学特征、劳动特征和就业问题等⑤；江苏省总工会研究

① 国家信息中心分享经济研究中心：《中国共享经济发展年度报告（2019）》，2019。
② 曹佳：《平台经济下就业的现状与发展》，载余兴安主编《中国人力资源发展报告（2018）》，社会科学文献出版社，2018。
③ 王全兴、王茜：《我国"网约工"的劳动关系认定及权益保护》，《法学》2018 年第 4 期，第 57～72 页。
④ 闫新燕、姜怡乐：《共享经济模式下的网约车司机劳动权益保障思考》，《特区经济》2020 年第 2 期，第 134～137 页。
⑤ 中国劳动和社会保障科学研究院课题组：《共享用工平台上从业人员劳动就业特征调查分析》，《中国人力资源社会保障》2018 年第 4 期，第 18～20 页。

了平台经济从业人员的社会保险权益状况①。现有的研究成果大体为我们描绘了平台经济从业人员的基本特征，如平台经济从业人员以青年为主体，收入不稳定，劳动关系和劳动权益保障问题较为突出等。

广州市作为全国经济发展最具活力的地区之一，也是全国最知名的互联网企业聚集地之一，平台经济和平台企业正迅速发展。近年来网络约车、远程教育、在线医疗等"互联网＋"技术深度融合的新服务模式推动产业转型，广州市互联网、软件和信息技术服务业产值年均增长 25.9%。随之而来的是平台经济从业人员规模的迅猛扩大，尤其是青年群体。从已有的研究成果来看，广州市平台经济从业青年状况尚没有相关系统的研究，从业青年的规模、人口特征、就业现状、未来发展趋势都是值得挖掘和研究的课题。

二 广州市平台经济从业青年状况分析

（一）平台经济从业青年的内涵界定

平台经济从业人员在学术界、统计部门和相关机构尚没有统一的概念界定和称呼。与平台经济相关的从业人员，有学者称之为"网约工"，指出"网约工"有广义与狭义的含义，广义的"网约工"是指按照互联网平台的信息预约提供劳动的劳动者，既包括平台企业自身的员工，也包括与平台企业有合作关系的第三方企业等组织和机构的员工，还包括与平台企业签订合作关系的个体劳动者；狭义的"网约工"则是仅限于与平台企业有合作关系的个体劳动者②。有学者用"平台就业用工"的概念，界定平台就业是指平台经济中以互联网和移动通信工具为依托，由平台整合和提供相应供需信息，通过订单形式进行任务分配，劳动者根据其工作任务和工作量获得报酬

---

① 臧铁柱、曹佳丽：《平台经济从业人员社会保险权益状况调查》，《工会信息》2019 年第 23 期，第 30～32 页。
② 王全兴、王茜：《我国"网约工"的劳动关系认定及权益保护》，《法学》2018 年第 4 期，第 57～72 页。

的就业方式。根据劳动者与平台企业是否存在法律意义下的劳动雇佣关系，平台用工又分为平台型标准就业和平台型非标准就业[1]。还有学者用"新就业形态"来形容平台就业，新就业形态是指"依托互联网等现代信息科技手段，实现有别于正式稳定就业和标准劳动关系的灵活性、平台化的组织用工和劳动者就业的形态"。无法被传统劳动关系法律规范的，各类依托互联网实现的灵活性就业方式，都在新就业形态的范畴内；而一些使用传统渠道和方式实现的自雇、自营和个体就业，仍然属于灵活就业的范畴[2]。

综合各类平台经济从业人员的概念内涵，本报告将平台经济从业青年界定为利用互联网技术和手机等移动通信工具，依据平台上提供的相关供需信息从事服务和劳动的青年群体，类似于广义的"网约工"概念。

（二）广州平台经济从业青年规模

目前，平台经济从业者类型呈现多样化特点，从业者中既有传统意义上的灵活就业人员，也有拥有较高知识技术含量、较高回报和收益的新型自由职业者和多重职业者；从业行业主要集中于服务业，包括传统和新兴服务业、生产性服务业和生活性服务业[3]。《中国分享经济发展报告2017》资料显示，平台员工分布最多的三大领域是生活性服务业（如外卖平台注册配送员和网约快递员等）、生产性服务业领域和交通出行领域（如网约车司机）。由于平台经济从业人员类型复杂多样，我国目前的统计制度尚未对其进行全面系统的界定和统计，因此要准确获取平台经济从业青年人口规模还有困难。若从平台经济从业者类型角度出发，通过已公开的相关资料对广州市平台经济从业青年规模进行大体研究分析可以发现，广州市平台经济从业青年规模庞大，多种岗位人群规模位居全国前列。

---

① 王永洁、程国华：《平台型非标准就业特征及关键问题》，载张车伟主编《中国人口与劳动问题报告 No.20》，社会科学文献出版社，2019。

② 孟续铎：《中国新就业形态发展报告》，载莫荣主编《中国就业发展报告（2019）》，社会科学出版社，2019。

③ 曹佳：《平台经济下就业的现状与发展》，载余兴安主编《中国人力资源发展报告（2018）》，社会科学文献出版社，2018。

以网络直播从业人员为例，2017年第二届全球INS大会发布的《2017联合想象－未来趋势报告》显示，广州网络主播数量排在全国主要城市的第7位；2018年6月成立了国内首家新联会网络直播行业分会；2020年2月以来，广州淘宝直播商户激增4倍，开播场次全国排名第一。3月23日，广州市商务局出台《广州市直播电商发展行动方案（2020～2022年)》，提出包括"培训10000名带货网红和'网红老板娘'"在内的16条政策措施，计划用三年时间将广州打造成为全国著名的直播电商之都①。可以想象，未来广州从事网络直播的就业群体将会更加庞大。

以快递行业为例，广州市已成为全省乃至全国快递企业最集中、从业人员最多、业务收入规模最大的地区之一，2017年全市快递从业人员近10万人。当然快递员不完全是依托平台信息的从业者，部分是快递企业的雇用派送员，但保守估计，属于平台经济的快递从业人员规模应该过万人。外卖骑手和快递员一样，也是规模庞大的平台经济从业青年群体。美团研究院发布的《城市新青年：2018外卖骑手就业报告》显示，2018年美团外卖有单骑手达到270多万人，其中广东、江苏的工作骑手数量最多，均超30万人②；饿了么蜂鸟配送发布的《2018外卖骑手群体洞察报告》资料显示，蜂鸟配送目前在全国范围内拥有超300万名注册骑手。

以网约车司机为例，据网约车宝典App发布的《2019年网约车市场分析报告》，截至2019年12月，我国网约车司机人数达到3809万，人数规模三年平均增速达到36%。广州市交通运输局统计数据显示，截至2020年2月29日，广州市现有取得许可的网约车平台公司共37家，取得许可的网约车77935辆，网约车持证驾驶员为84561人。

---

① 《广州打造全国著名直播电商之都　未来三年孵化千个网红品牌》，广东省人民政府官网，2020年3月25日，http://www.gd.gov.cn/gdywdt/dsdt/content/post_2950219.html。
② 《〈2018外卖骑手就业报告〉：城市新青年，有理想有本领有担当》，新华网客户端，2019年1月18日，https://baijiahao.baidu.com/s?id=1622953015325358843&wfr=spider&for=pc。

（三）广州平台经济从业青年现状——以网约车司机为例

为了更好地了解广州平台经济从业青年的人口特征、就业和劳动关系状况，广州市团校于 2020 年 3 月开展了广州市平台经济从业青年问卷调查，通过网络调查收集了 243 份平台经济从业青年状况数据。受限于网络问卷的发放渠道，本次调查的对象以网约车司机为主，占总体的 86.8%；其次是电商从业者（包括淘宝、微商等），占 12.3%。因此，本报告呈现的是以网约车司机为主要代表的平台经济从业青年现状。

1. 平台经济从业青年人口特征

一是从业青年以广州本地户籍的"80 后"和"90 后"为主。从年龄构成来看，平台经济从业青年平均年龄为 30.16 岁，30～35 岁的从业者占61.3%，20～29 岁的从业者占 38.3%。网约车司机平均年龄稍高于其他平台经济从业者，其中网约车司机平均年龄为 30.66 岁，其他平台经济青年从业者平均年龄为 26.81 岁。从性别结构来看，网约车司机中 99.1% 是男性；其他平台从业者中女性占比稍高于男性，男性为 46.9%，女性为 53.1%。从户籍构成来看，47.3% 的从业青年为广州本地户籍，30.0% 为广东其他地市户籍青年，外省户籍的占 21.4%。从业青年中大部分在广州居住的时间较长，平均居住时长为 19 年，仅有 5% 的青年居住才 1 年时间，21.1% 的青年居住时间在 5 年及以下，居住 10 年以上的占 62.4%。从婚姻状况来看，平台经济从业青年的婚姻状况与其年龄结构相符，初婚占 59.3%，未婚占 31.7%，其中网约车司机以初婚人群为主（63.0%），其他平台从业青年中未婚者居多（65.6%）（见表 1）。

表 1 广州平台经济从业青年人口特征

平台经济从业青年人口特征		网约车司机	其他平台经济从业者	总体情况
年龄构成(%)	20 岁以下	0	3.1	0.4
	20～29 岁	33.6	68.8	38.3
	30～35 岁	66.4	28.1	61.3

续表

平台经济从业青年人口特征		网约车司机	其他平台经济从业者	总体情况
性别构成(%)	男	99.1	46.9	92.2
	女	0.9	53.1	7.8
户籍构成(%)	广州本地	51.2	21.9	47.3
	省内外市	28.9	37.5	30
	省外	19	37.5	21.4
	其他	0.9	3.1	1.3
在广州居住时长(%)	1年	3.3	15.6	5.0
	2~5年	11.0	50.0	16.1
	6~10年	16.7	15.7	16.5
	10年以上	69	18.7	62.4
婚姻状况(%)	未婚	26.5	65.6	31.7
	初婚	63	34.4	59.3
	再婚	2.8	0	2.5
	离异	6.2	0	5.3
	同居	1.4	0	1.2
总样本量(份)		211	32	243

二是近五成从业青年拥有大专及以上学历。从受教育程度来看，广州市平台经济从业青年中有39.1%是高中（含中专、中技）学历，35.8%是大专学历，初中学历占13.6%，大学本科占11.1%，硕士研究生有0.4%。分从业类型不同群体来看，网约车司机高中（含中专、中技）学历比重最高，为44.5%，大专占33.6%，大学本科仅6.6%，初中学历占15.2%。其他平台经济从业青年中大专学历占50%，大学本科占40.6%（见图1）。与中国劳动和社会保障科学研究院的调查结果（大专及以上学历从业者占总体的62.3%）相比较，广州市平台经济从业青年的受教育程度稍低于全国平均水平，但基本特征一致，即平台从业者高学历特征较为明显。

三是从业青年中党员比例不高。调查发现，广州平台经济从业青年中党员比重仅为5.8%，75.7%的青年政治面貌是群众，还有18.5%的青年是共青团员。网约车司机群体的党员占比为5.2%，群众占比为81.5%，共青团员占比为13.3%；其他平台经济从业青年中党员有9.4%，共青团员占比为53.1%，群众占比为37.5%（见图2）。

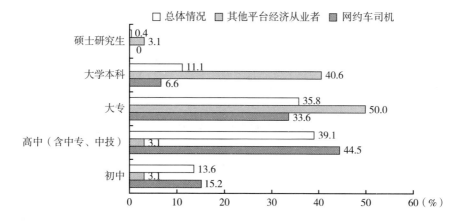

图1 广州平台经济从业青年受教育程度

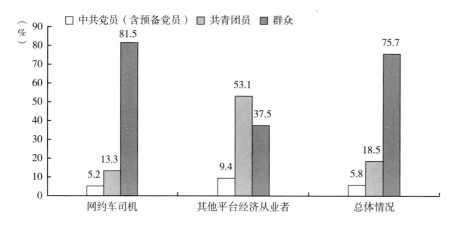

图2 广州平台经济从业青年政治面貌

2. 平台经济从业青年的就业特征

一是七成以上平台经济从业青年非首份工作，平台就业时间均不长。当被问及"在互联网平台企业从事有酬劳动是否是第一份工作"时，74.1%的青年选择了"否"，25.9%的青年选择"是"。其中网约车司机中23.2%是首次就业，其他平台经济从业青年中43.7%是首次就业（见表2）。在互联网平台企业就业属于首份工作的青年群体在年龄上要稍低于非首份工作青年，其中属于首份工作的青年中42.9%年龄在30岁以下，而非首份工作青年中37.2%是30岁以下。当被问及"从事互联网平台服务的时间"时，仅有18.5%的青年服务时间为三年及以上，而81.5%的青年服务时间不满三年。其中，不到半年的占27.6%，半年至一年的有28%，一年至两年的有14.8%，两年至三年的有11.1%（见图3）。

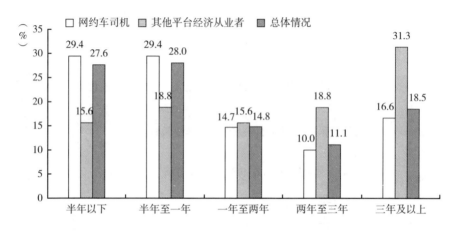

图3 广州平台经济从业青年平台就业时长

二是平台经济从业青年以专职为主，九成以上青年仅在一个平台就业。调查发现，广州平台经济从业青年中96.3%是专职，仅有3.7%是兼职。其中网约车司机的专职比重为97.2%，其他平台经济从业青年的专职比重为90.6%。这与平台经济发展的趋势是比较吻合的。平台经济在发展初期，大部分的平台劳动者都是兼职人员，如早期的淘宝店主和微商、滴滴司机等，很多是利用休闲时间在平台就业。但是随着消费市场的不断发展壮大和市场需求的增多，部分领域的从业者逐渐出现专职化的趋势，比如专职网约车司机、专职外卖骑手和网络主播等。对于网约车司机来说，在网约车新政实施后，司机专职化的趋势更为明显。当问及"目前在多少个平台提供服务"时，91.4%的青年选择"一个"平台，4.5%的青年在两个平台工作，另有4.1%的青年在三个及以上平台工作。其中网约车司机专职一个平台的情况较其他平台从业青年多，93.8%的网约车司机仅在一个平台工作，6.2%的网约车司机在两个及以上平台工作；其他平台从业青年中在两个及以上平台工作的比重为25.1%（见表2）。

表 2　广州平台经济从业青年平台就业状况

平台就业情况		网约车司机	其他平台经济从业者	总体情况
首份工作(%)	是	23.2	43.7	25.9
	否	76.8	56.3	74.1
专兼职(%)	兼职	2.8	9.4	3.7
	专职	97.2	90.6	96.3
服务平台数(%)	一个	93.8	74.9	91.4
	两个	2.4	18.8	4.5
	三个及以上	3.8	6.3	4.1
样本量(份)		211	32	243

　　三是平台经济从业青年工作时间较长，网约车司机工资水平相对较高。平台经济从业青年每周工作天数平均为 6.3 天，每天工作时间平均为 10.5 小时。其中网约车司机每周平均工作 6.4 天，每天平均工作 10.7 小时；其他平台经济从业青年每周平均工作时间为 5.9 天，每天平均工作时长为 9.0 小时。根据全国总工会《第八次中国职工状况调查》报告，2018 年平台工作者工作时间为每周 5.58 天，45.69 小时。从本次调查情况来看，广州市网约车司机和其他平台经济从业青年的工作时间比全国平均高出不少。从收入情况来看，广州市平台经济从业青年平台月均收入 7132 元，相对中国劳动和社会保障科学研究院调查的全国水平来说（劳动收入在 4000 元以下），广州平台经济从业青年的工资水平相对较高。另外，平台经济从业青年的工资水平与工作时长有很大程度的相关，网约车司机平台月均收入为 7295 元，其他平台经济从业青年月均收入为 6038 元（见表 3）。平台经济从业青年期望的收入水平普遍高于其现有工资收入，差额从 5000 元到 9000 元不等。除个别青年的期望月收入超过 5 万元以外，被调查的青年对月收入的平均期望值约 16000 元，其中网约车司机期望的月均收入达到 16823 元，其他平台经济从业者的期望月均收入为 10967 元。

表3　广州平台经济从业青年平台工作时间及收入状况

	网约车司机	其他平台经济从业者	总体情况
每周工作天数(天)	6.4	5.9	6.3
每天工作时间(小时)	10.7	9	10.5
平台月均收入(元)	7295	6038	7132
期望月均收入(元)	16823	10967	16000

3. 平台经济从业青年的社会保障状况

一是网约车司机劳动合同签订率高。从调查数据来看，99.6%的广州市平台经济从业青年与平台企业签订了劳动合同或者有合作/服务协议，其中网约车司机中95.3%签订了劳动合同，4.7%签订了合作服务协议；其他平台经济从业青年劳动合同签订率为68.8%，有28.1%的人签订了合作/服务协议，另有3.1%既没有签订劳动合同也没有签订合作/服务协议（见图4）。劳动关系的建立是劳动者享有法定劳动权利的前提，在平台经济中平台劳动者与平台之间形成的法律关系多种多样，网约车的市场准入制度使得其行业规范化进程比其他平台行业走得更快，因此网约车司机的劳动关系建立相对其他平台更为规范，劳动合同签订率也更高。但其他类型平台经济从业者的劳动关系建立现状，暴露出平台经济从业者面临的普遍困境，不签正式劳动合同或仅签服务协议的现象仍然比较多，平台经济从业青年的劳动权益仍然处于缺乏法律保障的境地。

二是仅三成左右平台经济从业青年完全享受"五险"保障，其他劳动保障较为缺乏。从调查数据来看，30%左右的广州平台经济从业青年能完整地拥有"五险"基本社会保障，拥有社会医疗保险和养老保险的比例相对较高，其中社会医疗保险享有比例最高，为84.4%；其次是养老保险，享有率为60.1%；再次是失业保险，享有率是53.9%；工伤保险、生育保险和住房公积金的享有率分别为47.7%、36.6%和14.8%。其他社会保障待遇，平台经济从业青年的享有率并不高，比如带薪休假享有率仅19.8%；病假工资享有率仅13.6%；产假工资享有率仅8.6%；职业年金享有率仅5.3%。有16.5%的平台经济从业青年购买了商业医疗保险。另有4.5%的

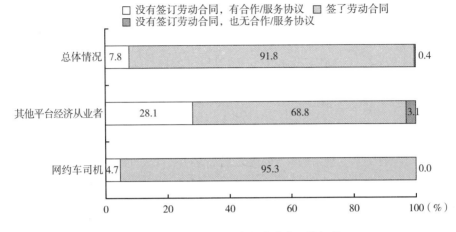

图 4　广州平台经济从业青年劳动合同签订状况

平台经济从业青年没有任何的社会保障（见表 4）。从总体情况来看，广州平台经济从业青年的社会保障状况普遍不够理想。

表 4　广州平台经济从业青年社会保障状况

单位：%

享受社会保障比例	网约车司机	其他平台经济从业者	总体情况
社会医疗保险	85.8	75.0	84.4
养老保险	62.1	46.9	60.1
失业保险	54.5	50.0	53.9
工伤保险	47.9	46.9	47.7
生育保险	34.6	50.0	36.6
带薪休假	17.1	37.5	19.8
商业医疗保险	16.6	15.6	16.5
住房公积金	9.5	50.0	14.8
病假工资	12.3	21.9	13.6
产假工资	6.2	25.0	8.6
职业年金	4.7	9.4	5.3
以上皆无	3.8	9.4	4.5
其他	2.4	3.1	2.5

4. 平台经济从业青年的职业定位和就业满意度评价

一是平台经济从业青年对自身就业定位为打工者的居多。从平台经济从业者类型角度来看，平台经济从业人员既可以是自我创业者或自雇人员，比如淘宝店主，平台只是提供一个创业和与外界沟通的平台；也可以是打工者，比如外卖骑手和快递员。可以说，当前平台经济从业者是否属于创业者的身份界定比较模糊。在本次调查中，广州市平台经济从业青年普遍将职业角色定位为打工者，其中74.9%认为自己是打工者，18.9%认为自己创业者和打工者身份兼有，2.1%认为自身是创业者，4.1%的人对职业定位不清晰。这种职业定位在网约车司机和其他平台经济从业青年中的状况基本一致，只是其他平台经济从业青年定位自身是创业者或者创业者与打工者身份兼有的比重要高一些。

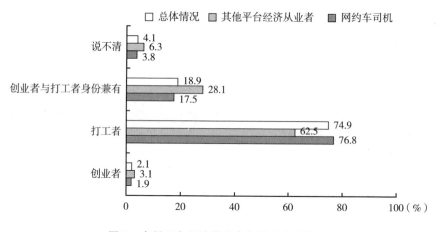

图5 广州平台经济从业青年职业定位状况

二是平台经济从业青年对平台就业各方面满意度一般，对工作环境满意度最高，对升迁机会的满意度最差。调查结果表明，四成以上的被调查者对平台工作的各方面满意度评价"一般"，其中对经济收入选择"一般"的比重最高，为52.7%。满意度评价情况最好的是工作环境，选择"满意"的比重占了52.7%，其次是人际关系，选择"满意"的比重占了44%。满意度评价相对较差的是升迁机会和职业的社会地位，选择"不满意"的比重分别为28%和25.9%，另外11%以上的平台经济从业青年对福利保障、人际关系表示不满意（见图6）。从满意度得分情况来看，因样本量有限，网约车司机的得分情况基本反映出总体情况。

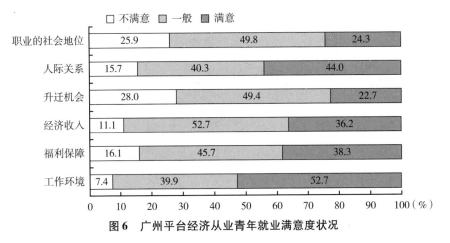

图6 广州平台经济从业青年就业满意度状况

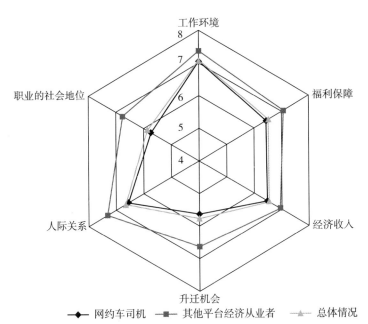

图7 广州不同类型的平台经济从业青年就业满意度得分状况[*]

注：满意度得分按照"不满意"赋值2分，"较不满意"赋值4分，"一般"赋值6分，"比较满意"赋值8分，"非常满意"赋值10分综合计算得出。

三是平台经济从业青年平台就业的最主要原因是增加收入、工作时间自由和平台就业分配公平。当被问及选择平台就业的原因时，平台经济从业青年选择最多的五个原因是"增加收入，补贴生活"（53.5%），"工作时间自由"（37.4%），"平台就业多劳多得，分配公平"（24.3%），"可以平衡工作和家庭"（22.6%）和"平台就业前景好"（16.5%）（见图8）。对比网约车司机，其他平台经济从业青年选择的原因有所区别，其他从业青年平台就业的主要原因，选择最多的是"平台就业前景好"（59.4%），其次是"增加收入，补贴生活"（46.9%），再次是"顺应互联网发展"（31.3%），"工作时间自由"（18.8%）排在第四位。除"增加收入，补贴生活"的考虑外，从结果来看平台经济从业青年在平台就业的原因与平台就业的灵活性、自由度高等特征比较相符。

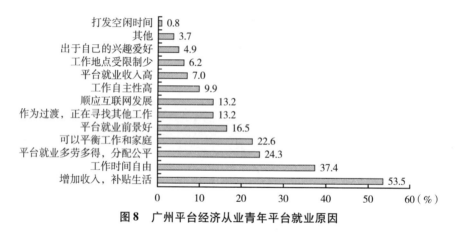

图8　广州平台经济从业青年平台就业原因

表5　分类型广州平台经济从业青年平台就业原因

单位：%

原因	网约车司机	其他平台经济从业者	总体情况
增加收入,补贴生活	54.5	46.9	53.5
工作时间自由	40.3	18.8	37.4
可以平衡工作和家庭	24.6	9.4	22.6
平台就业前景好	10.0	59.4	16.5
作为过渡,正在寻找其他工作	15.2	0.0	13.2
顺应互联网发展	10.4	31.3	13.2

续表

原因	网约车司机	其他平台经济从业者	总体情况
工作地点受限制少	7.1	0.0	6.2
平台就业多劳多得,分配公平	27.5	3.1	24.3
出于自己的兴趣爱好	4.3	9.4	4.9
打发空闲时间	0.9	0.0	0.8
工作自主性高	10.4	6.3	9.9
平台就业收入高	6.2	12.5	7.0
其他	3.3	6.3	3.7

四是平台经济从业青年平台就业最担心的是收入不稳定、意外事故风险大和客户不稳定。当被问及"在平台就业,主要担心什么"时,广州平台经济从业青年中74.1%选择了"收入不稳定",其次是48.6%选择了"意外事故风险大",42.0%选择了"客户不稳定",24.7%选择了"人身安全问题",这基本代表了网约车司机的工作担忧。与网约车司机工作环境和工作性质不同的其他平台经济从业青年,对平台就业的担心除了在"收入不稳定"上选择最多与网约车司机一致外,28.1%的青年认为平台就业没有问题,这主要是因为这部分淘宝店主和微商不需要在户外工作,对意外事故、人身安全等问题考虑较少。另外,从从业者对"网约工作合法性问题"的选择比重来看,广州平台经济从业青年对平台就业的合法性问题担忧不明显(见图9、表6)。

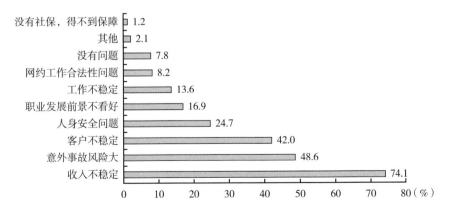

图9 广州平台经济从业青年平台就业最担心的问题

表6 分类型广州平台经济从业青年平台就业最担心的问题

单位：%

担心的问题	网约车司机	其他平台从业者	总体情况
收入不稳定	76.8	56.3	74.1
客户不稳定	45.0	21.9	42.0
意外事故风险大	54.5	9.4	48.6
没有社保，得不到保障	1.4	0.0	1.2
工作不稳定	13.7	12.5	13.6
职业发展前景不看好	18.0	9.4	16.9
网约工作合法性问题	9.0	3.1	8.2
人身安全问题	27.5	6.3	24.7
没有问题	4.7	28.1	7.8
其他	1.9	3.1	2.1

5. 新冠肺炎疫情对平台经济从业青年有较大影响

本次问卷调查正值防控新冠肺炎疫情的关键时期，疫情防控和复工复产成为最重要的两项工作，全国乃至全球的经济都受到沉重的打击。对于平台经济从业青年而言，疫情对其就业和收入的影响也非常大。调查发现，95.9%的广州平台经济从业青年认为疫情对工作的影响非常大或比较大，其中74.5%认为非常大，21.4%认为比较大；认为影响一般和较小的仅有4.1%。96.7%的从业青年表示疫情对收入水平的影响非常大或比较大；72.4%的从业青年表示疫情对未来职业发展影响非常大或比较大。

三 平台经济从业青年就业存在的主要问题

相较于传统经济形态，平台经济作为新兴业态仍处于起步发展阶段，平台企业迅猛发展的同时伴随着风险的增长，平台经济从业者不可避免地也处于众多潜在的风险之中。结合本次调查数据，可以发现以网约车司机为代表的平台经济从业青年面临着劳动时间长、劳动法律保障缺乏、收入不稳定、职业发展难等现实问题。从整个平台经济从业青年发展的角度来看，平台经济从业青年就业存在以下主要问题。

一是平台就业缺乏制度化的政策设计和法治保障。当前从全国到省市各层面都对新兴经济持鼓励发展的态度，2019 年国务院办公厅发布了《关于促进平台经济规范健康发展的指导意见》，明确了我国平台经济发展的路径和相关措施。江苏省出台"平台经济发展 20 条"，福建出台了《福建省促进平台经济规范健康发展五条措施》，广东、湖南、广西等均制订了数字经济发展规划。广州市印发了《广州市人民政府关于印发广州市加快打造数字经济创新引领型城市若干措施的通知》。促进平台经济发展的制度安排愈发完善，但对于平台就业尚缺乏专门的、有针对性的制度和政策设计，平台就业的法律边界、职业和岗位清单等问题在劳动就业管理和服务领域均不够清晰。

二是促进青年在平台上就业创业的政策措施不够完善。平台经济从业青年的职业指导、技能培训、就业信息服务等就业政策比较滞后，与"互联网＋就业"模式不相适应。首先是针对平台就业青年的职业技能培训政策缺乏，与其他就业培训补贴政策相比，目前国家仅有灵活就业社保补贴，青年的职业培训无相应政策补贴。其次是政府能为平台经济从业青年提供的就业服务信息有限，平台创业的扶持政策不够完善，比如灵活就业者和新就业形态从业人员在就业创业贷款、税收优惠政策、经营场所的租用等方面都不同程度存在着可操作性较低、手续多等不利的政策因素。最后，平台就业多为低技术含量岗位，平台经济从业青年的职业发展空间有限。目前，我国平台经济就业主要集中在天猫、淘宝、京东等电子商务，顺丰快递等物流行业，网约车，饿了么、美团等餐饮外卖等传统服务业领域，在需要知识、技能储备等人才资本附加值较高的领域中从业人员并不多，尚未形成规模。受平台经济从业者总体上受教育程度和技能水平不高等因素的影响，当前与高端科技发展密切相关的平台新业态高质量发展所需要的相应专业技术水平人才相对较为缺乏。

三是平台经济从业者群体基础数据缺乏，不利于公共就业服务的开展。目前对平台就业的定义比较宽泛，没有形成统一规范的认定标准，统计口径和指标体系不健全，各地对平台就业等新兴就业形式的理解也没有形成统一的认识。对平台经济从业者的统计调查数据大部分来源于各大型平台内部的大数据库，如滴滴研究院、阿里研究院和网约车宝典 App 等。虽然能从局部了解主要平台从业人员的大体状况，但综合的判断依然缺乏。尤其是政府层面公开的统计汇总数据空缺。平台经济涉及人们生活的方方面面，平台经济从业人员规模庞大且增速快、变动快，分布情况复杂，人员流动性强，业态灵活多样，统计难度较大。加上平台经济从业人员群体更多的是隐形就业群体，未被主动纳入政府就业登记范围，从业者自身也缺乏主动进行就业登记的意愿，因此很难在现有的统计和就业管理体制下把握全面完整的平台经济从业人员基础数据。这也正是本次调查未能全面覆盖各类平台经济从业青年的主要原因。缺乏基础数据和准确的从业青年群体状况了解渠道，使得当前我国的公共就业服务无法覆盖这部分群体，对于团委等服务青年群体的社会团体和机构的工作开展也产生不小的难度。

四是平台经济从业青年劳动权益保障问题较为突出。首先是从业青年劳动强度大，劳动纠纷发生多。调查结果显示，广州平台经济从业青年普遍存在劳动时间过长的问题，尤其是网约车司机每天工作超过十个小时，劳动强度大，且他们普遍担心意外事故和人身安全问题。但从从业者社会保障享有情况来看，与他们高强度的工作相比，诸如意外伤害保险、失业保险、病假工资等大风险的保障并不齐全。另外，平台就业发生劳动纠纷后的权益保障问题也是目前平台经济从业者面临的较大问题。比如 2018 年，广州市仅天河区人民法院就受理了涉及美团、百度、三鼎等餐饮、家政、租车平台的"网约工"劳动争议纠纷案件 77 件。由于平台经济的活动主体多元且主体间关系复杂，平台与其从业人员之间的劳动关系"非正规化"、"弱关系化"和"去关系化"特征明显，平台经济从业者的劳动权益较易受到侵害。其次是平台就业稳定性差。在平台经济从事服务型工作，其最大优点是自由度高，具有较强的灵活性，而最大的问题就在于工作的不稳定性和职业发展的不可持续性。平台经济从业人员的高流动性较为明显，本次调查也发现平台从业者在平台就业的时间普遍不长。近年共享经济和平台经济等"互联网+"经济领域已有数个平台经历资本洗礼和市场优胜劣汰而消失，平台企业的发展风险隐患必然也带来劳动关系的变更、解除、终止，在普遍缺乏法律保障的现实情况下平台企业的消失容易引发劳动争议，从而对劳动关系的稳定性产生消极影响。再次是平台经济从业青年普遍缺乏可供维权的组织化渠道。有学者指出"平台经济就业中工作方式的弹性化助推了劳动用工的分散化，用工形式的多样化降低了劳动关系的稳定性和劳动者的组织化程度"①。目前，广州市在平台经济从业人群的组织化方面已经开始有所作为，市总工会将推进新型从业群体入会摆在突出位置，组织开展了"货车司机等群体入会集中行动"，重点推进货车司机、网约送餐员、快递员等八类新技术、新业态、新模式领域企业建会和职工入会。2019 年 1 月在广州市总工会的指导和见证下，广州饿了么蜂鸟配送代理商第一届第一次会员代表大会召开，第一批 350 名饿了么外卖骑手申请加入工会，他们成为即时配送这个新业态的首批工会会员②。但与大规模平台经济从业青年相比，这种保障从业群体劳动权益的组织依然太少，存在明显的供需不对称问题。

四 结论、展望与对策

（一）主要结论

通过对现状和问题的分析，我们得出以下主要结论。

一是平台经济作为新型业态蓬勃发展，为劳动力就业市场带来了一系列新职业、新工种和新岗位。广州市目前的平台经济从业青年规模庞大，诸如网络主播、网约快递员和外卖骑手等规模均位居全国前列。

二是与全国平台经济从业者的人口特征和就业特征类似，以网约车司机为例的广州市平台经济从业青年具备年轻化、较高学历化、专职化、从事平

---

① 曹佳：《平台经济下就业的现状与发展》，载余兴安主编《中国人力资源发展报告（2018）》，社会科学文献出版社，2018。

② 周聪：《广州首家即时配送领域工会成立　网约送餐员有了自己的"职工之家"》，金羊网，2019 年 1 月 9 日，http://news.ycwb.com/2019-01/09/content_30172276.htm。

台工作时间短等特征，但存在平台劳动时间长、社会保障享有状况不理想、收入与期望值有较大差距等劳动就业问题。与全国平均水平相比，广州市平台经济从业青年的收入更高，网约车司机的劳动合同签订率和"五险"社会保障享有状况较理想。广州市平台经济从业青年对平台就业满意度一般，对工作环境满意度最高，对升迁机会的满意度最低。他们最担心的是收入不稳定和意外事故风险大等问题，选择平台就业多是基于收入增加和工作时间自由的考虑。

三是当前我国针对平台经济从业青年的就业和劳动权益保障等仍缺乏完备的制度化设计和法律保障，从业青年在公共就业信息获取、职业培训支持与补贴、创业扶持等方面均缺少足够的政策措施。

（二）展望与对策

平台经济使得人们传统的工作生活、人际交往、消费模式发生巨大改变，促进了我国经济转型，作为一种新业态对我国经济社会高质量发展有十分重要的作用。随着科学技术的不断发展进步，平台经济的大幅度、快速迅猛发展将是必然趋势，数字技术将推动就业生态的革命性变革。青年是"最富有朝气、最富有梦想"的群体，必然也能成为平台经济的领军者，成为平台经济就业创业市场中的主力军，未来将会有更多的青年群体加入平台经济就业队伍。作为国际化大都市的广州，"创新"是其最具代表性的关键词之一，广州具有众多知名互联网企业，是平台经济发展的沃土，有巨大的平台就业市场，相信未来越来越多青年群体进入广州平台经济就业的大趋势是不变的。随着平台经济逐步走向成熟，平台经济也将吸纳更多高素质高技能人才。为了推动广州平台经济从业青年更好地就业和发展，本报告提出几点对策建议。

一是完善平台经济从业者的就业和创业的政策体系。要结合平台经济发展规划和互联网、信息科技的发展动态制订平台就业中长期发展规划。出台促进平台就业创业的政策措施，改革创新现有的公共就业服务信息提供方式，政府应该与平台企业加强联系沟通，建立平台就业劳动力市场供需信息平台，及时发布平台就业岗位信息，方便青年群体获取。结合现有的灵活就业相关政策，制定包括平台就业在内的就业补助、职业培训、岗位技能提升的扶持政策。优化平台创业扶持政策，鼓励高素质高技能人才依托平台进行创新创业。

二是健全平台就业和劳动权益保障的法律和政策体系。明确平台经济各主体的法律关系，明确各方的责任权利关系，制定平台经济从业者和平台企业间劳动关系的法定标准，对各领域各类型平台企业实施精细化的监管，区分平台企业和劳动保障监管部门的职责权限。加强平台经济从业者劳动时间、劳动报酬、社会保障和劳动权益保障的政策体系研究，出台针对平台从业者与平台企业、平台消费群体间争议处理方法的指导性意见。加大力度开展平台经济从业青年的工会组织建设，创新服务提供方式，探索建立平台就业者与平台企业的集体协商制度。向平台经济从业青年宣传普及劳动保障相关法律法规，增强他们维护自身权益的意识和能力。研究制定适应不同平台型经济企业从业者特点的多样化社会保险制度，鼓励风险大的快递、外卖、网约车平台企业为就业者购买人身安全意外险和工伤保险。借助平台软件为平台就业者提供社会保险服务，在平台中加大就业、社保相关政策的宣传力度，引导平台就业者积极参保。

三是强化平台就业和平台从业群体的职业教育体系建设。加强学校教育、职业教育与平台就业市场的适应性，推动和引导教育部门、社会培训机构等开设平台就业相关职业技能培训课程和专业课程，培养和提升平台经济从业者的职业素养和抵御风险的能力，促进更多的平台经济从业者成为知识型和技能型劳动者，制定和完善平台经济从业者职业技能评定政策。

四是建立平台经济从业群体统计制度和动态数据更新系统。充分整合现有的平台企业大数据库，建立适合平台经济从业者的统计制度和数据库。基于平台经济从业者的高流动性，要建立平台经济从业人员动态数据更新系统。鼓励平台经济从业者在政府公共就业信息平台上进行就业登记。

参考文献

王永洁：《平台型非标准就业与劳动力市场规制》，《北京工业大学学报》（社会科学版）2020 年第 3 期。

陈微波、王凯旋、王斐霖：《互联网平台从业者工作风险识别体系的构建——基于扎根理论的探索性研究》，《财经论丛》2019 年第 11 期。

涂伟：《国外平台劳动者权益保障的改革思路及启示》，《中国劳动保障报》2019 年 6 月 15 日。

王娟：《高质量发展背景下的新就业形态：内涵、影响及发展对策》，《学术交流》2019 年第 3 期。

张钰：《新就业形态从业者现状研究》，《经济研究导刊》2019 年第 9 期。

张成刚：《就业发展的未来趋势，新就业形态的概念及影响分析》，《中国人力资源开发》2016 年第 19 期。

B.7
广州青年就业创业政策分析

巫长林*

摘　要： 青年的就业问题一直是政策关注的焦点，为促进青年就业，中央、省、市出台了一系列相关政策。通过梳理广州就业创业政策，结合广州青年对政策认知的调查数据，可以发现，在政策的推动下，青年就业工作稳步推进。同时，我们也发现青年对于政策有进一步优化的诉求。因此，我们提出了推动实施就业优先战略，提升青年就业率；重点抓好高校毕业生就业创业，提升应届毕业生就业质量；提供就业创业精准服务，为青年提供个性化就业方案；开展职业教育和技能培训，培养高素质青年人才队伍等方面的政策建议。

关键词： 青年　就业创业　广州

就业是青年步入社会，实现自身社会价值的有效途径，也是事关青年切身利益的大事。近年来，随着青年就业形势的发展，党和政府把就业工作摆在突出位置，推动"稳就业"工作。桑伟林等指出青年就业创业政策可以从广义、狭义两个角度来界定，广义上看，青年就业创业政策是指政府为了解决现实或潜在的青年劳动力就业创业问题而制定和推行的一系列方案及采取的措施，包括促进就业的宏观经济政策、社会保障政策等；狭义上看，青年就业创业政策是指国家为解决青年劳动力市场中的失业和就业困难问题时

---

* 巫长林，广州市穗港澳青少年研究所助理研究员，主要研究方向为青年参与。

所采取的一系列旨在恢复劳动力供求平衡、劳资关系协调的经济和社会政策，包括帮助特定群体退出或延迟进入劳动力市场的政策、促进就业岗位增加的政策、失业救济政策等①。在一系列就业创业政策组合拳的推动下，广州青年就业工作取得了显著成绩，获得了青年的认可。就业创业政策是影响青年就业的关键性因素，因此，有必要从就业创业政策视角分析青年就业问题。梳理目前的就业政策，调查就业创业政策效果，分析在职青年、大学生、创业青年等三大重点群体对就业政策的评价，以进一步完善政策，促进青年就业，解决社会关注的青年就业问题。

一 广州青年就业形势与政策

就业事关人民群众切身利益，事关国家发展大局和社会和谐稳定。2018年7月底以来，"稳就业"就一直排在"六稳"之首。习近平总书记高度重视就业问题，反复强调"就业是民生之本"，"就业是最大的民生工程、民心工程、根基工程"。党的十九届四中全会明确提出，健全有利于更充分更高质量就业的促进机制。2019年12月，中央经济工作会议强调，要完善和强化"六稳"举措，健全财政、货币、就业等政策协同和传导落实机制，确保经济运行在合理区间。2019年12月，国务院印发《关于进一步做好稳就业工作的意见》，从支持企业稳定岗位、开发更多就业岗位、促进劳动者多渠道就业创业、大规模开展职业技能培训、做实就业创业服务、做好基本生活保障等六个方面重点举措稳就业。

（一）就业形势

每年3月、4月都是高校应届毕业生春季招聘的黄金期。一场突如其来的疫情，打乱了2020年春招的正常节奏，也让很多面临毕业求职的大学生

---

① 桑伟林、蔡智：《改革开放40年来青年就业创业政策演进及其优化研究》，《中国青年研究》2018年第10期，第12~18页。

纷纷感叹："我太难了!"教育部最新发布的数据显示，2020届高校应届毕业生将达到874万人，同比增加40万人，毕业生人数再创历史新高。在巨大经济压力和新冠肺炎疫情的影响下，2020届高校毕业生的就业问题成为一个严峻的话题。

在新冠肺炎疫情全球大流行背景下，全球经济陷入深度衰退，失业率飙升。国家统计局发布的数据显示，2020年1~2月份，全国城镇新增就业108万人。2月份，全国城镇调查失业率为6.2%，31个大城市城镇调查失业率为5.7%。其中，全国主要就业群体25~59岁人口调查失业率为5.6%，低于全国城镇调查失业率0.6个百分点；20~24岁大专及以上人员调查失业率也比1月份降低0.4个百分点。3月失业率数据回落至5.9%，仍处高位，一季度城镇新增就业下滑29%，一季度全国居民收入同比仅增长0.8%。

2019年末，广州市常住人口1530.59万人，城镇化率为86.46%，户籍迁入人口21.05万人。[①] 广州市政府2019年7月22日公布，截至6月底，广州市就业登记在场总人数为874.38万人，同比增加6.87%。广州生源应届毕业生就业率97.62%，高校毕业生就业情况良好。[②] 广东省教育厅发布的《2019年高校毕业生就业质量年度报告》指出，从2015~2019年的高校毕业生规模看，广东实际参加就业的高校毕业生人数总体呈上升态势，规模逐年扩大，从2015年的49.35万人增加到2019年的53.92万人，预计2020年高校毕业生有60.3万人，加上择业期内二次择业和外省来粤求职的高校毕业生，就业总量巨大，形势依然严峻。2019年广东省普通高校实际参加就业的毕业生人数为53.92万，初次就业率为94.58%，其中研究生就业率为91.26%，本科生就业率为93.44%，专科生就业率为96.12%，超过八成的已就业毕业生集中在珠三角地区。[③] 受新冠肺炎疫情影响，餐饮、旅游、

---

① 广州市统计局：《2019年广州市人口规模及分布情况》，广州市统计局官网，2020年3月11日。
② 何颖思：《上半年广州新增就业人数15.68万人　同比增加19.42%》，大洋网，2019年7月23日。
③ 孙唯：《广东省教育厅发布2019年高校毕业生就业质量年度报告》，金羊网，2020年2月23日。

零售、建筑制造业是失业及就业不足的重灾区，运输业及教育业情况亦显著恶化。

（二）就业政策

2020年3月20日，国务院办公厅印发《关于应对新冠肺炎疫情影响强化稳就业举措的实施意见》，首次提出提升投资和产业带动就业能力，实施重大产业就业影响评估，明确重要产业规划带动就业目标，优先投资就业带动能力强、有利于农村劳动力就地就近就业和高校毕业生就业的产业。一方面中央加大宏观政策的调节力度，努力稳住企业，特别是用工需求大的中小企业，稳住企业、稳住经济运行也就稳住了就业；另一方面就业优先的政策也进一步加大力度，比如增加对就业人员、转岗人员或者农民工的就业培训、更好地发挥就业基金的作用等，进一步推动灵活就业。

2020年5月9日，人力资源和社会保障部、教育部、中央编办、财政部四部门联合印发了《关于做好2020年中小学幼儿园教师公开招聘有关工作的通知》，要求做好中小学幼儿园教师招聘，促进大学生就业。一是要提高认识，统筹谋划做好教师公开招聘工作；二是要挖潜创新，加强中小学教职工编制保障；三是要重点突破，加大幼儿园教师补充力度；四是要优化供给，教师公开招聘实施"先上岗、再考证"；五是要积极支持，引导高校毕业生到艰苦边远地区学校任教；六是要挂图推进，确保完成"特岗计划"招聘计划；七是要协同配合，落实教师招聘工作责任；八是要大力扶持，增强民办学校吸纳就业的能力。

2020年2月20日，《广东省人民政府关于印发广东省进一步稳定和促进就业若干政策措施的通知》提出支持企业稳定岗位、开发更多就业岗位、促进劳动者多渠道就业、进一步鼓励创业带动就业、稳定高校毕业生等重点群体就业、提升劳动者技术技能水平、加大困难人员托底帮扶力度、强化就业服务供给、完善就业失业监测研判机制等九大政策措施。

2020年5月6日，广东省教育厅联合省人社厅等七部门印发了《关于推进2020年广东省普通高校毕业生就业工作的若干政策措施》，提出八大举措：一是拓宽高校毕业生就业渠道，二是推进高校毕业生实习见习计划，三是助力开展大规模招聘活动，四是加强就业指导和困难帮扶，五是加大高校毕业生就业扶持力度，六是鼓励高校毕业生自主创业，七是实施部分职业资格"先上岗、再考证"阶段性措施，八是优化高校毕业生就业服务政策。

为降低疫情对青年就业的影响，广州全力出招"稳就业"。2020年2月，广州市人力资源和社会保障局等5个部门印发《关于做好疫情防控期间有关就业工作的通知》，提出以下措施促进就业。一是优先保障重点企业复产用工。二是引导错峰、有序、安全复工。三是加强人文关怀。四是支持企业稳定岗位。五是多措并举做好高校毕业生就业工作。六是优化完善线上就业服务。此外，广州还出台"促就业六条"助企业稳岗达产：一是支持企业稳定岗位，二是促进劳动者多渠道就业，三是促进以创业带动就业，四是稳定重点群体就业，五是优化就业创业服务，六是加大组织保障力度。

据统计，2020年1月31日至3月5日，广州全市人社部门（含市、区、街公共就业服务机构及中国南方人才市场）累计举办网络招聘会141场次，参会企业7473家次，企业招聘岗位数累计291153个，采集求职者简历信息47614条，点击量841406人次，初步达成就业意向28902人次，成功就业17162人次。通过提供"点对点"专车、专列、专机集中接返服务，截至2020年3月6日，全市协调组织异地务工人员专车、专列、专机。集中接返98批次7100余名外地务工人员，服务企业约700家。稳定重点群体就业：提出抓紧制定高校毕业生延期录用报到方案，加大网上招聘力度；对组织毕业两年内高校毕业生和16～24岁失业青年参加就业见习的各类用人单位，由就业补助资金按每人每月本市最低工资标准给予就业见习补贴，符合条件的落实见习留用补贴；继续实施困难企业失业保险费稳岗返还政策，实施期限延长至2020年12月31日。2020年3月至6月底，中国南方人才市场每周推出一场"阳光就业"高校毕业生大型网络招聘会，每场招聘会都有将近400家企业上线进行面试。

广州市高校毕业生就业指导中心积极推出服务2020届毕业生就业创业政策措施。一是云面试，3～5月每周五举办网络视频招聘会，让毕业生与参与企业 HR 实时面谈。二是 24356 线上校园招聘,利用"阳光就业"线上招聘服务平台,为高校毕业生提供 24 小时、全年 365 天的线上招聘服务,发布 20 多万个校园招聘岗位信息。三是鼓励毕业生到基层就业,鼓励毕业生参加"三支一扶""大学生村官"等大学生服务基层项目,提供应届毕业生到基层就业补贴、基层就业岗位补贴等。四是鼓励毕业生自主创业,提供创业担保贷款、一次性创业资助、创业企业社会保险补贴、租金补贴、优秀创业项目资助补贴等鼓励和支持高校毕业生自主创业的创业补贴。五是就业手续全流程网办,高校毕业生接收、档案服务、未就业登记及报到、就业协议签订、就业调整改派、就业创业证申领等公共服务实行全流程网办。

2020 年 4 月 24 日,广州市人民政府新闻办公室举办广州市第 88 场疫情防控复工复产新闻通气会,会上介绍,中国南方人才市场连续 54 天举办"阳光就业"高校毕业生网络招聘会,提供约 2.4 万个就业岗位,发放求职创业补贴 3097.6 万元。此外,广州计划对在穗普通高等学校、职业学校、技工院校就读的湖北籍 2020 届毕业生按每人 2000 元标准给予求职创业补贴。

二 广州青年对就业创业政策认知状况

为了解广州青年对就业创业政策的认知情况,我们通过问卷调查的方式,从青年对政策的了解渠道、参与度及满意度等方面开展全流程调查,以了解政策落实与青年需求之间的衔接状况。

(一)青年对就业创业政策的了解渠道

大学生群体了解就业创业政策的渠道,主要是微信公众号和政府官方网站。数据显示,了解广州就业创业政策以及相关信息,33.5% 的大学生是通过微信公众号,30.5% 的大学生是通过政府官方网站,10.3% 的大学生是通过朋友介绍,10.0% 的大学生是通过微博平台,8.4% 的大学生是通过创业服务机构,3.9% 的大学生是通过户外广告(公交站、地铁、社区投屏广告等),1.7% 的大学生是通过报刊,1.8% 的大学生是通过其他方式。

从年龄来看，20～24岁的青年更喜欢通过微信公众号方式，年龄更大青年更偏爱通过政府官方网站方式，19～22岁的青年更偏向于通过朋友介绍。

从性别来看，女性比男性更多运用微信、微博等新媒体方式，男性更多运用官方网站、朋友介绍的方式。具体而言，选择通过微信公众号方式的女性（37.3%）比男性（28.5%）多8.8个百分点，选择通过微博方式的女性（11.4%）比男性（8.1%）多3.3个百分点。选择通过政府官方网站的男性（32.1%）比女性（29.2%）多2.9个百分点，选择通过朋友介绍的男性（14.8%）比女性（6.9%）多7.9个百分点。

从年级来看，随着大学生年级的增长，他们通过政府官方网站了解政策信息的比例逐渐降低，通过微信公众号等新媒体方式的比例则逐渐升高。具体而言，通过政府官方网站的比例，大一学生为33.0%，大二学生为29.2%，大三学生为28.3%，大四学生为23.5%，硕士在读为38.9%，博士在读为16.7%；通过微信公众号的比例，大一学生为27.0%，大二学生为33.7%，大三学生为37.6%，大四学生为51.0%，硕士在读55.6%，博士在读33.3%。

（二）青年就业创业政策的受惠情况

1. 就业培训状况

（1）大学生群体参与就业培训状况

仅有二成大学生群体参与过就业培训，就业培训参与率较低。20.5%的大学生参加过就业培训，79.5%的大学生没有参加过相关培训。

从性别来看，男性大学生比女性大学生更积极地参加就业培训，21.8%的男性大学生参加过培训，仅有19.5%的女性大学生参加过培训。

从户籍来看，广州户籍大学生参加培训比例最高，占比24.5%，20.3%的广东省其他地市户籍大学生参加过培训，仅有14.8%外省户籍大学生参加过培训。

从年级来看，随着大学生年级的增长，参加培训的比例逐渐提高。参加过培训的比例，大一学生为11.7%，大二学生为19.5%，大三学生为32.4%，大四学生为25.5%，硕士在读为33.3%，博士在读为50.0%。

（2）在职青年群体参与就业培训状况

在职青年参加就业培训情况，近七成在职青年参加过就业培训，就业培训率有待进一步提升。调查显示，68.8%的在职青年参加过就业培训，31.2%的在职青年没有参加过培训。

从年龄来看，28岁是参加就业培训比例最高的年龄，培训参加率为75.2%。整体而言，年龄在28岁之前的青年，随着年龄的增长参加培训的比例逐渐上升；年龄在28岁以后的青年，随着年龄的增长参加培训的比例逐渐降低。

从受教育程度来看，随着青年学历的提升，他们参加过就业培训的比例逐渐降低。参加过培训的比例，高中（含中专、中技）学历在职青年为78.4%，大专学历在职青年为68.7%，大学本科学历在职青年为66.8%，硕士研究生学历在职青年为64.6%。

2. 申请政策补贴状况

（1）大学生申请政策补贴状况

大学生申请就业或创业补贴状况，四成多青年知道有政策，绝大多数青年没有申请过补贴。52.9%的大学生没听说过，没申请；44.1%的大学生知道有政策，没申请；2.1%的大学生申请了，没成功；1.0%的大学生申请获得了。

从性别来看，女性大学生比男性大学生更了解政策，但男性大学生比女性大学生更主动地申请政策补贴。57.3%的男性大学生不知道有政策补贴，49.6%的女性大学生不知道有政策补贴。39.7%的男性大学生知道有政策，没申请；47.4%的女性大学生知道有政策，没申请补贴（见表1）。

表1 广州不同性别大学生申请政策补贴状况

单位：%

你是否申请过就业或创业补贴?	性别	
	男	女
没听说过,没申请	57.3	49.6
知道有政策,没申请	39.7	47.4
申请了,没成功	2.5	1.7
申请获得了	0.6	1.3

从户籍来看，广州户籍青年政策了解度最高。不知道政策的比例，广州户籍青年为46.9%，广东省其他地市户籍青年为54.3%，外省户籍青年为53.9%。知道有政策，没申请的比例，广州户籍青年为51.0%，广东省其他地市户籍青年为43.2%，外省户籍青年为41.7%（见表2）。

表2　广州不同户籍大学生申请政策补贴状况

单位：%

你是否申请过就业或创业补贴？	户籍类型		
	广州户籍	广东省其他地市户籍	外省户籍
没听说过，没申请	46.9	54.3	53.9
知道有政策，没申请	51.0	43.2	41.7
申请了，没成功	2.0	1.5	3.5
申请获得了	0.0	1.0	0.9

从年级来看，随着年级的增长，大学生对政策补贴的知晓率逐渐增高。政策知晓率，大一学生为39%，大二学生为48.3%，大三学生为53.2%，大四学生为60.8%；大一到大三，主动进行政策补贴申请的比例也随着年级的增长而增高，曾申请政策补贴的比例，大一学生为1.7%，大二学生为1.9%，大三学生为6.9%，大四学生为5.9%。

（2）在职青年申请政策补贴状况

在职青年申请就业或创业补贴情况，四成青年知道有政策，但绝大多数青年没有申请获得过。数据显示，仅有1.1%的在职青年申请获得了；0.6%的在职青年申请了，没成功；40.8%的在职青年知道有政策，没申请；57.4%的在职青年没听说过，没申请。

从性别来看，在职女青年对于政策的知晓率高于男青年。61.2%的在职男青年不知道有政策补贴，52.7%的在职女青年不知道有政策补贴。36.9%的在职男青年知道有政策，没申请；45.7%的在职女青年知道有政策，没申请（见表3）。

表3 不同性别广州在职青年申请政策补贴状况

单位：%

你是否申请过就业或创业补贴？	性别	
	男	女
没听说过,没申请	61.2	52.7
知道有政策,没申请	36.9	45.7
申请了,没成功	0.8	0.4
申请获得了	1.1	1.1

从受教育程度来看，大学本科及以下学历中，随着学历的提高，在职青年对政策补贴的知晓率增高。没听说过，没申请的比例，高中（含中专、中技）为76.3%，大专为56.5%，大学本科为48.3%；知道有政策，没申请的比例，高中为23.0%，大专为41.1%，大学本科为49.5%（见表4）。

表4 不同受教育程度广州在职青年申请政策补贴状况

单位：%

你是否申请过就业或创业补贴？	受教育程度			
	高中(含中专、中技)	大专	大学本科	硕士研究生
没听说过,没申请	76.3	56.5	48.3	56.3
知道有政策,没申请	23.0	41.1	49.5	43.2
申请了,没成功	0.3	1.2	0.5	0.5
申请获得了	0.3	1.2	1.7	0.0

从职业来看，政策知晓率从高到低，分别为社会组织工作者（54.0%）、企业管理人员（48.7%）、专业技术人员（包括教师、律师等）（47.7%）、公务员（45.7%）、事业单位管理人员（43.1%）、传统商业和服务业人员（40.9%）、工人（36%）、自由职业者（36%）、新兴商业和服务业人员（快递员、网约车司机等）（21.4%）。

3. 入驻创业空间、孵化器等平台状况

创业青年群体入驻创业空间、孵化器等平台情况，26.7%的创业青年曾入驻过，现在没有；30.7%的创业青年目前在入驻；6.9%的创业青年曾申请，但没通过；26.7%的创业青年没申请，没入驻；8.9%的创业青年不了解。

（三）青年对就业创业政策的满意度

1. 对就业政策的满意度

数据显示，青年大学生对就业政策的满意度由高到低分别为高校毕业生就业促进政策（41.1%）、创业带动就业政策（40.4%）、就业促进政策（38.5%）、就业服务政策（37%）、职业技能培训政策（36.5%）、失业保险政策（34.8%）。

（1）就业促进政策

从性别来看，男性对就业促进政策的整体满意度高于女性；10.6%的男性表示非常满意，仅有7.7%的女性表示非常满意。不同户籍青年对就业促进政策的评价方面，广州户籍青年对就业促进政策的满意度最高，其次是广东省其他地市户籍青年，外省户籍青年满意度最低；8.2%的广州户籍青年表示非常满意，9.5%的广东省其他地市户籍青年表示非常满意，6.1%的外省户籍青年表示非常满意。不同年级大学生对就业促进政策的评价方面，对就业促进政策非常满意的比例随着大学生年级的增长而降低，大一学生为12.7%，大二学生为7.1%，大三学生为6.9%，大四学生为5.9%，硕士在读为5.6%（见表5）。

表5　不同类别广州青年对就业促进政策的满意度

单位：%

类别		非常满意	比较满意
性别	男	10.6	27.9
	女	7.7	30.7
户籍	广州户籍	8.2	32.7
	广东省其他地市户籍	9.5	31.0
	外省户籍	6.1	20.0

续表

类别		非常满意	比较满意
年级	大一学生	12.7	27.7
	大二学生	7.1	34.5
	大三学生	6.9	26.6
	大四学生	5.9	27.5
	硕士在读	5.6	33.3

（2）失业保险政策

不同性别青年对失业保险政策的评价总体差异不大，但男性对失业保险政策非常满意的比例高于女性，比较满意的比例则低于女性；对失业保险政策非常满意的青年，男性占比9.5%，女性占比7.1%。本科阶段，不同年级大学生青年对失业保险政策的评价方面，对失业保险政策非常满意的比例随着大学生年级的增长而降低，大一学生为12.7%，大二学生为6.0%，大三学生为5.2%，大四学生为3.9%；对失业保险政策的比较满意比例，大一学生为23.7%，大二学生为32.6%，大三学生为24.9%，大四学生为29.4%。硕士在读对失业保险政策非常满意的比例为5.6%，比较满意为16.7%（见表6）。

表6 不同类别广州青年对失业保险政策的满意度

单位：%

类别		非常满意	比较满意
性别	男	9.5	24.6
	女	7.1	28.3
年级	大一学生	12.7	23.7
	大二学生	6.0	32.6
	大三学生	5.2	24.9
	大四学生	3.9	29.4
	硕士在读	5.6	16.7

（3）就业服务政策

不同性别青年对就业服务政策的评价方面，男性对就业服务政策的满意度高于女性；9.8%的男性表示非常满意，7.5%的女性表示非常满意。不同户籍青年对就业服务政策的评价方面，广州户籍青年对就业服务政策的满意度最高，其次是广东省其他地市户籍青年，外省户籍青年满意度最低；8.2%的广州户籍青年表示非常满意，8.7%的广东省其他地市户籍青年表示非常满意，7.0%的外省户籍青年表示非常满意。不同年级大学生对就业服务政策的评价方面，对就业服务政策非常满意的比例，大一学生为12.3%，大二学生为6.7%，大三学生为5.2%，大四学生为7.8%，硕士在读为5.6%；对就业服务政策比较满意的比例，大一学生为25%，大二学生为33.0%，大三学生为28.9%，大四学生为25.5%，硕士在读为27.8%（见表7）。

表7　不同类别广州青年对就业服务政策的满意度

单位：%

类别		非常满意	比较满意
性别	男	9.8	29.1
	女	7.5	28.1
户籍	广州户籍	8.2	32.7
	广东省其他地市户籍	8.7	30.0
	外省户籍	7.0	20.9
年级	大一学生	12.3	25.0
	大二学生	6.7	33.0
	大三学生	5.2	28.9
	大四学生	7.8	25.5
	硕士在读	5.6	27.8

（4）职业技能培训政策

不同性别青年对职业技能培训政策的评价方面，男性对职业技能培训政策的整体满意度高于女性；9.5%的男性表示非常满意，7.3%的女性表示非常满意。不同户籍青年对职业技能培训政策的评价方面，广东省其他地市户籍青年对职业技能培训政策的满意度最高，其次是广州户籍青年，外省户籍青年满意度最低；8.2%的广州户籍青年表示非常满意，8.5%的广东省其他地市户籍青年表示非常满意，6.1%的外省户籍青年表示非常满意。不同年级大学生对职业技能培训政策的评价方面，对职业技能培训政策的满意度随着大学生年级的增长而降低，大一学生为12.0%，大二学生为7.5%，大三学生为4.6%，大四学生为3.9%（见表8）。

表8　不同类别广州青年对职业技能培训政策的满意度

单位：%

类别		非常满意	比较满意
性别	男	9.5	27.4
	女	7.3	28.8
户籍	广州户籍	8.2	28.6
	广东省其他地市户籍	8.5	30.3
	外省户籍	6.1	18.3
年级	大一学生	12.0	27.0
	大二学生	7.5	31.8
	大三学生	4.6	29.5
	大四学生	3.9	19.6

（5）高校毕业生就业促进政策

不同性别青年对高校毕业生就业促进政策的评价方面，男性对高校毕业生就业促进政策的整体满意度高于女性；10.9%的男性表示非常满意，8.2%的女性表示非常满意。不同户籍青年对高校毕业生就业促进政策的评价方面，广州户籍青年对高校毕业生就业促进政策的满意度最高，其次是广东省内其他地市户籍青年，外省户籍青年满意度最低；9.2%的广州户籍青年表示非常满意，9.9%的广东省其他地市户籍青年表示非常满意，6.1%的外省户籍青年表示非常满意。不同年级大学生对高校毕业生就业促进政策的评价方面，对高校毕业生就业促进政策非常满意的比例，大一学生为13.3%，大二学生为7.9%，大三学生为5.8%，大四学生为7.8%；对高校毕业生就业促进政策比较满意的比例，大一学生为27.7%，大二学生为35.2%，大三学生为34.1%，大四学生为35.3%（见表9）。

表 9　不同类别广州青年对高校毕业生就业促进政策的满意度

单位：%

类别		非常满意	比较满意
性别	男	10.9	30.2
	女	8.2	33
户籍	广州户籍	9.2	34.7
	广东省其他地市户籍	9.9	33.0
	外省户籍	6.1	25.2
年级	大一学生	13.3	27.7
	大二学生	7.9	35.2
	大三学生	5.8	34.1
	大四学生	7.8	35.3

（6）创业带动就业政策

不同性别青年对创业带动就业政策的评价方面，男性对创业带动就业政策整体满意度高于女性；10.3%的男性表示非常满意，8.2%的女性表示非常满意。不同户籍青年对创业带动就业政策的评价方面，广州户籍青年对创业带动就业政策满意度最高，其次是广东省其他地市户籍青年，外省户籍青年满意度最低；11.2%的广州户籍青年表示非常满意，9.0%的广东省其他地市户籍青年表示非常满意，7.0%的外省户籍青年表示非常满意。不同年级大学生对创业带动就业政策的评价方面，对创业带动就业政策非常满意的比例随着大学生年级的增长而降低，大一学生为12.7%，大二学生为9.4%，大三学生为4.6%，大四学生为3.9%（见表10）。

表 10　不同类别广州青年对创业带动就业政策的满意度

单位：%

类别		非常满意	比较满意
性别	男	10.3	31.3
	女	8.2	31.3
户籍	广州户籍	11.2	32.7
	广东省其他地市户籍	9.0	28.7
	外省户籍	7.0	28.6

续表

类别		非常满意	比较满意
年级	大一学生	12.7	30.0
	大二学生	9.4	34.8
	大三学生	4.6	32.9
	大四学生	3.9	21.6

2. 对创新创业平台作用的评价

创业青年对创新创业平台作用的评价方面，64.3%的创业青年认为广州创新创业平台在业界创业经验交流、沙龙分享和培训方面发挥了作用，59.4%的创业青年认为广州创新创业平台在商务信息的分享方面发挥了作用，55.4%的创业青年认为广州创新创业平台在宣传推广方面发挥了作用，65.4%的创业青年认为广州创新创业平台在场地空间方面发挥了作用，67.3%的创业青年认为广州创新创业平台在孵化扶持方面发挥了作用，61.3%的创业青年认为广州创新创业平台在工商税务登记方面发挥了作用，56.5%的创业青年认为广州创新创业平台在导师辅导方面发挥了作用，65.4%的创业青年认为广州创新创业平台在生活居住、娱乐、朋友圈方面发挥了作用。

三 广州青年就业创业政策需求与面临的挑战

（一）青年最期待出台的就业创业政策内容

总体而言，48.5%的大学生最期待出台扩大就业政策，21.2%的大学生最期待出台健全社会保障政策，17.6%的大学生最期待出台就业补助政策，7.3%的大学生最期待出台减免个税政策，5.0%的大学生最期待出台失业补助政策，0.4%的大学生最期待出台其他政策。

从性别来看，扩大就业政策是男性和女性青年都最期待出台的就业创业政策，男性更期待出台就业补助、减免个税等积极型政策，女性更期待出台失业补助、健全社会保障等保障型政策（见表11）。

表11　不同性别广州青年期待出台的就业创业政策内容

单位：%

最期待出台的就业创业政策内容	性别	
	男	女
扩大就业	48.0	48.9
就业补助	18.2	17.2
失业补助	3.6	6.0
减免个税	9.5	5.6
健全社会保障	20.1	22.1

从户籍来看，扩大就业是不同户籍青年都最期待出台的就业创业政策。此外，广州户籍青年更希望健全社会保障，外省户籍青年则对减免个税的呼声比较高（见表12）。

表12　不同户籍类型广州青年期待出台的就业创业政策内容

单位：%

最期待出台的就业创业政策内容	户籍		
	广州户籍	广东省其他地市户籍	外省户籍
扩大就业	37.8	51.3	43.5
就业补助	18.4	17.8	15.7
失业补助	4.1	5.9	1.7
减免个税	7.1	6.7	10.4
健全社会保障	32.7	18.3	27.0

从年级来看，扩大就业是不同年级广州青年大学生都最期待出台的就业创业政策。其他方面，希望出台减免个税政策的大一学生比例最高，希望出台就业补助政策和失业补助以及健全社会保障政策的大三学生比例最高（见表13）。

表 13　不同年级广州青年大学生期待出台的就业创业政策内容

单位：%

最期待出台的就业创业政策内容	年级			
	大一学生	大二学生	大三学生	大四学生
扩大就业	52.7	48.7	38.2	60.8
就业补助	16.0	17.2	23.7	11.8
失业补助	3.7	5.2	8.1	2.0
减免个税	8.3	7.5	5.8	7.8
健全社会保障	19.0	21.0	23.7	17.6

（二）就业创业政策面临的挑战

调研发现，随着广州青年就业形势的严峻化以及青年对政策需求的变化，当前政策面临一些挑战。一是出现政策不均衡现象。政策对于不同性别、户籍等青年的获得感存在差异，他们对于政策的感知存在差异。二是变化迅速的就业市场、就业形势与相对滞后的政策之间的矛盾。青年的就业问题是动态发展的，随着就业市场的动态变化，青年对于就业政策的需求也是动态变化的，而就业政策由于政策制定过程的规范，出台的政策具有一定滞后性，因此，对于政策的前瞻性要求更高。三是青年群体需求的差异性与政策一致性之间的矛盾。当前，青年群体的就业需求日益个性化，不同年龄、受教育程度、户籍青年对于就业政策的期待具有不同的侧重点，他们对于政策的需求总体具有一致性，但在个体求职过程中具有个性化特征。特别是伴随青年群体发展的小众化，对于政策小众化的需求也逐渐显现，要求政策制定精准化。

四　完善广州青年就业创业政策的建议

（一）推动实施就业优先战略，防范青年失业潮

就业是民生之本，也是青年实现社会价值的途径，把实施积极的就业政

策摆在更加突出的位置。推动实施就业优先战略，积极落实就业政策。大力推行万众创业，大众创新。通过政策创新，出台组合政策，提升青年就业率。积极利用财税、金融、产业、贸易、投资等经济政策促进经济增长和扩大就业，加强就业政策与财税、金融、产业、贸易等宏观经济政策以及人才、教育、培训、社保等社会政策的衔接，建立协同的宏观政策体系。积极发展吸纳就业能力强的产业，完善现代服务业，鼓励发展就业容量大、门槛低的家庭服务业。发展新产业，培育新的经济增长点。结合经济发展新业态，鼓励发展灵活就业新模式，支持"宅经济"等新业态，促进青年就业。

（二）重点抓好高校毕业生就业创业，提升应届毕业生就业质量

高校毕业生是就业创业青年中的重点群体，吸引高校毕业生最核心也最关键的就是高质量就业岗位。通过就业政策鼓励各类企业推出高质量岗位，专项用于高校毕业生招聘，专门招录高校毕业生。通过政府购买服务方式，在高校建立毕业生"就业创业服务站"，提供职业体验、就业创业政策宣传、就业创业指导、技能培训、补贴申领等服务。同时，邀请知名企业HR、青年企业家、就业导师、创业导师等提供政策咨询、就业辅导、职业生涯规划、技能培训等，帮助高校毕业生提升创业就业技能。

（三）提供就业创业精准服务，为青年提供个性化就业方案

建立健全覆盖不同类别青年的公共就业创业服务体系，提供全方位公共就业服务。通过就业创业"一站式"线下服务阵地和"一站式"信息服务矩阵，为青年提供相应就业服务。创新就业创业服务工作方法，探索青年喜爱的创业指导与活动模式。通过就业创业服务平台，为高校毕业生、失业青年、就业困难青年等重点就业群体提供更多个性化、特色化、品牌化的"一站式"精准就业帮扶工作。积极发挥线上平台作用，通过各种线上渠道为青年提供求职信息服务，在线帮助青年开展职业生涯规划、面试技能提升和就业创业渠道开拓等多方面的指导活动。开展网络专场招聘会，促进青年就业。

（四）开展职业教育和技能培训，培养高素质青年人才队伍

扩大政府补贴培训供给、拓宽职业培训补贴范围、提高职业补贴标准、优化职业培训服务，鼓励和支持青年参与职业技能培训。健全青年职业教育和技能培训体系，推动与就业岗位发展密切结合的教育培训模式，鼓励青年提升职业技能。深化产教融合、校企合作，以技能为导向开展培训，让青年掌握更多实用技术。高质量推进"互联网＋职业技能培训"，利用互联网线上平台开展培训课堂，青年可以在线学技能。经在线平台测试考核合格，可取得相应证书。

参考文献

桑伟林、蔡智：《改革开放 40 年来青年就业创业政策演进及其优化研究》，《中国青年研究》2018 年第 10 期。

田向东、尹志恒：《广州就业政策的评估与展望》，载张跃国主编《广州社会保障发展报告（2017）》，社会科学文献出版社，2017。

程杰：《改革开放四十年我国就业发展回顾与展望》，载张车伟主编《中国人口与劳动问题报告 No.19》，社会科学文献出版社，2018。

莫荣、陈云：《中国就业 40 年改革发展报告》，载莫云主编《中国就业发展报告（2019）》，社会科学文献出版社，2019。

专题报告

Special Reports

B.8
广州青年女性就业现状、问题与对策

谢素军　谢碧霞*

摘　要： 本文基于广州市穗港澳青少年研究所 2020 年对广州青年就业
创业的调查数据分析，重点针对广州青年中的女性群体（在
职女青年和女大学生）的就业观念及就业状况进行实证分析，
发现广州青年女性就业具有就业地倾向选择一线城市、更喜
欢企业管理岗位、重视薪酬待遇等特征。但广州青年女性对
现有待遇并不满足，培训不充分，社会保障有待完善，仍然
有较大比例青年女性遭遇就业歧视。本文建议应引导青年女
性树立正确的就业理念，强化就业培训体系，出台法规严厉
打击就业歧视，构建良好的就业保障体系。

* 谢素军，广州市穗港澳青少年研究所研究中心主任、副研究员，主要研究方向为青少年发展、
台港澳问题；谢碧霞，广州市穗港澳青少年研究所研究中心副主任、讲师，主要研究方向为
青少年发展、共青团工作。

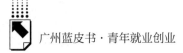

关键词： 女大学生　在职女青年　就业创业　就业歧视　广州

一　前言

青年就业是衡量一个城市经济、社会发展水平的关键指标，而青年女性就业则进一步折射一个城市的人文素养和底蕴。广州作为沿海开放城市、国家中心城市之一、国际枢纽型城市，平等、开放、包容是其城市精神与文化内涵。伴随近年来高校在校学生中的女性占比和青年就业人口中的女性占比呈现稳定的双增长，女性就业现状备受各界关注，女性就业不平等、不充分问题时常引起争论。那么，广州青年女性就业到底呈现一种什么样的状态？是否真实存在被忽视、被歧视等问题？各级党政部门尤其是开展青年工作的共青团应该提供何种保障？

本文主要使用广州市穗港澳青少年研究所 2020 年 1 月~3 月开展的广州青年就业创业意愿调查数据，本次调查共回收在职青年问卷 1591 份，大学生问卷 824 份。在职青年问卷中筛选出在职女青年问卷 702 份，大学生问卷筛选出女性大学生问卷 466 份，作为本专题研究的样本问卷。

在具体的样本分布方面，在职女青年年龄为 16~35 岁，平均年龄 26.5 岁；女性大学生年龄为 17~28 岁，平均年龄 20.3 岁。在职女青年政治面貌以共青团员为主，占比 52.8%，中共党员占比 30.5%，群众占比 16.7%。女性大学生政治面貌以共青团员为主，占比 80.0%，中共党员占比 9.7%，群众占比 10.1%。在职女青年以未婚为主，占比 64.4%，初婚的占比 34.0%。在职女青年受教育程度，大学本科占比 51.3%，大专占比 23.4%，硕士研究生占比 14.7%。女性大学生样本涵盖大一到博士生各个年级，低年级学生的比例稍大。在职女青年的职业分布广泛，其中专业技术人员（包括教师、律师等）占比 20.8%，传统商业和服务业人员占比 17.8%，工人占比 16.0%。在职女青年的原生家庭经济水平以中层和中下层为主，中层占比 46.7%，中下层占比 37.0%。女性大学生的原生家庭经济水平也以中层和中下层为主，中层占比 42.5%，中下层占比 39.9%。

二 广州青年女性就业发展现状

当前，就业形势复杂多变，青年群体整体就业压力大，青年女性就业不平等、不充分的问题可能更为突出。本文将基于对广州青年女性就业发展的实证调查，对涉及青年女性的就业观、就业准备、就业期望、创业计划等具体问题归纳为就业理念和就业状况两个维度进行深入分析，了解广州青年女性就业发展的现状。

（一）广州青年女性的就业理念

1. 就业地域选择以一线大城市为主

调查发现，68% 的女性大学生以及 74.8% 的在职女青年优先选择在北、上、广、深就业，14.6% 的女性大学生倾向于选择沿海发达城市（珠三角、长三角地区的城市）。这意味着在广州工作与学习的青年女性，大部分还是会选择在一线大城市就业，并没有出现"逃离大城市"的浪潮。但值得注意的是，在就业地域选择上，排名第三和第四的分别是"无所谓地域，工作合适就行""回家乡"。虽然占比与前两者相比有一定的差距，但也超过了选择到其他一线城市以及内地二三线城市的比例。这表明青年女性在就业地域的选择上，除了以一线大城市作为主要的就业地域外，工作的特性以及家庭也是影响其就业地域选择的主要因素。这一特点在两类青年女性群体即在职女青年和女性大学生中表现基本趋于一致（见图 1）。

2. 就业岗位首选企业管理人员

就业岗位涉及青年对自身的职业定位以及职业发展的规划。调查发现，无论是女性大学生还是在职女青年，首选的岗位均为企业管理人员，占比都超过 22%，企业管理人员岗位一般而言都居于企业的中层，这意味着女性对自身的职业发展有较高的期待。其次是教师和公务员。在这两个职业的优

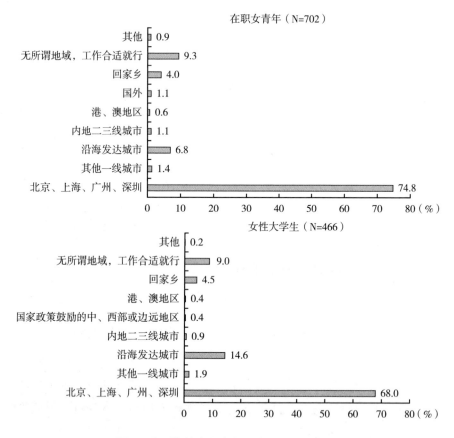

在职女青年（N=702）

类别	数值
其他	0.9
无所谓地域，工作合适就行	9.3
回家乡	4.0
国外	1.1
港、澳地区	0.6
内地二三线城市	1.1
沿海发达城市	6.8
其他一线城市	1.4
北京、上海、广州、深圳	74.8

女性大学生（N=466）

类别	数值
其他	0.2
无所谓地域，工作合适就行	9.0
回家乡	4.5
港、澳地区	0.4
国家政策鼓励的中、西部或边远地区	0.4
内地二三线城市	0.9
沿海发达城市	14.6
其他一线城市	1.9
北京、上海、广州、深圳	68.0

图1　分群体的广州青年女性就业地域选择

先排序上，在职女青年和女性大学生略有不同。女性大学生14.6%选择教师，13.3%选择公务员；在职女青年22.1%选择公务员，19.8%选择教师（见表1）。教师和公务员被誉为"铁饭碗"，具有稳定的收入，一直都是青年就业尤其是青年女性就业的热门领域。但对比这两类青年女性群体可以发现，在职女青年选择"教师"和"公务员"这两类职业的总比例要高于女性大学生，这折射出随着时代的发展，女性面临的就业选择越来越多，"铁饭碗"的总体吸引力随年龄的降低出现了下降的趋势。与此同时，一些新兴职业正在受到青年女性尤其是女性大学生的关注。例如女性大学生中选择网红、微商、淘宝店主、独立撰稿人等新职业的比例合计有近10%。

但值得注意的是，除会计师外，青年女性选择科研人员、工程师、律师、医生等专业性较强岗位的比例还是相对较低。这显示出青年女性在就业岗位选择上就业观念具有明显的传统性与创新性并重的特点。一方面，她们仍偏爱教师和公务员等相对稳定的就业岗位，在专业性较强的领域涉足较少。另一方面，对自身岗位期望值提高，希望担任企业管理人员，获得良好的社会声誉和经济收入；同时也尝试接触网红、微商、淘宝店主等新兴职业。

表1 广州青年女性就业岗位选择情况

就业岗位	在职女青年		女性大学生	
	N	有效百分比（%）	N	有效百分比（%）
公务员（机关干部）	155	22.1	62	13.3
科研人员	26	3.7	19	4.1
教师	139	19.8	68	14.6
工程师	20	2.8	21	4.5
会计师	22	3.1	52	11.2
医生	18	2.6	6	1.3
企业管理人员	159	22.6	103	22.1
微商	8	1.1	7	1.5
淘宝店主	9	1.3	14	3.0
企业一线员工	38	5.4	33	7.1
律师	12	1.7	12	2.6
演艺人员	8	1.1	6	1.3
新闻出版部门编辑	2	0.3	7	1.5
新闻记者	3	0.4	7	1.5
农民	2	0.3	0	0.0
军人	13	1.9	1	0.2
网红	7	1.0	1	0.2
独立撰稿人	20	2.8	7	1.5
外卖骑手	1	0.1	2	0.4
家政人员	1	0.1	4	0.9
其他	39	5.6	34	7.3

3. 择业首先考虑薪资待遇

在选择具体职业和岗位时，广州女性大学生考虑前三位的因素分别是

"薪资待遇好",占比80%;其次是"发展机会大",占比53.2%;再次是"工作稳定",占比45.1%。在职女青年基本趋同,"薪资待遇好"居于首位,占比77.9%;其次是"工作稳定",占比44.3%;再次是"发展机会大",占比42.2%。工作地点离住所近和工作环境好两项因素也备受重视,占比合计都达到20%左右(见表2),可见,"钱多稳定离家近"仍然是青年女性择业的主要倾向。

值得注意的是,无论是女性大学生还是在职女青年对"能体现个人价值"的考虑占比均不足23%,在"符合自己兴趣、志向"方面的考虑占比也均不到18%,对于"与自己专业对口"的考虑占比均不足6%,即大多数青年女性在就业过程中较少考虑个人价值问题。

表2 广州青年选择工作时主要考虑的因素

考虑因素	在职女青年 占比(%)	女性大学生 占比(%)
薪资待遇好	77.9	80.0
工作压力不大	19.2	18.9
工作稳定	44.3	45.1
社会地位高	7.4	6.2
加班少	6.0	4.7
发展机会大	42.2	53.2
有较多休假时间	8.3	6.9
工作地点离住所近	11.8	10.7
工作环境好	8.7	10.1
能体现个人价值	22.5	18.0
与自己专业对口	3.8	5.6
适合自己的能力	12.4	15.7
符合自己兴趣、志向	17.9	16.3
家人老师的意见	0.4	0.6
可以帮助解决户口	0.1	
有面子	0.1	
其他	0.6	

（二）就业素质看重工作经历、学历与专业技能

在关于影响求职的个人素质上，无论是女性大学生还是在职女青年，认为排在前三位的因素基本一致。排在第一位的是工作经验或社会实践经历，占比分别为 72.7%、64.2%；第二位则是学历，占比分别为 62.0%、57.4%；第三位则是专业技能，占比分别为 36.7%、25.8%。此外，个人业务能力、逻辑思维能力、专业和个人社交能力也备受广州青年女性重视，这意味着广州青年女性非常看重能够体现学习、工作、业务能力等素质，对于身高相貌、性别、年龄等生理特征并没有特别关注，三者占比均不高（见表3）。

在认为影响求职的最重要因素上，对比在职女青年和女性大学生，可以发现，经过职场历练的在职女青年，学历、工作经验或社会实践经历、学校名气、个人业务能力对其所产生的影响有所下降，相反，社会关系以及个人社交能力的影响则有所上升，这可能是因为从学校"象牙塔"走进职场，青年女性对社会关系和社交能力重要性的认知有所提高。

表3　影响广州青年女性求职最主要的个人素质

个人素质	在职女青年占比（%）	女性大学生占比（%）
学历	57.4	62.0
工作经验/社会实践经历	64.2	72.7
专业	23.3	19.1
学校名气	5.4	8.4
社会关系	16.6	9.4
身高相貌	3.0	3.6
户籍	1.0	1.3
性别	0.7	0.2
年龄	1.9	0.2
专业技能	25.8	36.7
逻辑思维能力	12.5	13.1
个人业务能力	19.4	21.0
个人社交能力	11.8	9.0
抗压力	3.3	3.0

续表

个人素质	在职女青年占比(%)	女性大学生占比(%)
创新创意能力	4.9	5.4
沟通能力	8.8	5.8
团队协作能力	6.2	7.5
环境适应能力	2.9	1.3
敬业精神和职业素养	5.2	5.2
学习能力	6.8	6.2
其他	0.5	

（三）广州青年女性的就业状况

1. 八成以上广州女性大学生未参加就业培训

当前，就业培训已经成为许多高校的必修课，事实也证明，就业培训可以提升青年对职业的认识并做好职业规划。但此次调研发现，广州女性大学生未参加就业培训的比例达80.5%，广州在职女青年也有31.9%未参加就业培训，总体培训率偏低。

2. 逾两成青年女性未来计划自主创业

国家大力提倡创新创业，并为青年创业提供了许多支持和保障。女性也逐步成为创业青年群体的重要组成部分。根据调查，广州在职女青年有近10%曾经创业，超20%未来计划创业；4.9%的女性大学生曾经创业，23%未来计划创业，超过了没有计划创业的比例（22.1%）。这一比例无论是与广州男青年还是与其他地区青年相比都处于比较高的水平，说明广州青年女性创业意愿强烈，渴望通过自身努力获得成功。即便是女性大学生，曾经创业的比例也接近5%，未来计划创业的比例更是达到23%，创业已经成为广州青年女性的重要就业方向。

关于创业动机，调查发现，在职女青年中排在前三位的动机分别是做自己喜欢做的事，占比73.1%；为了证明自己的能力，把握自己的命运，占比72.8%；为了追求个人财富积累，占比69.5%。女性大学生创业动机与在职女青年基本一致（见表4）。但在选择具体创业行业方面，21.8%的在职女青年选择餐饮行业，其次是教育培训，占比14.8%，销售行业也有较高比例，达到11.3%，而选择高科技行业的仅占4.2%，说明在职女青年选择创业的领域仍然是门槛较低的行业，难以在高新技术领域突破。此外，还有21.8%的在职女青年虽然打算创业，但不清楚自己要在什么领域创业，这种目标不明确的创业计划很可能流产。

表4　广州青年女性创业动机

	在职女青年百分比(%)	女性大学生百分比(%)
为了追求个人财富积累	69.5	61.7
为了证明自己的能力，把握自己的命运	72.8	64.5
做自己喜欢做的事	73.1	68.2
为了赢得别人的尊重	15.8	9.3
打发时间，充实生活	4.2	8.4
羡慕成功的创业者，自己跟风创业	3.3	0.9
缓解就业压力	9.1	14.0
其他	2.0	1.9

广州一直在推动青年创业，并提供了各类创业支持和创业补贴。然而，本次调查也发现，青年女性虽有自主创业的意愿，但对创业补贴等各类创业服务了解得还相对较少，也较少获得相关的支持。52.7%的在职女青年表示没听说过且没有申请过创业补贴，45.7%的在职女青年知道有创业补贴但从未申请，只有1.1%的在职女青年申请并获得了创业补贴。女性大学生的情况基本类似，49.6%没听说过且没有申请过创业补贴，47.4%知道有创业补贴但从未申请，只有1.3%申请并获得了创业补贴。可见，整体而言，青年创业服务工作还需进一步加强，尤其是提供创业补贴这一类切实服务更需要打通服务的"最后一公里"。

本次调查还特别针对明确表示不计划创业的广州青年女性（占比约30%）进行了调查，了解其不创业原因。调查发现，广州在职女青年不选择创业作为就业选择的原因多样，认为自己的创业能力不足排在首位，约占54.4%，其次则是启动资金短缺，占比49.9%，还有33.7%的在职女青年是因为创业没有社会保障，11.7%的在职女青年是因为创业教育培训体系不健全，8.0%是因为创业政策等服务不好。女性大学生不计划创业的原因与在职女青年基本一致，只是问题更加突出，说明广州在推动青年创业服务方面仍需加强（见表5）。

表5　广州青年女性不计划创业的原因

原因	在职女青年百分比(%)	女性大学生百分比(%)
创业没有社会保障	33.7	17.5
创业教育培训体系不健全	11.7	10.7
创业政策等服务不好	8.0	3.9
担心家人反对	4.2	3.9
启动资金短缺	49.9	59.2
担心创业失败	29.7	31.1
没有任何的工作经验和社会经验	26.5	55.3
自己的创业能力不足	54.4	62.1
自己的身体或心理素质不够	14.6	11.7
其他	2.4	1.9

3. 逾七成女性青年对自身竞争力缺乏信心

当下，社会主流观点普遍认为女性就业竞争力相对较弱，而广州青年女性对自身竞争力的评价也呈现出信心指数偏低的状况。调查发现，无论是在职女青年还是女性大学生，对自己职业竞争力的评价大多数是一般，分别占比62.7%和64.2%，在职女性青年认为自己就业竞争力比较好（28.9%）和非常好（1.1%）的占比合计正好为三成；女性大学生的信心指数则更低，认为自己就业竞争力比较好的只占了17.6%，非常好占了2.6%，占比合计刚过两成；而且认为自己就业竞争力非常差（3.6%）和比较差（12.0%）的比例要高于在职女青年认为自身就业竞争力非常差（0.4%）和比较差（6.8%）的比例。这意味着女性大学生对于自身的就业竞争力信心不足，但进入职场后，实际情况有所缓解，也更能清楚认识自己的就业竞争力。但总体来看，对自身竞争力一般的评价也显示出在激烈竞争的就业市场中，青年女性面临着信心不足的问题。考虑到女性相对来说情感更加细腻，在学校的就业辅导中，应尤其关注女大学生的心理压力问题，引导其正确认识自身的就业优势，发现作为女性在就业市场中的独特就业竞争力。

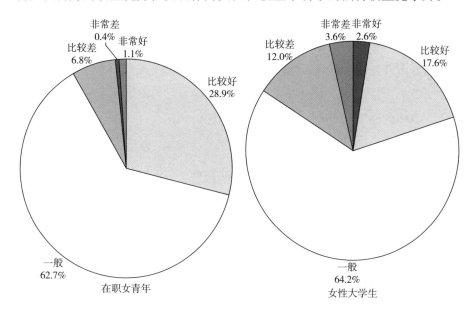

图2　女性对自身竞争力的评价

4.月薪近万元但对薪资仍抱有较高期望

近年来，随着社会流动性的增强，青年就业也呈现出频繁流动的现象，甚至在青年中流传"没有几次跳槽都不好意思和朋友谈工作"，显示出"跳槽"已成为青年就业中一种比较普遍的现象。在本次调查中，数据显示，广州在职女青年平均跳槽1.14次，这个次数与其他青年群体相比处于较低的水平。"跳槽"的原因主要与工资待遇有关。本次调查发现，广州在职女青年平均月薪达9855元，远远高于广州市青年群体的平均工资，也高于全国平均工资，显示出在经济收入上，广州青年女性拥有了经济独立的资本。但即便如此，广州在职女青年的期望月薪平均为18229元，比现有工资高了近一倍，期望与实际收入存在一定的差距，导致广州在职女青年对经济收入比较满意及以上的占比仅为27.5%。

本次调研发现，尽管广州在职女青年的工资水平较高，但她们每周工作时间并不长，平均每周仅5.35天，仅比国家法定的5个工作日多出0.35

天，且从每周实际工作时长看，平均仅 30.24 小时，即平均每天仅工作 5.65 小时，比 8 小时工作制少两个多小时。相对而言，广州在职女青年工作压力并不大。但有意思的是，46.5% 的广州在职女青年认为职场压力较大或非常大，只有 6.2% 认为压力较小或完全没压力。这意味着广州青年女性的压力来源并非主要来自工作时长，家庭缘故、职场关系、晋升空间等其他因素可能在产生影响，但也可能与青年女性对自己的发展要求和期望值较高有关，具体的原因值得进一步深入分析和探讨。

5. 广州青年女性对工作环境和工作岗位较为满意，希望有更多升迁机会

在对工作的具体评价方面，广州在职女青年总体比较客观，其中对人际关系、工作环境、福利保障表示比较满意或以上的占比均超过了五成，分别是 58.6%、61.4%、59.4%，对工作岗位表示比较满意或以上的占比也接近五成，为 49.1%；但对升迁机会则普遍表示不满意，评价为一般的占比 55.4%，较不满意和极不满意的占比合计超过 20%。从数据分析可见，广州在职女青年对自身职业发展要求较高（见表6）。

表6　广州在职女青年工作满意度

单位：%

工作各方面	满意度				
	极不满意	较不满意	一般	比较满意	非常满意
工作岗位	1.0	5.7	44.2	43.7	5.4
工作环境	1.1	5.4	32.1	51.9	9.5
福利保障	2.6	5.4	32.6	50.6	8.8
经济收入	3.8	15.4	53.3	24.8	2.7
升迁机会	4.3	16.5	55.4	21.2	2.6
人际关系	1.0	4.3	36.0	50.1	8.5
职业的社会地位	1.6	6.7	48.4	38.3	5.0

6. 逾三成青年女性在就业市场曾遭遇过性别歧视

就业市场中的性别歧视问题一直难以根本消除，青年女性遭遇性别歧视的可能性远大于青年男性，尤其是在"全面二孩"政策放开后，青年女性在怀孕、生产以及照顾家庭方面面临着压力。在调查中，超过三成的青年女

性反映曾经遭遇过就业歧视。广州在职女青年有近40%曾经遇到过就业歧视，女性大学生求职过程中也有33.5%曾经遭遇性别歧视。

女性在求职过程中遭遇歧视的具体表现主要为：一是明确或暗示不招聘女性，或者重点强调男性优先；二是在工作内容栏过度强调需要经常加班和出差，需要应对各种应酬，以此逼退女性求职者；三是明确询问是否已婚，是否已育，是否有恋爱对象，三年内是否计划结婚等个人隐私问题，甚至直接将女性求职者和男性求职者简历分类，区别化对待。

7. 在职女青年获得的社会保障较为全面

在职业发展道路上，用人单位为职工提供保障的情况一定程度上反映了用人单位对人才的认可度和保护度。调查发现，广州在职女青年享受的社会保障较为全面，拥有社会医疗保险的比例达到85.1%，还有39.8%享受商业医疗保险。但作为女性，享受生育保险的占比仅75%。除了"五险一金"，能够获得产假工资的占比为68.1%，享受带薪休假的占比为73.6%，享受病假工资的占比为63.2%。而签订劳动合同的占比达92.8%，享受职业年金的占比也有50%（见图3）。从这一组统计数据看，大多数在职女青年能够获得较好的社会保障，但仍有一部分女性青年处于无保障状态，甚至还有7.2%未签订劳动合同，25%的女青年没有生育保险，31.9%的女青年没有产假工资，这些问题必须及早解决，才能更好地保护职场女性的合法权益，营造更加公平正义的职业环境。

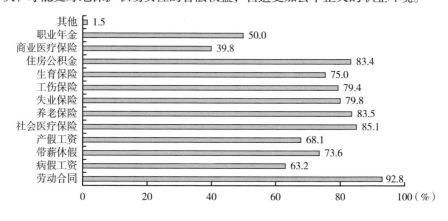

图3　广州在职女青年社会保障情况

三　广州青年女性就业存在的主要问题

（一）就业观总体理性但期望值偏高、就业信心不足

就业观对一个人未来的职业发展道路影响深远，尤其是青年群体在初涉职场或准备走进职场阶段，对薪酬的预期、对自身就业竞争力的认知以及对职场的看法都会影响青年群体未来的职业生涯规划以及职业心理健康。调查发现，广州青年女性的就业观总体理性客观，但对于薪酬问题存在着一些脱离实际情况的期望，对于个人收入的高期待本来无可厚非，也能激发青年女性努力工作，但目前广州青年女性实际收入近万元，高于青年群体的平均水平，在这种情况下，广州青年女性对薪酬的期望值仍高达近2万元，存在着一些不合理期待的情况，理想与现实的差距可能会带来失落感，也使青年女性在职业中的"获得感"大打折扣，调查也证实，青年女性对经济收入的满意度总体偏低。此外，调查也发现，青年女性普遍对自身的就业竞争力、就业优势认知不足，信心不强，这可能与青年女性遭遇性别歧视的情况有关，除了会计师之外，受调查的青年女性也大多不会选择专业性强的职业，长远来说，这对于提升青年女性的职业竞争力是不利的。如何正确引导青年女性树立正确的就业观、薪酬观，正确看待薪酬待遇，认清自身的优势，增强信心，建立健康的就业心理至关重要。

（二）就业创业培训明显不足

就业培训是推动青年就业的重要环节，对于青年了解就业市场，正确规划职业发展道路，规避职业风险具有较好的作用。但无论是广州在职女青年还是女性大学生，参加过就业培训的比例都偏低，原因主要有以下两个方面。一方面是学校开展的就业培训课程较少，对就业培训重视度不够，而社会化就业培训不健全，导致广州青年女性就业培训不足；另一方面是部分青年女性对就业培训不重视，未能主动参加学校、人社部门、青年就业服务部

门组织的就业培训。相较于就业培训，广州青年女性参加的创业培训则更少，近一半的青年女性计划创业却不知道选择什么行业，相当一部分青年女性仅有创业的概念，对具体实施却懵懂不清。因此，开设相关的就业创业培训课程，尤其是针对青年女性的特点，引导其合理做好职业规划，对于促进其职业的长远发展非常重要。

（三）就业歧视衍生就业不平等

广州就业市场整体呈现平等、公开、公正的氛围，但从调查的数据看，仍然有逾三成的青年女性遭遇就业歧视。一是男女同工不同酬，在不同的行业中，男女同工不同酬成为一种残酷的现实。二是岗位性别隔离，由于受到传统工业和传统观念的影响，用人单位基于性别对求职者进行挑选，明显地形成男性工作和女性工作分立的局面，从而产生了岗位性别隔离。三是在求职过程中，性别歧视成为女性难以绕开的绊脚石。造成性别歧视的一个主要因素是青年女性怀孕、生育和哺乳的需求，除此之外就是一些传统的性别偏见使得用人单位将女生拒之门外。就业歧视不仅仅是对女性性别的歧视，还包括对女性年龄、身高、相貌、先天疾病等的歧视，这都需要政府和社会共同参与解决。

（四）女性就业保障存在明显短板

就业保障是推动国家就业发展不可或缺的后盾，但广州在职女青年仍然有比较多的一部分未能够完整地享受国家规定的一系列就业保障项目，尤其是还有25%女性不能享受生育保险，而产假工资则有超过三成未能享受，对于女性职业发展极其不利。此外，在就业合同的签订、"五险一金"的保障等基础保障方面，也有一部分女性无法享受。在推动青年就业创业政策方面，对女性关注度较低，缺乏针对青年女性群体的专门扶持措施，当女性受到职业伤害时，保护和保障不够及时和便捷。此前媒体报道的青年女性"因拒绝饭局而被开除"的事件并非个例，这些因性别而产生的隐性职业限制还在一定程度上存在，需要政府部门实施精准的帮扶措施。

四 促进广州青年女性就业健康发展的对策建议

（一）树立健康正确的就业观

青年女性要在竞争激烈的就业市场获得平等，争取优势，首先要转变观念，女性自身要有一个清醒的认识，要对未来有一定的规划。女性参加社会劳动能够经济独立，只有经济上的独立才会有人格上的独立，一个独立自主的人才会有社会地位和家庭地位。但这种独立并非绝对的，也不是完全看薪酬待遇，而是首先要正确看待自身的性别，以平等的心态对待竞争，以理性的态度对待就业市场，尊重初心。所以，无论是学校、家庭、就业服务部门，还是整个社会，要营造一种健康的女性就业观，对女性就业予以尊重和支持，逐渐形成健康的女性就业文化。同时要加强青年女性的就业心理辅导，促进其正确认知自身的就业优势，学会正确看待就业的压力，树立合理的就业目标。

（二）强化女性就业培训力度

青年女性就业培训是整个社会就业培训体系的一部分，首先要明确公共就业培训工作中政府、学校、培训机构以及受训者等各个主体的权利和义务。对公共就业培训的目标、客体、规范、财务等进行合理合法的监管，关注女性就业的社会特征，确保公共就业培训体系的良性循环。政府有必要将女性就业所涉及的特殊境遇作为议题考虑，适当予以财政资金的补贴。尤其是女性占多数的行业和岗位要予以重点关注，强化优秀女性人才的培育，在助学金以及学费减免等方面予以政策上的倾斜，提升女性的业务素质。当然，在开展培训的具体过程中，要在提升培训效果的同时积极弱化过程、关注结果，推动职业技能考核，强化培训认定的统一标准。所以，要积极加强职业技能鉴定的考核系统建设，强化职业技能鉴定考核基础，进一步完善考核制度和机制，尽可能满足女性的技能鉴定考核需求，尤其是针对青年女性较多的技术性岗位，要提高就业培训的力度。

（三）规避女性就业歧视问题

从长远角度看，首先，在法制层面有必要推动《反就业歧视法》的出台，从法律的角度对"歧视"的具体内涵和外延进行界定，从而让劳动力市场的具体行为有法可依，对违反者予以法律层面的追责。其次，要进一步梳理相关规则制度，对具体政策制度中表达含糊、不够清晰的内容进行修订和说明，对具体的歧视行为有标准的法律界定，杜绝任何性别歧视现象，对所有用人单位和机构，做到有法可依、有法必依、执法从严、违法必究。再次，政府要充分考虑女性就业的生育成本，不能一味地将其转嫁给用人单位。真正杜绝职场中的歧视，需要建立起一套政府、社会、企业、家庭共同参与的机制和体系。最后，全社会要真正树立男女平等的观念。一方面要承认男女性生理上的差异；另一方面要加大宣传力度，一个人思想观念的形成需要漫长的时间，而改变已经形成的观念更加难上加难。但这绝非放弃的理由，当下，通过全社会的宣传和努力，我国在男女平等问题上已经取得了很大的进步，在"全面二孩"政策的影响下，要进一步推动这类观念的宣传，避免因"全面二孩"政策而产生歧视滋生的土壤。

（四）完善女性就业保障体系

针对女性就业保障体系不健全的现状，一方面要加强劳动关系运行情况监测，特别关注处于弱势地位的女性青年，对违法用工的行为进行坚决打击；另一方面要优化就业、社会保障、监管、培训及工商税收等大数据资源，构建现代劳动关系智能化运转体系，对在用工方法、社会保障、增减员工等方面有异常的企业进行重点监控和管理，做好科学的预防措施。此外要切实贯彻"二级网格处理、一级网格管理、监察大队跟踪"的监督管理网络体系，按照科学布局，组织网格劳动监察人员对突出的问题和关注的重点内容进行实时监测，为女性群体维权设立专门通道。同时，还要为女性就业创业发展提供政策、资金等方面的扶持，搭建就业服务平台、创新创业大赛平台、女性专场招聘平台等。

（五）构建良性的青年女性就业生态

就业不是为就业而就业，就业也不是一堆统计数据。青年女性就业发展生态尤其如此，一方面要坚决打击伪造就业数据的行为，切实服务青年就业，尤其是做好女性就业引导并进行科学统计和分析，纠正以往错误的数据，建立政府、高校、企业之间的良性互动。另一方面要引导女性正确就业、健康就业、真正就业，打击非法从业，对女性就业市场进行深入调查，分层分类剖析，针对性地出台就业服务政策措施，利用媒体营造风清气正的就业氛围，引导全社会形成以人为本的就业生态氛围。

参考文献

王芳：《高等教育过度视角下的毕业生供求状况研究》，《重庆高教研究》2013 年第 3 期。

陈姗、陈润华：《针对当前就业形势谈高等教育改革》，《文教资料》2009 年第 16 期。

刘振华：《引导和鼓励高校毕业生面向基层就业之我见》，《中国大学生就业》2006 年第 16 期。

陈小玲、钱翀：《大学生就业能力影响因素分析》，《中国高校科技》2015 年第 3 期。

史亚琴：《高等教育大众化阶段高校毕业生的就业问题初探》，《出国与就业》（就业版）2011 年第 4 期。

颜丽娟：《就业歧视的界定和规避》，《人口与经济》2014 年第 S1 期。

鲍春华：《劳动力市场中的歧视现象与对策》，《湖北财经高等专科学校学报》2014 年第 4 期。

吕红平：《性别文化建设与两性和谐发展》，《河北大学学报》（哲学社会科学版）2007 年第 1 期。

郭斌：《女大学生就业难的问题探析》，《中国大学生就业》2007 年第 16 期。

余晶晶：《从经济学角度探讨青年女性就业歧视问题》，《无锡商业职业技术学院学报》2007 年第 1 期。

朱艳、戴良铁：《就业歧视的比较研究》，《经济问题探索》2003 年第 12 期。

周群英、周文莲：《就业性别歧视的文化机制分析》，《中国矿业大学学报》（社会科学版）2006 年第 3 期。

孙晓燕、陈业彤：《弱势、准弱势劳动者公平就业的实现途径》，《山东社会科学》2006 年第 6 期。

杨艳东：《中国就业歧视现象及其危害分析》，《南京财经大学学报》2004 年第 4 期。

周兢：《劳动力就业的歧视问题探析》，《人口与经济》2003 年第 3 期。

张冬梅：《我国禁止就业歧视若干法律问题》，《北京市工会干部学院学报》2007 年第 2 期。

蔡凤梅：《欧盟成员国生育保险制度简介》，《人口与计划生育》2005 年第 5 期。

母润平、李昂：《人力资源招聘中信息不对称的经济效应》，《人才资源开发》2015 年第 6 期。

B.9
广州青年职业生涯发展现状、问题与对策

谢素军　孙　慧　冯英子*

摘　要： 本文基于对广州市内20～25岁高校高年级学生及社会职场新
人的调查分析，从职业生涯定向、就业准备以及职业生涯动
机三个维度分析了广州青年职业生涯发展总体特征。并从
"双因素"即阻碍和支持因素的视角分析了广州青年职业生
涯发展现状及问题，进而提出具体的建议措施：优化管理，
加强就业培训体系建设；细化政策，强化青年就业服务的针
对性；提供保障，降低青年职业发展潜在风险；提前规划，
将终生学习贯穿青年职业生涯设计。

关键词： 职业生涯规划　青年　广州

随着现代化进程的加快和我国教育事业的不断推进，青年在职业生涯的
初期逐渐面对着更多的压力和选择。一方面，高等教育的发展和高校的扩招
使得更多人可以接受职业培训以及接受更好的学术教育，这使得青年在找工
作时将面对更多的竞争对手和不断累积的压力；另一方面，随着城市化和改
革开放进程的不断加快，各种大公司和中小型创业公司如雨后春笋般不断涌
现，从而导致青年在选择工作单位和职业的时候面对着更多的抉择空间和困

---

* 谢素军，广州市穗港澳青少年研究所研究中心主任、副研究员；孙慧，广州市团校、广州市
穗港澳青少年研究所助理研究员；冯英子，广州市穗港澳青少年研究所助理研究员。课题组
成员还包括：周理艺、巫长林、丘异龄等。

惑。作为人生早期的一项重要的规划方案，职业生涯规划是个人对自己一生中从事的工作和职务的设计[①]。它不仅会影响青年择业时的工作取向和初入职场时的工作状态，也会影响青年一生的职业发展状况。好的职业生涯规划可以帮助青年提高对自我的认同，找到适合自己的方向，并在遇到困难和挫折时帮助青年及时化解困难、提供指引，从而对整个职业生涯的发展和自我的发展起到积极作用。而一个没有清晰职业规划的人则可能在复杂的职业找寻和工作过程中陷入迷茫，进而会对其自我发展和职业生涯发展带来不利影响。

本研究旨在通过对广州青年的职业生涯规划和职业生涯的准备、阻碍因素进行调查，获知广州青年在职业生涯规划过程中的职业生涯定向、心理准备情况和就业准备情况及影响其就业准备的支持和阻碍因素，并提出有针对性的建议，以期对推动广州青年就业工作提供切实的数据支撑。

一　研究设计

（一）问卷设计

本研究使用的问卷分为两个部分，第一部分是受访者的基本情况，包括样本的社会人口属性和现在的求职状况。社会人口属性包括性别和年龄。求职状况包括现在就读的学校、就业情况、大学就读的科系、在职人员的公司性质、在职人员的职业这几部分。第二部分是问卷的主体部分，主要包括六个方面：生涯动机、生涯阻碍因素、心理资源、社会支持、生涯定向、就业准备。

（二）样本描述

本次课题的研究对象为广州市内 20 岁至 25 岁的青年，包括高等院校

---

① 翟盈：《我国高校大学生职业生涯规划教育研究》，大连海事大学硕士学位论文，2014。

高年级大学生及大学毕业的社会职场新人。因此本次课题的抽样框确定为在广州生活、学习、工作的20～25岁的青年。课题采用定额抽样和整群抽样相结合的方法选取样本。按《广州统计年鉴（2018）》和广州市1%人口调查数据的人口结构比例，明确样本量。本次调查共回收有效问卷548份。

在样本的具体分布上，性别方面，女性共有350人，占总样本数的63.87%；男性共有198人，占总样本数的36.13%。年龄方面，样本的年龄分布为18～25岁，覆盖了青年从上大学到就职的可能年龄。其中，18岁的人数为6人，占总样本数的1.09%；19岁的人数为24人，占总样本数的4.38%；20岁的人数为97人，占总样本的17.70%；21岁的人数为123人，占总样本数的22.45%；22岁的人数为120人，占总样本数的21.90%；23岁的人数为85人，占总样本数的15.51%；24岁的人数为63人，占总样本数的11.50%；25岁的人数为30人，占总样本数的5.47%。就业方面，受访者的就业情况分为在学、已就业和其他状况（待业、准备考试、其他）三个部分；其中在校学生占了绝大多数，为363人，占总样本数的66.24%；在职的比重次之，共170人，占总样本数的31.02%；其他的比例最少，为15人，占总样本数的2.74%。此外，在专业分布上，占比最多的是管理学，为107人，占总样本数的19.53%。其次是工学和经济学，分别为93人、91人，占比分别为16.97%和16.61%。

值得注意的是，样本的年龄、就业状况和专业分布在性别分布上存在差异。从年龄上来看，样本中的男性年龄均值显著比女性年龄高0.2岁。从就业状况来看，男性样本在职的比例比女性样本高。从专业分布上来看，女性样本主要分布在一些文科专业中，如经济学、法学、教育学、文学和管理学；而男性样本主要分布在一些理工科专业中，如理学和工学。

（三）研究方法

本研究使用的是定量研究的方法，在收集样本数据的基础上，用stata统计软件进行分析。主要方法为描述样本在各个题项上的回答情况，并结合因子分析,用 T 检验来查看样本在各个维度上的得分在性别(男/女)和就业情况(在学/已就业)上的均值差异。最后用线性回归的方法来看各个变量对青年的职业生涯定向和就业准备的影响。

二 广州青年职业生涯发展现状

(一)广州青年的职业生涯定向较为迷茫

从调研数据中可以发现,在职业生涯的目标和工作岗位上,虽然有超过六成的青年认为自己已经有比较确定或相当确定的职业目标,但是还有超过一成的青年认为自己缺乏一个明确的目标。这说明有相当一部分青年在职业生涯目标和工作岗位的选择上较为迷茫,这也导致了青年在搜集与职业目标相关的资料时"不知所措"。此外,有超过五成的青年认为自己尚未决定好未来要从事哪一种职业,这说明广州青年在职业选择上也颇为迷茫(见表1)。从箱线图可以看出,男性和女性在职业生涯定向上不存在差异。从就业情况来看,已就业的人在职业生涯定向上显著优于在学的人,这说明已就业青年在职业目标、从事职业的明确度和工作资质等方面上都好于在学的青年。但同时,已就业青年在职业生涯定向得分上的变异程度比在学青年较高,这说明已就业青年群体内部在职业生涯定向情况上存在较大差异(见图1)。

表1 广州青年的职业生涯定向

单位:%

	非常 不符合	相当 不符合	有点 不符合	有点 符合	相当 符合	非常 符合
我已经决定将来的职业目标了	4.93	7.48	24.09	34.49	17.52	11.50
我知道我将来要从事职业所需的资格及条件	4.20	6.20	20.80	36.31	21.72	10.77
我能明确地指出自己期望应征的工作岗位	4.01	7.30	24.82	31.93	20.80	11.13
我能明确地指出自己期望工作的地区	2.19	5.66	19.53	30.66	25.55	16.42

续表

	非常 不符合	相当 不符合	有点 不符合	有点 符合	相当 符合	非常 符合
我已经决定了自己的职业目标,并开始进行 相关信息的搜集工作	3.28	6.02	24.82	35.04	20.62	10.22
我时常思考有关职业目标选择方面的问题, 但仍然无法决定	4.74	10.22	20.07	34.12	22.81	8.03
我还没有决定将来要从事哪一种职业	13.14	13.87	22.45	27.37	14.78	8.39
Cronbach's alpha:0.80						

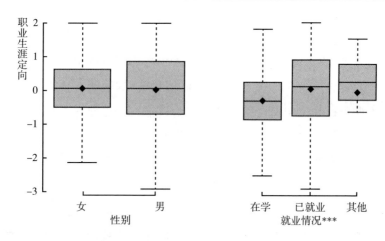

图1 广州青年的职业生涯定向在性别和就业情况上的差异

注:*** p<0.01,** p<0.05,* p<0.1。

(二)广州青年的就业准备较为充分

1. 大多数广州青年面试前会进行模拟练习

从描述结果可以看出,在面试准备、预备行为和人际资源三方面,广州青年的回答都较为积极。大多数广州青年认为自己在面试前会向他人请教并进行模拟面试练习;也会积极地阅读关于面试的文章和参与求职工作坊;同时也会通过在与他人的交流中获得面试的帮助和职位信息。值得注意的是,有近四成的人认为自己可能并不会参与有关求职经验的演讲或工作坊(见表2)。这可能说明:在客观上,此类工作坊的数量较少,且有关机构也很少举办此类活动;

在主观上，广州青年对工作坊信息的了解程度不高、主动参与工作坊的积极性不高。从箱线图可以看出，男性和女性在面试的准备工作上并不存在明显差异。而已就业的人在预备行为和人际资源上的因子得分均值显著高于在学的人。这说明已就业的人在求职的预备行为和对人际资源的获取和利用上显著好于在学的人（见图2）。这可能是因为在求职过程中的资源获取和人际资源的维持经历使得已就业青年认识到了这两个因素在求职过程中的重要性。

表2　广州青年的面试准备、预备行为、人际资源

单位：%

		非常不符合	不符合	有点不符合	有点符合	符合	非常符合	Cronbach's alpha
面试准备	我会去请教他人求职面试该工作的技巧或经验	1.64	3.83	11.31	37.77	28.65	16.79	0.88
	我会去请教他人求职面试该工作的合宜穿着	1.46	2.74	11.86	35.77	28.10	20.07	
	在面试前，我会进行模拟面试练习	1.46	4.01	20.07	32.12	24.82	17.52	
预备行为	我会阅读有关求职或转职的书籍、杂志或文章	1.64	6.02	20.80	32.48	25.91	13.14	0.86
	我会参与关于求职经验的演讲与工作坊	2.55	6.93	28.28	31.02	19.71	11.50	
人际资源	我会与朋友或亲戚讨论可能的职缺信息	0.73	5.66	22.26	35.95	23.18	12.23	0.82
	我会与重要他人提起与讨论可能的工作职缺	1.64	5.47	15.88	36.86	26.09	14.05	

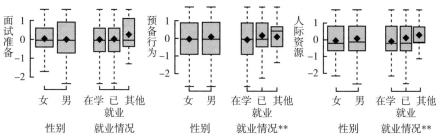

图2　广州青年的面试准备、预备行为、人际资源在性别和就业情况上的差异

注：***p<0.01，**p<0.05，*p<0.1。

2. 多数广州青年有明确的择业目标

研究发现，广州青年职业生涯的目标明确度较高，分别有 78.29%、72.99%、58.94%、68.43% 的人对期望工作的地区、产业、公司和工作岗位有明确的看法和目标。值得注意的是，分别有 41.05%、27.00% 的人认为自己不能明确指出自己期望工作的公司或产业，这说明有一部分青年对不同公司的定位和所从事的业务的了解程度不高（见表3）。从箱线图可以看出，在就业情况上，已就业的人的职业生涯目标明确度得分的均值要显著高于在学的人，这说明工作可以促使青年明确自己职业生涯的目标。同时已就业的人目标明确度的最低值和普遍情况都优于在学的人，这说明已就业的人的职业生涯目标更加明确（见图3）。

表3　广州青年职业生涯的目标明确度

单位：%

	非常 不符合	相当 不符合	有点 不符合	有点 符合	相当 符合	非常 符合
我能明确地指出自己期望工作的地区	1.46	5.11	15.15	32.12	25.18	20.99
我能明确地指出自己期望工作的产业	2.37	5.29	19.34	34.67	23.36	14.96
我能明确地指出自己期望工作的公司	3.10	11.13	26.82	32.30	15.33	11.31
我能明确地指出自己期望应征的工作岗位	2.01	7.30	22.26	34.49	19.71	14.23
Cronbach's alpha：0.88						

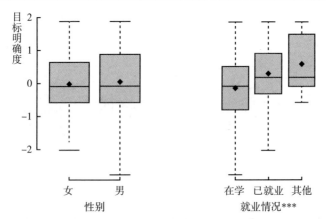

图3　广州青年职业生涯的目标明确度在性别和就业情况上的差异

注：*** p<0.01，** p<0.05，* p<0.1。

3. 绝大多数广州青年在求职过程中会积极查找相关信息

从表4可以看出，绝大多数广州青年在求职过程中会积极地查找相关资料、投递简历和与职业辅导机构、未来的公司联系。但是有35.22%的人认为自己可能不会主动打电话给未来可能的雇主或公司，这说明有一部分广州青年在与未来公司联系的主动性上表现得较差。从箱线图可以看出，无论是在性别上还是就业情况上，广州青年在求职过程中的肯定行为均不存在差异（见图4）。

表4 广州青年求职过程中的肯定行为

单位：%

	非常不符合	相当不符合	有点不符合	有点符合	相当符合	非常符合
我会从报纸、期刊或专业协会的求职信息上找到自己适合的工作	1.64	6.75	24.27	32.48	22.99	11.86
我会寄送简历给我未来可能的雇主或公司	1.64	6.75	18.07	33.76	27.19	12.59
我会主动与未来可能的雇主或公司争取面试机会	1.82	4.74	18.07	33.76	26.64	14.96
我会主动与人力银行、就业辅导机构等单位接触	2.19	6.75	24.27	30.47	24.09	12.23
我会主动打电话给未来可能的雇主或公司	3.10	7.12	25.00	28.47	24.27	12.04
Cronbach's alpha：0.91						

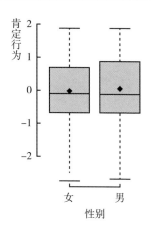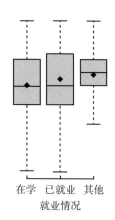

图4 广州青年求职过程中的肯定行为在性别和就业情况上的差异

注：***p<0.01，**p<0.05，*p<0.1。

4. 超过七成广州青年认为自身表达与沟通技巧较好

从描述结果可以看出，超过七成广州青年认为自己的表达与沟通技巧较好，认为自己可以准确地表达自己的想法、针对不同的人使用不同的沟通技巧；在面试过程中，也会运用自己的沟通技巧来应对面试中的问题（见表5）。从统计结果可以看出，广州青年的表达与沟通技巧在性别上不存在差异，即男性和女性对自己的沟通技巧的认可是一致的。而在就业情况上，已就业青年自评的表达与沟通技巧得分显著高于在学的人，这说明面试或者工作经历可以增强青年对自己的表达与沟通技巧的信心（见图5）。

表5 广州青年的表达与沟通技巧

单位：%

	非常不符合	相当不符合	有点不符合	有点符合	相当符合	非常符合
我可以精准地表达想法以让他人充分了解	1.64	3.47	21.35	35.04	26.28	12.23
我会因应不同人而调整合适的说话方式	0.91	3.47	15.69	33.03	30.84	16.06
根据不同对象，我可以用不同的说话方式来与人沟通	0.73	4.01	13.87	35.22	31.20	14.96
在面试过程中，我会听清楚题意再回答问题	0.91	1.82	11.31	32.48	31.75	21.72
在面试时对于不了解的事情，我会主动提出疑问	1.09	2.74	14.78	35.04	27.74	18.61
我会适度自我推荐，以展现欲获得此份工作的动机	1.28	2.92	17.70	32.85	28.47	16.79
Cronbach's alpha：0.90						

5. 多数广州青年对自身简历有自信

从表6可以看出，广州青年在简历技巧的各个题项上的回答均较为积极，即多数的广州青年认为自己可以做好一份简历并即时更新简历内容以应对新的工作要求。值得注意的是，有超过三分之一的广州青年认为自己对书写一份有竞争力的自传不太擅长，这可能说明一方面他们缺乏对自己的能力和应聘公司的工作内容的正确认识，另一方面缺乏书写自传技巧的培训（见表6）。从箱线图可以看出，已就业的人在简历技巧上的自评情况明显优于在学的人，这可能是因为频繁的面试经历提高了其书写和修改简历的能力（见图6）。

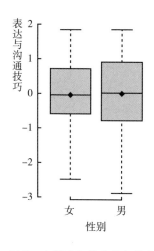
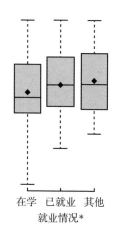

图5 广州青年的表达与沟通技巧在性别和就业情况上的差异

注：*** p < 0.01，** p < 0.05，* p < 0.1。

表6 广州青年的简历技巧

单位：%

	非常 不符合	相当 不符合	有点 不符合	有点 符合	相当 符合	非常 符合
我知道如何将我的优势、特色写入求职简历	1.46	5.11	22.26	34.12	22.81	14.23
在投出求职简历前，我会先做好面试的准备	0.91	3.28	14.96	34.49	30.66	15.69
我会特地为某职缺设计客制化简历表去应征	2.01	4.20	18.80	38.32	22.99	13.69
我知道如何书写有竞争力的自传内容	2.01	6.75	27.55	32.85	19.34	11.50
我会持续更新个人的简历内容	1.28	3.10	12.77	35.95	30.47	16.42
Cronbach's alpha：0.90						

（三）广州青年职业生涯动机整体积极向上

1. 多数广州青年认为自己具有较好的职业生涯复原力

从表7可以看出，广州青年的职业生涯复原力情况普遍较好。在各题项的回答上，大多落在"很符合"这一选项上，只有在冒险情况上大多数人回答的是"普通"。这说明广州青年比较愿意去面对职业生涯中遇到的

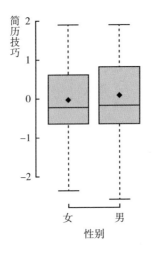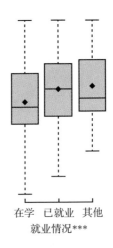

图6　广州青年的简历技巧在性别和就业情况上的差异

注：＊＊＊p＜0.01，＊＊p＜0.05，＊p＜0.1。

新事物和新挑战，并且认为自己能很快适应职场中的新环境。但是大多数人对于冒险问题比较谨慎。从图7中可以看出，广州青年的职业生涯复原力在性别和就业情况上均存在差异。具体体现为相比于女性，男性的职业生涯复原力较强，这说明男性对自己应对职场新环境和新事物的能力更具有信心。此外，相比于在学青年，已就业的青年具有更强的职业生涯复原力，这说明在职场中工作时的业务办理和人员接洽也许可以增强青年的职业生涯复原力。

表7　广州青年的职业生涯复原力情况

单位：%

	极不符合	不符合	普通	很符合	非常符合
有能力去适应改变中的环境	1.64	5.66	29.56	44.53	18.61
愿意冒险	1.82	8.94	37.59	37.23	14.42
乐于接受工作内容或人事安置上的改变	0.91	4.56	31.3	45.44	17.70
能有效掌握工作上所遇到的问题，使其顺利解决	1.28	4.38	32.48	44.71	17.15
期待和不同的人共事	1.46	7.48	27.37	39.60	24.09
Cronbach's alpha：0.87					

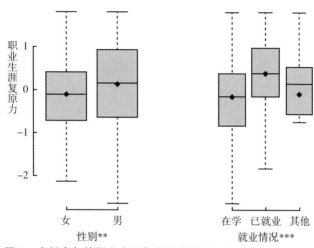

图7 广州青年的职业生涯复原力在性别和就业情况上的差异

注: ***p<0.01, **p<0.05, *p<0.1。

2. 多数广州青年认为自己具有较好的职业生涯洞察力

从描述结果可以看出，广州青年的职业生涯洞察力情况较好，只有在"有明确的生涯目标"和"觉得自己拥有高技术水准的专业或是一个内行的专家"这两个问题的回答上比较一般。这说明广州青年对现实情况、自身的优缺点和自己的能力都有比较清楚的认识。但是在职业生涯规划和目标上比较迷茫，而且对自己具有的职业能力和专业性不太自信（见表8）。从统计结果可以看出，本维度在性别和就业情况两变量上均存在显著差异。男性比女性拥有更高的职业生涯洞察力；已就业的人比在学的人拥有更高的职业生涯洞察力（见图8）。这说明相比女性，男性认为自己更了解现实情况和自身能力特质和自己的生涯目标，对自己的能力也更有自信。从就业情况上来看，已就业的人通过在职场上的打拼，其自我认同情况有所提高。

表8 广州青年的职业生涯洞察力

单位：%

	极不符合	不符合	普通	很符合	非常符合
有明确的生涯目标	1.64	9.85	37.77	32.85	17.88
有符合现实状况的生涯目标	2.01	9.12	33.21	38.32	17.34
了解自己的优点或所擅长的事	1.28	6.20	32.66	40.69	19.16

续表

	极不符合	不符合	普通	很符合	非常符合
了解自己的缺点或不擅长的事	1.28	4.93	29.74	46.90	17.15
了解自己的能力所及	1.46	3.83	31.39	45.26	18.07
觉得自己拥有高技术水准的专业或是一个内行的专家	4.74	21.17	37.77	25.18	11.13
Cronbach's alpha:0.89					

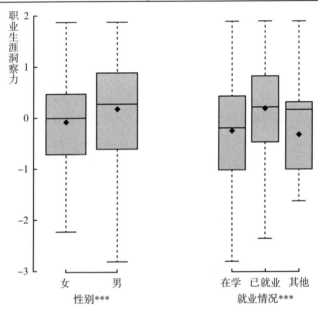

图8 广州青年的职业生涯洞察力在性别和就业情况上的差异

注: ***p<0.01, **p<0.05, *p<0.1。

3.多数广州青年具有较好的职业生涯认同

从表9可以看出,在大部分问题上广州青年的职业生涯认同情况较好,只有在"相信自己的成功是来自上司的成功"项目上41.79%的人回答的是普通。这说明广州青年对自己在工作中的价值、工作现状和工作机构都比较满意,认同感较高;只有在对上司的认同上比较一般。从图9可以看出,男性的职业生涯认同感比女性高,已就业者的职业生涯认同感比在学者高。这说明男性的职业生涯认同情况比女性要好,但这种差异并不是特别显著。而就业者通过在工作上的耕耘,其职业生涯认同情况比在学者要好。

表9 广州青年的职业生涯认同

单位：%

	极不符合	不符合	普通	很符合	非常符合
根据工作来定位自己的价值	1.64	8.58	31.02	40.69	18.07
即使工作时间很长,仍能抱持尽心尽力的态度	1.09	5.11	26.82	43.98	22.99
专注于自己的工作	1.28	3.65	23.36	49.09	22.63
以所任职的机构为荣	0.73	4.93	32.30	41.79	20.26
相信自己的成功是来自上司的成功	3.47	17.34	41.79	25.36	12.04
能对上司忠诚	0.91	4.20	26.64	46.53	21.72
Cronbach's alpha:0.88					

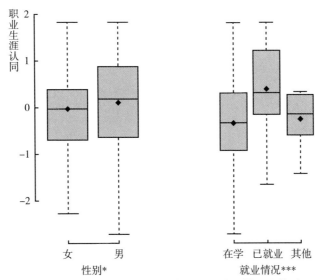

图9 广州青年的职业生涯认同在性别和就业情况上的差异

注：*** p＜0.01，** p＜0.05，* p＜0.1。

三 广州青年职业生涯发展的影响因素

（一）自身能力、家庭责任、性别差异、职业资料是广州青年职业生涯的阻碍因素

1. 广州青年自我认识和决策能力较好

从描述结果可以看出，在职业生涯的阻碍因素上，广州青年对自我能力

和价值观的认识较好，认为自己具有较好的决策能力。只有在"世事变化很大，无法掌握自己未来的职业方向"这一项上，有较多的人认为存在一定的阻碍（见表10）。这说明广州青年在面对现实中快速变化的世界时，对于职业规划和方向不免有一些迷茫。此外，从图10可以看出，广州青年的自我认识和决策能力在性别和就业情况上均不存在差异。但是从箱线图可以看出，女性的中位数、均值和上界都比男性要高，这可能说明女性具有较高的自我认识和决策能力。同时，相比在学的人，已就业的人在自我认知和决策能力上得分的变异大，这说明已就业的人在自我认知和决策能力上存在较大差异。

表10 广州青年的自我认识及决策能力

单位：%

	毫无阻碍	稍微有阻碍		相当有阻碍		非常有阻碍	
	0	1	2	3	4	5	6
不知道自己适合哪些性质的职业	8.21	25.00	29.20	20.62	10.95	4.38	1.64
不了解自己的性格	17.34	28.65	23.72	14.60	9.12	4.01	2.55
世事变化很大，无法掌握自己未来的职业方向	10.40	22.63	22.63	23.72	13.87	3.47	3.28
不确定自己将来想过何种生活方式	16.79	25.91	21.90	16.97	11.31	3.83	3.28
缺乏做决定的能力	16.61	24.45	22.99	15.88	12.96	4.74	2.37
不了解自己的能力	13.69	27.74	23.18	14.60	13.50	4.01	3.28
不确定自己的价值观	21.53	27.19	18.61	15.51	9.31	5.11	2.74
自己没有主见，完全听信别人的意见	23.54	26.28	16.42	14.60	8.94	5.84	4.38
不了解自己的兴趣	16.61	26.82	21.72	16.06	11.31	4.20	3.28
没有特别有兴趣的职业方向	17.88	20.07	24.09	18.61	10.77	5.11	3.47
Cronbach's alpha：0.94							

注：本题选项为评分量表，设置0~6七个分数等级，分数越高，表明阻碍程度越深。

2. 部分广州青年认为家庭责任影响了其职业生涯规划

从表11可以看出，相当一部分广州青年认为家庭责任对自己的职业规划有影响。这说明家庭责任对广州青年的职业生涯规划有一定阻碍，但是阻

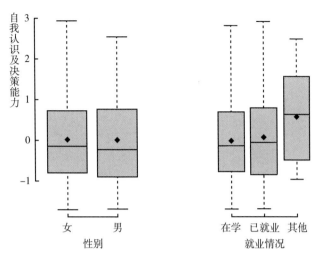

图 10 广州青年的自我认识及决策能力在性别和就业情况上的差异

注：*** p < 0.01，** p < 0.05，* p < 0.1。

碍程度并不高。同时，从图 11 可以看出，这一阻碍因素在性别和就业情况上均存在差异。从性别上来看，相比女性，男性认为家庭责任对自己职业生涯规划的阻碍更大。从就业情况上来看，相比在学者，已就业者认为家庭责任的阻碍更大。这可能是由于男性和已就业者相比女性和在学者面对着更现实的职场状况和养家糊口的压力。另外，根据箱线图的形状，可以看出已就业的人在家庭责任这一因素上的得分存在异常值，这说明可能存在小部分人认为家庭责任因素对自己的职业生涯规划存在严重阻碍。

表 11 广州青年的家庭责任对职业生涯规划的阻碍

单位：%

	毫无阻碍	稍微有阻碍		相当有阻碍		非常有阻碍	
	0	1	2	3	4	5	6
必须从事与父母同类型的职业	35.77	29.20	12.23	10.95	7.30	3.28	1.28
希望与未来另一半从事性质相近的职业，而限制了自己职业方向的选择	25.91	28.47	18.80	12.77	8.94	3.28	1.82
必须继承家族事业	36.13	30.47	11.31	9.49	6.75	2.92	2.92
Cronbach's alpha：0.83							

注：本题选项为评分量表，设置 0 ~ 6 七个分数等级，分数越高，表明阻碍程度越深。

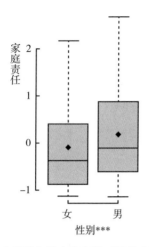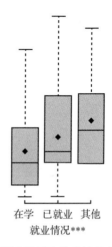

图 11　广州青年的家庭责任对职业生涯规划的阻碍在性别和就业情况上的差异

注：*** $p < 0.01$，** $p < 0.05$，* $p < 0.1$。

3. 五成左右广州青年认为家庭背景对其职业生涯存在阻碍

从样本描述中可以看出，有五成左右广州青年认为家庭背景对自己的职业选择存在阻碍。这说明受制于家庭经济条件，青年在就业市场中应聘到自己心仪的工作有一定难度（见表12）。从图12来看，相比女性，男性认为家庭背景的阻碍更大；相比在学者，已就业者认为家庭背景的阻碍更大。这说明女性比较能脱离原生家庭经济情况的限制；而还在上学的人因为没有进入劳动力市场，对职场的期望较高。

表12　广州青年的家庭背景对职业生涯的阻碍

单位：%

	毫无阻碍	稍微有阻碍		相当有阻碍		非常有阻碍	
	0	1	2	3	4	5	6
因家庭背景不好，职业选择的范围受到限制	18.25	30.11	21.90	15.69	7.85	4.56	1.64
家庭经济状况不好，职业选择的范围因而受限	20.44	29.38	19.34	14.96	9.85	3.83	2.19
Cronbach's alpha：0.81							

注：本题选项为评分量表，设置0~6七个分数等级，分数越高，表明阻碍程度越深。

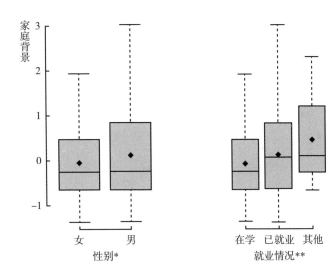

图 12　广州青年的家庭背景对职业生涯的阻碍在性别和就业情况上的差异

注：***p<0.01，**p<0.05，*p<0.1。

4. 多数广州青年认为外在环境对其职业生涯不存在显著阻碍

从表13可以看出，广州青年认为外在的环境如升学考试分数限制、经济压力、学校制度和价值观等因素对自己的职业生涯存在一定但是不严重的阻碍。这说明现代的广州青年在升学和就业择业时还是要经受一定的社会制度压力和经济压力。此外，这一阻碍因素在性别和就业情况两个变量上均不存在显著差异（见图13）。说明这种压力对不同性别和不同工作状况的人的影响都是一致的。

表 13　广州青年面对的外在环境对职业生涯的阻碍

单位：%

	毫无阻碍	稍微有阻碍		相当有阻碍		非常有阻碍	
	0	1	2	3	4	5	6
升学考试分数的限制,无法就读适合自己的科系	13.50	21.17	19.16	19.71	15.88	4.38	6.20
只考虑经济报酬的高低,而忽略自己的兴趣及能力等条件	15.88	22.63	22.99	18.80	12.04	4.93	2.74
学校制度的限制,转系不易	22.81	27.74	20.26	14.96	8.21	3.28	2.74

续表

	毫无阻碍	稍微有阻碍		相当有阻碍		非常有阻碍	
	0	1	2	3	4	5	6
受升学主义的影响,盲目升学,而不考虑自己的兴趣及能力	17.34	25.00	20.80	17.52	11.13	5.11	3.10
盲从社会的价值观及趋势,而未考虑自己的条件	16.79	26.64	23.18	15.69	10.95	3.65	3.10
Cronbach's alpha:0.88							

注:本题选项为评分量表,设置0~6七个分数等级,分数越高,表明阻碍程度越深。

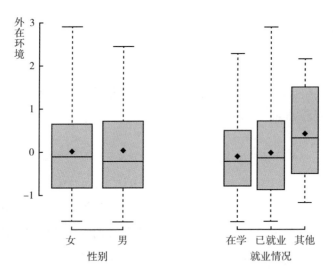

图 13　广州青年面对的外在环境对职业生涯的阻碍在性别和就业情况上的差异

注:＊＊＊p<0.01,＊＊p<0.05,＊p<0.1。

5. 四成以上广州青年的职业生涯受到性别因素的阻碍

从表14可以看出,四成以上广州青年认为其职业生涯不同程度上受到了性别因素的阻碍。这说明虽然随着现代化的发展和人们观念的改变,现代青年变得能够突破性别的束缚选择自己心仪的职业;但传统的性别－职业匹配观念还是对一些青年的职业选择产生影响。从统计检验结果来看,相比在学者,已就业者认为性别对自己职业生涯的阻碍更大(见图14)。这可能是因为职场上遇到的一些性别刻板印象和偏见影响了在职人员对性别因素阻碍的看法。

表 14　广州青年的性别角色对其职业生涯的阻碍

单位：%

	毫无阻碍	稍微有阻碍		相当有阻碍		非常有阻碍	
	0	1	2	3	4	5	6
因性别而被别人认定只能从事某些职业	23.36	26.64	22.99	14.05	7.48	3.65	1.82
选择非传统性职业的压力（如女性选择土木工程师，男性选择护士）	22.99	23.72	17.52	18.25	10.58	3.65	3.28
自己相信男女各有其适任的职业	23.54	30.84	20.07	14.96	6.57	1.82	2.19
受到传统社会"男主外、女主内"观念的限制	32.12	27.74	14.05	11.50	6.75	4.20	3.65
Cronbach's alpha：0.78							

注：本题选项为评分量表，设置 0~6 七个分数等级，分数越高，表明阻碍程度越深。

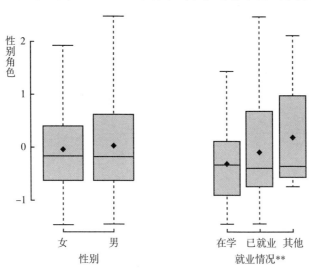

图 14　广州青年的性别角色对职业生涯的阻碍在性别和就业情况上的差异

注：*** $p < 0.01$，** $p < 0.05$，* $p < 0.1$。

6. 多数广州青年认为缺乏有效职业资料会影响其就业

从表 15 可以看出，相比前几个阻碍因素，广州青年认为职业资料的阻碍更大。多数广州青年认为缺乏正确的职业数据、找不到引路人和对职业的刻板印象对自己的职业生涯有不同程度的阻碍；而对职业的工作内容不了解对职业生涯的阻碍更加显著。这说明广州青年在对职业的内容和了解上有所欠缺，也没有合适的职业引路人和关于职业的资料，即缺乏对职业的教育。此外，从图15可以看出，广州男性青年的职业生涯阻碍和女性青年没有显著的差异，无论是平均值和离散度基本一致。但是不同就业情况的青年之间的职业生涯阻碍差异比较明显。其他就业情况（待业、自由职业）的青年的职业生涯阻碍高于在学青年和已就业青年。相比已就业青年和其他就业情况青年，在学青年的职业生涯阻碍离散分布集中，群体内部差异不大。而已就业青年内部的职业生涯阻碍分化明显，即有的已就业青年的职业生涯阻碍较高，有的已就业青年的职业生涯阻碍较低。总体来看，在学青年的职业生涯阻碍较小，已就业青年的职业生涯阻碍次之，其他就业情况的青年职业生涯阻碍最高。

表15　广州青年拥有的职业资料对其职业生涯的阻碍

单位：%

	毫无阻碍	稍微有阻碍		相当有阻碍		非常有阻碍	
	0	1	2	3	4	5	6
缺乏正确的职业数据	8.58	21.90	24.45	21.90	15.69	5.84	1.64
找不到可以帮助自己探索未来职业方向的人	12.59	21.90	25.55	19.16	14.42	3.28	3.10
对很多职业的工作内容不了解	11.31	20.26	19.53	22.08	17.88	5.29	3.65
对某些职业的错误刻板印象	12.77	27.92	25.91	16.42	10.22	3.47	3.28
Cronbach's alpha：0.85							

注：本题选项为评分量表，设置0~6七个分数等级，分数越高，表明阻碍程度越深。

7. 少数广州青年认为职业生涯受到他人期望的阻碍

从描述结果来看，广州青年大多认为他人期望对自己的职业生涯毫无阻碍或者阻碍较小，仅不到两成的青年认为存在较大阻碍（见表16）。这说明父母、亲戚和师长的期望在青年人看来已经不是自己职业生涯的阻碍因素。

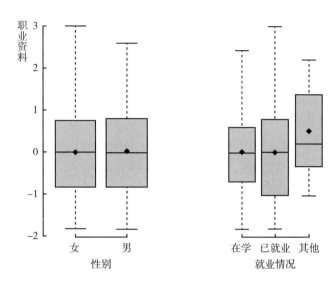

图15 广州青年拥有的职业资料对其职业生涯的阻碍在性别和就业情况上的差异

注：*** p < 0.01，** p < 0.05，* p < 0.1。

从统计结果来看，他人期望在在学和已就业的人群间存在显著差异。具体来说，已就业的人认为他人期望对自己职业生涯的阻碍普遍比在学的人要大（见图16）。这说明在工作场所工作的经历改变了已就业者对职业生涯阻碍因素中他人期望发挥作用的看法。

表16 广州青年面对的他人期望对其职业生涯的阻碍

单位：%

	毫无阻碍	稍微有阻碍		相当有阻碍		非常有阻碍	
	0	1	2	3	4	5	6
亲戚不赞同	27.92	30.66	16.06	12.59	9.31	2.74	0.73
与异性朋友的看法不一致	28.65	26.64	18.43	12.77	9.67	1.82	2.01
师长的期望	23.91	27.92	22.08	11.13	10.22	2.92	1.82
父母的期望与自己的想法不同	18.25	28.47	20.62	17.34	9.12	3.28	2.92
Cronbach's alpha：0.84							

注：本题选项为评分量表，设置0~6七个分数等级，分数越高，表明阻碍程度越深。

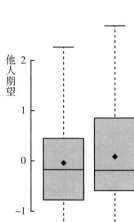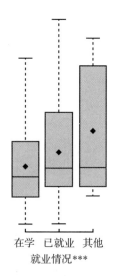

图16 广州青年面对的他人期望对其职业生涯的阻碍在性别和就业情况上的差异

注：*** p<0.01，** p<0.05，* p<0.1。

8. 部分广州青年认为身心状况对职业生涯存在较大阻碍

从表17可以看出，大多数广州青年认为自己的身心状况对职业生涯毫无阻碍或稍微存在阻碍，但仍有部分青年认为存在较大阻碍。这说明在客观上，广州青年拥有较好的身体健康状况；在主观上，广州青年自我认知的健康状况较好。从统计结果来看，身心状况对职业生涯的阻碍在性别和就业情况上均存在差异。具体来说，相比女性，男性认为自己的身心状况对职业生

表17 广州青年的身心状况对其职业生涯的阻碍

单位：%

	毫无阻碍	稍微有阻碍		相当有阻碍		非常有阻碍	
	0	1	2	3	4	5	6
因身体上的残障,而限制了个人职业选择的机会	36.13	27.55	10.95	10.77	9.12	2.01	3.47
健康状况不佳	31.75	27.74	11.13	10.04	9.49	5.66	4.20
Cronbach's alpha:0.82							

注：本题选项为评分量表，设置0~6七个分数等级，分数越高，表明阻碍程度越深。

涯的阻碍更大；而相比在学者，已就业者认为身心状况对自己的阻碍更大（见图17）。这说明男性身心状况和自我认知的身心情况可能比女性差；而已就业者在就业后身体健康状况也有所下降。

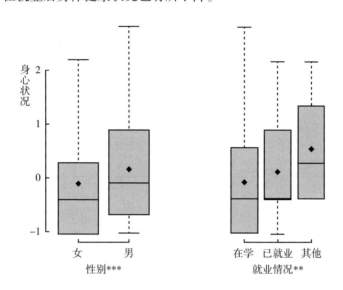

图17　广州青年的身心状况对其职业生涯的阻碍在性别和就业情况上的差异

注：*** p < 0.01，** p < 0.05，* p < 0.1。

（二）广州青年职业生涯的支持因素

在问卷中，青年的职业生涯支持因素体现为两个部分。第一个部分是社会支持，包括朋友支持、家庭支持和长辈支持。第二个部分是青年的自我支持，即青年的心理资源，包括价值感、主控感、希望感和韧性四个方面。

1. 广州青年求职过程中的社会支持总体情况较好

从表18可以看出，广州青年的社会支持总体情况较好。从朋友支持来看，大多数青年人认为朋友会在自己的求职过程中提供支持和帮助，为自己的求职路排忧解难；从家庭支持来看，广州青年大多认为家人可以在自己的求职过程中提供情感上的支持和帮助；从长辈支持来看，广州青年也认为师长和长辈可以在求职时为自己提供支持。从图18

可以看出，三种社会支持的形式在性别上均不存在显著差异，但是从箱线图的中位数可以看出，女性的朋友支持和家庭支持的平均水平比男性要高。在就业情况上，相比在学的人，已就业的人在长辈支持上的平均情况显著较好，这说明已就业者在求职过程中获得了长辈较多的帮助和支持。除此之外，从箱线图可以看出，已就业的人在朋友支持上的平均情况比在学的人要好，这说明已就业的人在求职过程中比在学的人获得了更多的朋友支持。

表18　广州青年的社会支持

单位：%

		非常不符合	不符合	有点不符合	有点符合	符合	非常符合	Cronbach's alpha
朋友支持	有朋友持续关心我的求职结果，并肯定我在求职时的付出	1.28	2.74	13.32	32.12	31.57	18.98	0.92
	我有朋友会倾听我在求职上的困难	1.09	3.65	8.39	33.76	32.30	20.80	
	若在工作中遇到困难，有朋友会给予我协助	1.09	2.74	11.31	32.30	32.85	19.71	
家庭支持	我在求职过程中能得到家人正面的支持	0.73	2.19	12.77	32.12	32.66	19.53	0.90
	当我的情绪陷入低潮时，家人会给予我精神上的支持	0.73	3.47	14.96	31.02	29.20	20.62	
	我的家人会倾听我在求职上的困难	1.09	3.83	13.14	32.85	27.74	21.35	
长辈支持	在求职时，我相信师长（长辈）中会有人给予我协助	1.82	4.74	17.88	36.31	25.36	13.87	0.87
	师长（长辈）中有支持我追求理想工作的人	1.82	3.65	16.79	35.04	28.65	14.05	
	师长（长辈）中有关心我求职结果，并肯定我在求职时付出的人	1.64	4.20	14.96	35.58	28.10	15.51	

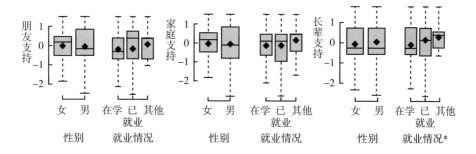

图18　广州青年的社会支持在性别和就业情况上的差异

注：*** p＜0.01，** p＜0.05，* p＜0.1。

2. 广州青年的主观支持能力存在差异

（1）广州青年具有较好的自我价值感

由表19可以看出，关于价值感题项的回答大多为60%符合和80%符合。这说明广州青年的自我价值感情况较好，即他们对自我价值有较为积极的判断，能够自我肯定、自我鼓励。从图19来看，广州青年的价值感在就业情况上存在差异，即已就业的人的价值感比在学的人高，且在均值上也存在显著差异。这说明工作可能可以提高青年的自我认同、自我信心和价值感。

表19　广州青年的价值感

单位：%

	完全 不符合	20% 符合	40% 符合	60% 符合	80% 符合	完全 符合
我觉得自己是受大家喜爱的	1.28	5.66	15.33	32.48	31.93	13.32
整体而言，我能够接纳与满意自己	1.09	4.20	11.68	32.48	33.58	16.97
我觉得身边的人都对我感到骄傲或肯定	1.82	6.20	18.25	31.93	30.29	11.50
在班级、朋友圈或家庭中，我觉得自己是重要的	2.74	6.75	19.34	29.74	29.56	11.86
我觉得自己有许多优点	2.19	5.29	17.52	33.21	29.20	12.59
我觉得自己是一个很不错的人	1.46	3.10	14.05	29.38	35.40	16.61
Cronbach's alpha：0.91						

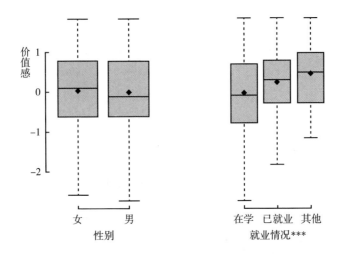

图19 广州青年的价值感在性别和就业情况上的差异

注：***p<0.01，**p<0.05，*p<0.1。

（2）大部分广州青年认为自己具有较好的自我控制能力

从描述结果可以看出，广州青年的主控感情况较好，即大部分人认为自己的自我控制能力比较强，能够完成自己制订的工作计划，以及有能力去改变现实的环境（见表20）。从箱线图可以看出，主控感在性别之间基本不存在差异，而在就业情况上存在显著差异，即已就业的人的主控感比在学的人要强（见图20）。这说明通过有规律的工作，青年的自我控制和自我协调能力可能会有所提高。

表20 广州青年的主控感

单位：%

	完全不符合	20%符合	40%符合	60%符合	80%符合	完全符合
我觉得自己能有效分析问题,并找到解决方案	0.73	4.01	14.78	32.85	31.75	15.88
我觉得我能控制自己的生活或学习情况	2.01	5.66	18.98	31.75	30.29	11.31
我认为定下计划后,一定会有办法达成的	2.37	3.65	16.24	30.11	33.58	14.05
我认为我有力量可以改变现实之生活环境	1.46	3.83	13.69	30.66	35.04	15.33

	完全 不符合	20% 符合	40% 符合	60% 符合	80% 符合	完全 符合
我认为只要我愿意努力尝试,就能解决大多数的问题	0.36	4.20	12.23	27.55	34.85	20.80
我觉得无论发生什么事,我都可以应付自如	1.64	3.65	20.26	33.03	28.65	12.77
Cronbach's alpha:0.92						

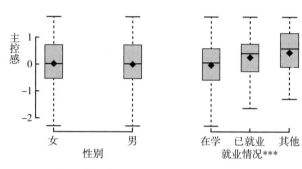

图20 广州青年的主控感在性别和就业情况上的差异

注:*** p<0.01, ** p<0.05, * p<0.1。

(3)大多数广州青年对未来有积极的希望

从表21可以看出,希望感部分题项的大部分回答是60%符合和80%符合,这说明广州青年的希望感水平总体情况较好,即他们认为自己的人生是有希望、有前途的,且自己制定的目标一定会实现。从箱线图可以看出,虽

表21 广州青年的希望感

单位:%

	完全 不符合	20% 符合	40% 符合	60% 符合	80% 符合	完全 符合
我觉得自己将来的生活会变得更好	0.91	3.47	10.58	28.28	33.94	22.81
我认为我的未来生活是美好的	0.91	3.10	11.50	25.55	35.77	23.18
对于我的未来会发生什么事,我是感觉乐观的	2.55	4.01	14.23	27.55	35.04	16.61
我觉得人生充满希望	0.91	3.28	13.50	23.36	35.77	23.18
我觉得自己未来的目标终究会实现	0.73	3.83	14.96	26.28	35.04	19.16
我觉我的未来是有前途与远景的	0.73	3.28	10.77	24.64	34.67	25.91
Cronbach's alpha:0.93						

然男性和女性在希望感均值上不存在显著差异，但是女性希望感的平均水平明显要高于男性。而从就业情况来看，已就业的人的希望感的平均水平也明显高于在学的人，这说明就业可能使青年看到了美好的愿景，提升了其希望感水平（见图21）。

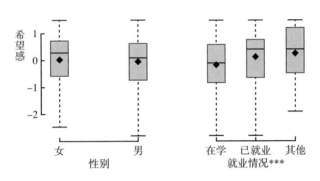

图21 广州青年的希望感在性别和就业情况上的差异

注：*** p < 0.01，** p < 0.05，* p < 0.1。

（4）大多数广州青年认为自己具有较强的韧性

从描述结果可以看出，大部分广州青年认为自己具有较强的韧性，即能正视人生中遇到的困境和挑战，也认为自己能从困境中学到经验和教训，并且能走出困境（见表22）。从箱线图可以看出，男性和女性在韧性上不存在显著差异，但是从中位数可以看出，女性在职业生涯中韧性的平均水平要高于男性。从就业情况上来看，已就业的人韧性的平均水平要显著好于在学的人（见图22）。这说明工作中遇到的挫折和环境变化提高了青年的韧性程度。

表22 广州青年的韧性

单位：%

	完全 不符合	20% 符合	40% 符合	60% 符合	80% 符合	完全 符合
我觉得自己人生的困境或挫败，总是有它存在的意义与目的	1.46	3.10	10.58	26.82	32.85	25.18
生活或课业的挫败，我认为是一种挑战	1.28	4.01	12.59	31.57	34.85	15.69
我觉得我的人生逆境或低潮最终会过去	1.46	2.92	12.04	24.64	37.23	21.72

续表

	完全 不符合	20% 符合	40% 符合	60% 符合	80% 符合	完全 符合
我觉得生活环境的巨大变动与不确定也给 自己带来成长与学习	0.55	3.47	12.23	26.82	37.04	19.89
我觉得过去我生命的困境或磨难都是自己 宝贵的礼物或资产	0.91	2.92	10.95	28.28	33.76	23.18
Cronbach's alpha:0.92						

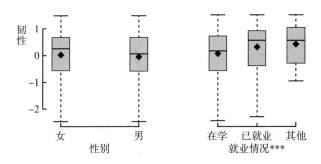

图22 广州青年的韧性在性别和就业情况上的差异

注：*** p<0.01，** p<0.05，* p<0.1。

（三）"双因素"对广州青年职业生涯发展的影响分析

"双因素"即阻碍因素和支持因素。在这一部分，本研究对广州青年职业生涯中遇到的阻碍因素和支持因素对其职业生涯定向和就业准备的影响进行分析。使用的方法是线性回归的方法：因变量分别为职业生涯定向和就业准备各个维度的因子得分；自变量为广州青年职业生涯中的阻碍因素和支持因素各维度的因子得分；控制变量为生涯动机和社会人口属性。回归结果见表23。值得注意的是，社会支持模块中的朋友支持和长辈支持对职业生涯定向和就业准备均呈现正向影响，即朋友支持和长辈支持越好，则其职业生涯定向和就业准备情况就越好。这说明青年可以从社会支持中获得职业生涯定向的目标和就业准备的相关资料。下面将不再对这两个因素进行描述。

表23 职业生涯定向和就业准备的影响因素分析

		职业生涯定向	就业准备						
			简历技巧	面试准备	预备行为	目标明确度	肯定行为	表达与沟通技巧	人际资源
阻碍因素	自我认识及决策能力	-0.04 (-0.51)	-0.12* (-1.84)	-0.05 (-0.65)	-0.08 (-0.97)	-0.04 (-0.52)	0.03 (0.47)	-0.02 (-0.35)	-0.19** (-2.32)
	家庭责任	0.11 (1.54)	-0.01 (-0.22)	-0.03 (-0.46)	0.12* (1.80)	0.12* (1.86)	0.20*** (3.54)	0.00 (0.04)	0.12* (1.92)
	家庭背景	0.22*** (3.80)	0.10** (2.26)	0.06 (1.33)	0.06 (1.06)	0.16*** (2.84)	0.10** (2.10)	0.09** (2.00)	0.12** (2.29)
	外在环境	0.11 (1.38)	-0.04 (-0.66)	-0.05 (-0.69)	-0.13* (-1.65)	0.10 (1.28)	-0.11* (-1.77)	0.03 (0.49)	0.11 (1.47)
	性别角色	-0.04 (-0.47)	-0.02 (-0.26)	-0.12* (-1.87)	-0.08 (-1.10)	-0.08 (-1.09)	-0.14** (-2.22)	-0.17*** (-2.83)	-0.11 (-1.47)
	职业资料	-0.21*** (-2.81)	0.03 (0.45)	0.04 (0.63)	-0.06 (-0.78)	-0.20*** (-2.80)	-0.13** (-2.11)	-0.08 (-1.35)	0.03 (0.48)
	他人期望	-0.15** (-2.02)	-0.09 (-1.60)	-0.04 (-0.61)	0.09 (1.22)	-0.02 (-0.32)	0.07 (1.14)	-0.02 (-0.33)	0.06 (0.89)
	身心状况	0.01 (0.09)	0.11** (2.49)	0.18*** (3.57)	0.09* (1.65)	-0.07 (-1.23)	0.01 (0.12)	0.12**	-0.12** (-2.21)
社会支持	朋友支持	0.14** (2.35)	0.18*** (3.74)	0.19*** (3.63)	0.14** (2.40)	0.19*** (3.29)	0.13** (2.47)	0.22*** (4.55)	0.23*** (4.06)
	家人支持	-0.01 (-0.21)	0.02 (0.33)	0.07 (1.21)	-0.00 (-0.03)	-0.04 (-0.70)	0.08 (1.44)	0.03 (0.53)	0.03 (0.57)
	长辈支持	0.16*** (2.61)	0.27*** (5.84)	0.31*** (6.15)	0.34*** (5.76)	0.11* (1.96)	0.41*** (8.32)	0.23*** (4.86)	0.35*** (6.18)
自我支持	价值感	0.02 (0.20)	0.26*** (4.09)	-0.02 (-0.30)	0.14* (1.77)	0.07 (0.92)	0.07 (0.97)	0.01 (0.21)	0.05 (0.69)
	主控感	0.19* (1.78)	0.17** (2.04)	0.08 (0.90)	0.31*** (3.05)	0.34*** (3.44)	0.28*** (3.27)	0.25*** (3.11)	0.16 (1.64)
	希望感	-0.05 (-0.47)	-0.16** (-2.10)	-0.14 (-1.51)	-0.27*** (-2.85)	-0.20** (-2.13)	-0.15* (-1.90)	-0.08 (-1.09)	-0.02 (-0.25)
	韧性	-0.03 (-0.30)	0.03 (0.48)	0.30*** (3.86)	-0.08 (-0.86)	0.05 (0.62)	-0.02 (-0.33)	0.11 (1.49)	-0.07 (-0.89)
生涯动机(略)									
控制变量(略)									
	常数	-0.61 (-1.21)	-0.13 (-0.33)	0.38 (0.89)	-0.43 (-0.88)	-0.35 (-0.72)	0.57 (1.36)	0.02 (0.05)	-0.35 (-0.73)
	N	548	548	548	548	548	548	548	548
	R^2	0.39	0.64	0.57	0.43	0.45	0.59	0.63	0.47

注: *** $p < 0.01$, ** $p < 0.05$, * $p < 0.1$。

1. "双因素"对广州青年职业生涯定向的影响

从表23可以看出，在职业生涯的阻碍因素中，会对广州青年的生涯定向产生显著影响的有家庭背景、职业资料和他人期望；在自我支持模块中有主控感。具体来说，对于阻碍因素，认为职业资料和他人期望对自己的职业生涯不存在阻碍的人具有较好的职业生涯定向，这从反面说明那些在就业时自主选择职业、有充分的职业资料的人拥有较好的职业生涯定向；而那些家庭背景对自己阻碍较大的人也认为自己拥有较好的职业生涯定向，这说明家庭的负担可以激励青年进行职业生涯定向。从自我支持来看，那些主控感较高的人拥有更好的职业生涯定向，这说明自我控制能力可以促进青年为自己的职业生涯定下目标。

2. "双因素"对广州青年认知面试的影响

对于简历技巧，影响因素主要有自我认识及决策能力、家庭背景、身心状况、价值感、主控感和希望感。广州青年中那些具有较强的自我认识及决策能力、较好的家庭背景和身心状况、较强的价值感和主控感的人拥有更好的简历技巧，这说明对自我能力、自己的职业生涯规划和自我价值感有清楚的认识可以帮助促进青年撰写一份有竞争力的简历。而那些希望感比较大的人书写简历的能力较弱，这可能说明青年自身的希望感和实际求职情况之间存在落差，从而导致希望感越强的人简历书写能力越弱。

影响青年面试准备的因素主要有性别角色、身心状况和韧性。那些受性别角色阻碍小和韧性较强的人具有更好的面试准备情况。这说明对职业生涯的清楚看法，良好的、没有性别刻板印象的环境和良好的自我复原能力可以促使青年更好地对面试进行准备。而那些职业生涯上受到身心状况阻力较大的青年的面试准备情况也相对较好，这可能说明身心压力会变为动力，促使青年为面试而努力。

影响青年的面试和转职的预备行为的因素主要有家庭责任、外在环境、身心状况、价值感、主控感和希望感。那些面对外在环境阻力小、具有较强的价值感和主控感的人对于面试和转职的准备情况较好，这说明那些善于面对新环境和新挑战，具有较强的自我价值认同和自我控制能力，以及没有面对太强的外在环境阻碍的人会积极地为面试和转职做准备。此外，面对着更大家庭责任和身心压力的人也会积极地进行面试和转职的准备行为，这说明了外在和内在的压力在一定程度上对人的行动有促进作用。

3. "双因素"对广州青年目标行为的影响

对于目标明确度，影响其的因素主要是家庭的阻碍、职业资料和主控感。那些职业资料不形成阻碍和主控感较强的人拥有更好的职业生涯目标明确度，这说明对职业资料的掌握和良好的自我控制能力可以帮助青年确立清晰的职业生涯目标。而那些家庭责任和家庭背景对自己形成阻碍的人也具有较强的职业生涯目标明确度，这说明家庭的负担会从反面激励青年，使其确立一个明确的职业生涯目标。

对于肯定行为，影响其的因素主要是家庭责任的阻碍、外在环境的阻碍、性别角色的阻碍、职业资料的阻碍、主控感和希望感。那些在外在环境、性别角色和职业资料这几方面不存在阻碍、家庭责任的阻碍大和主控感较强的人具有较高的肯定行为，这说明对职业生涯的良好看法，制度和性别刻板印象的压力小，拥有充分的职业资料、较强的家庭责任的压力和较好的自我控制能力会提升青年对自我的能力和自己在职业生涯中的价值的看法。而那些希望感强的人拥有较差的肯定行为，这可能说明希望感和肯定行为之间存在落差，导致对职业生涯希望高的人在实际应聘过程中感受到了现实的压力，从而使其自我肯定情况差，缺乏自我价值感。

4. "双因素"对广州青年表达沟通的影响

对于表达与沟通技巧，影响其的因素有家庭背景、性别角色、身心状况和主控感。那些家庭背景和身心状况阻碍大、性别角色的阻碍小和主控感强的人具有较强的表达与沟通技巧。这说明那些对自己的职业生涯有明确看法，遇到的性别压力不大和具有较强自我控制能力的人比较擅长与他人进行沟通；而家庭压力和身心状况的压力也会增强其沟通能力。

对于人际资源，影响因素主要有自我认识及决策能力、家庭责任、家庭背景和身心状况。那些有较强的自我认识，能够对自己的事务进行自主决策的人，以及具有较好的身心状况的人具有更好的人际资源情况。而那些背负着更多的家庭责任和负担的人也会化压力为动力，积极利用自己的人际资源来为职业生涯做准备。

四　广州青年职业生涯发展路径探索

广州青年的职业生涯规划虽然总体上情况较好，但也遇到阻碍因素较多和支持因素不够的困境。面对这些困境，青年人首先需要有正确的自我定位和科学的职业目标。同时，对于一些制度性的因素，政府职能部门、高校以及社会各界都需要共同参与为青年群体发展搭建有效平台，促进青年求职就业进入良性循环。

（一）优化管理，加强就业培训体系建设

优化青年就业管理体系。一是成立青年就业创业工作领导小组，就广州而言，建议全面提升青年就业工作联席会议规格，成员单位涵盖教育局、人社局等部门以及各个高校，在团委下设联席会议办公室，每半年召集一次联席会议，加强青年就业工作的统筹协调，制定各类青年就业专属政策。二是根据青年就业的链条，作为青年主管部门的团市委内部成立促进青年就业工作领导小组，建议由团委书记任组长，组员涵盖涉及就业创业工作的部门、直属单位，推动各部门、单位深度参与青创服务工作。

就业培训是推动青年求职的关键环节。一是大力建设城市青年就业培训学院，凝聚一批青年就业导师队伍，开发一批具有共青团特色的、拥有自主知识产权的青年就业培训课程体系，引进国外知名、成熟的就业培训与实训课程，提升青年就业培训学院的品牌度和影响力。二是积极打造青年就业培训阵地联盟，整合现有的团属阵地、园区、高校，为青年就业培训提供方便、完善的场地，为青年提供"家门口"的就业培训。三是依托青年培训学院，根据青年不同的发展阶段，分层分类地实施培训服务。

（二）细化政策，强化青年就业服务的针对性

青年就业创业政策，不仅要在政策目标上着力支持和保障青年群体的权益和利益，更要在政策内容与工具手段的使用方面，与其他就业创业群体做出区分。建立以市场需求为导向的青年职业培训体系。随着经济社会的不断发展，市场对于劳动力的素质和能力不断提出新的要求，这就要求作为劳动力主力军的青年劳动者，随着市场的需求不断强化自身能力。做好社会调研，利用信息优势把握市场动向，搭建青年的就业创业服务平台，健全覆盖城乡、高效全面的就业创业服务体系。全面有力的就业服务可以在一定程度上缓解就业压力。加强青年就业服务的信息化建设，特别是结合信息技术、大数据、新媒体的发展，建立有效覆盖、全面准确的就业信息化平台。建立青年职业生涯指导服务体系，完善职业咨询师队伍建设，为青年职业生涯规划和职业能力提升提供全面而完善的服务。加大对青年就业创业的扶持服务力度。要从资金、资格审查等方面降低创建微小型企业的准入门槛，从开展就业教育和就业培训等方面增强青年的意识和能力。建立、完善能充分对接青年就业创业的服务平台，充分对各方信息资源进行整合。针对有不同需求的青年求职群体，量身制定个性化、差异化的扶持政策。引导青年转变就业观念，避免出现青年劳动力的自愿性失业状态。通过媒介宣传等方式，帮助青年改变不合理的固有观念，引导其树立灵活就业、自主择业等观念。引导青年走出就业误区，帮助青年正确认识基层和体制外工作的价值。

（三）提供保障，降低青年职业发展潜在风险

青年就业本身会遇到许多困境，首先要探索完善社会保障机制，大力培育青年就业的风险意识，政府和高校要加强就业风险培训，让青年尽早了解市场风险和社会壁垒，做到在就业过程中心中有数。此外，政府职能部门也可以适当考虑为新入职场的青年提供一些优惠的保障措施，如在银行贷款、住房租赁等方面提供优惠，在合法合理的范围内尽量减少青年就业压力。其次要关注青年心理保障机制，青年求职过程中身体和心理的压力较大，很容

易出现心理问题，建议政府和学校在推动青年就业工作中联合一些专业的心理咨询机构对青年进行全程跟踪的心理观察和咨询服务，设立专门的公益性心理咨询服务站，让青年可以主动问询心理专家，心理医生也可以对新就业青年群体进行实地观察，一旦发现心理危机便可以及时进行干预和防范。同时，青年就业服务部门还要积极与青年家庭进行互动，及时沟通青年的身体和心理状况，通过家庭的介入来规避青年的心理危机。

（四）提前规划，将终身学习贯穿青年职业生涯设计

首先要完善高校青年学生职业生涯规划教育体系，提升学生职业规划教育的质量，课程内容的设计和安排要注意衔接，部门之间要做好良好的沟通工作，构建完整的职业生涯规划体系。要想提升青年学生的职业就业能力，高校就需要将职业生涯规划教育贯穿在整个大学教学过程中。同时，高等院校要开展各类职业技能训练活动，鼓励青年学生进行就业创业大赛实践，培养学生的各项职业能力，做好青年学生的未来职业生涯规划引导。而针对在职青年，政府职能部门和相关社会组织要参与青年的职业生涯设计，协助青年群体科学规划职业发展道路。其次，就青年本身而言，最重要的则是树立终身学习的职业规划理念。第一，学习能力是职业能力的组成部分，青年面对全新的和不断变化的职业生活，需要不间断地接受教育和学习。一个职场新人的学习能力正成为其职业能力的重要指标。有研究指出，大多数用人单位把应聘者的学习能力作为必须具备的能力素质。第二，学习力不仅关系到职业生涯的发展水平，也关系到生活质量和自我实现的水平。越来越多的新科技新知识被应用到我们的日常生活中，对这些新科技新知识的学习直接关系到我们能否跟上时代的发展。第三，终身学习要学会选择。在一个知识和信息爆炸的时代，个体是无法学完浩繁无尽的知识的，每个个体的时间和精力都是有限的，因而必须学会选择性学习，并把学习与职业发展结合起来，多学那些与职业相关的新知识，在职业生涯中努力使自己始终站在本领域的知识前沿。

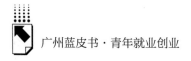
参考文献

蒋乃平：《职业生涯规划》（第四版），高等教育出版社，2019。

许淑琴：《高校大学生职业生涯规划课程思政的教学探索与实现途径研究》，《传播与版权》2019 年第 12 期

陈建甫、张婧：《课程思政视域下大学生职业生涯规划教育探析》，《决策探索》（下）2020 年第 3 期。

王小平：《浙江省普通高中学生生涯规划教育研究：历程、现状及趋势》，《基础教育课程》2017 年第 1 期。

芦净、陆宁：《构建高职创业教育体系要做到"四个结合"》，《职业技术》2017 年第 2 期。

《国务院印发〈国家职业教育改革实施方案〉》，《人民日报》2019 年 2 月 14 日。

邵怡：《高职院校职业生涯规划教育现状及对策探析》，《科技与创新》2020 年第 7 期。

徐良玉、吴兆根：《浅谈当代大学生就业心理健康教育》，《国际公关》2019 年第 12 期。

何艺宁、朱小亮、刘凤：《大学生职业生涯规划课程思政改革探索》，《课程教育研究》2018 年第 16 期。

B.10
在广州创业的港澳青年研究报告

巫长林　孙慧　冯英子　谢素军　周理艺*

摘　要： 本报告对在广州创新创业的港澳青年群体进行问卷调查和个案访谈，梳理了广州支持港澳青年创新创业的政策。通过对在广州港澳青年创业项目的整体分布、创新创业港澳青年群体特征、广州支持港澳青年创新创业政策的分析，发现港澳青年创业初期最希望获得贷款资金的扶持，最想获得投融资内容的创业培训；在广州港澳青年创业资金单一地依赖初级社会网络，进行信贷、融资等的比例较低；资金短缺、不稳定性、支持不足是港澳青年选择在广州创业时的三大主要顾虑；资金依然是港澳青年创业面临的最大问题，人力资源短缺亦成较大阻碍。针对调研中发现的问题，本报告提出了相应的对策建议。

关键词： 港澳青年　创新创业　"5乐行动"

　　2019年2月，中共中央、国务院印发了《粤港澳大湾区发展规划纲要》，标志着大湾区建设进入了全面开展落实的重要阶段。建设粤港澳大湾区，是习近平总书记亲自谋划、亲自部署、亲自推动的国家战略，具有十分

---

* 巫长林，广州市穗港澳青少年研究所助理研究员；孙慧，广州市穗港澳青少年研究所助理研究员；冯英子，广州市穗港澳青少年研究所助理研究员；谢素军，广州市穗港澳青少年研究所研究中心主任、副研究员；周理艺，广州市穗港澳青少年研究所研究助理。

重大的意义。为贯彻落实《粤港澳大湾区发展规划纲要》，2019年5月8日，广东省人民政府印发了《关于加强港澳青年创新创业基地建设的实施方案》（以下简称《实施方案》），从政策支撑、打造平台、营造环境、建立机制4个方面，提出加强港澳青年创新创业基地建设的主要任务和措施，要求各级各部门抓好《实施方案》的贯彻落实。

2019年5月30日，广州市出台了《发挥广州国家中心城市优势作用支持港澳青年来穗发展行动计划》（以下简称《行动计划》），支持港澳青年来广州发展，这不仅是大湾区内地城市首个专门支持港澳青年发展的政策文件，也是贯彻落实广东省《实施方案》的首个文件。《行动计划》主要包括：实施"乐游广州"计划，深化穗港澳青年交流交往；实施"乐学广州"计划，支持港澳青年学习研修；实施"乐业广州"计划，支持港澳青年实习就业；实施"乐创广州"计划，支持港澳青年创新创业；实施"乐居广州"计划，强化住房教育医疗保障；搭建高效便利服务平台，提供社会化专业化服务。在广州创新创业的港澳青年是进一步推动穗港澳融合发展的重要力量。关注和解决港澳青年在广州创新创业面临的问题，有助于进一步推动穗港澳三地青年在创新创业领域的交流与合作。为吸引和促进港澳青年来广州创新创业，以更好地开展在广州创新创业港澳青年的服务工作。课题组深入广州各区创业机构，对来广州创新创业的港澳青年开展了问卷调查、座谈会和个案访谈，深入调研分析港澳青年在广州创新创业的现状、遇到的主要困难以及主要诉求，提出进一步促进港澳青年在广州创新创业的对策建议。

一　课题调研基本情况

（一）研究对象

本次调查针对在广州创新创业的港澳青年群体，研究对象包括刚来广州有创业意向的港澳青年、初次创业的港澳青年、创业项目相对成熟的港澳青年等不同类型群体。

（二）研究方法

1. 问卷调查法

课题组对在广州市各区创新创业的港澳青年进行问卷调查，并对问卷进行数据分析，全面了解港澳青年在广州创新创业状况。本次调查发放调查问卷 130 份，最终有效回收 105 份，有效回收率 81%。

2. 座谈会及个案访谈法

围绕港澳青年创业企业或项目发展状况、港澳青年对广州创新创业政策环境评价、港澳青年创业过程中面临的困难及需求状况等问题，课题组与 20 多名港澳青年进行交流，其中开展 4 场座谈会，个案深度访谈 4 人；课题组走进七客联创国际创新社区、"创汇谷"粤港澳青年文创社区、乐天云谷、ATLAS 寰图港澳青年创业基地调研，深入倾听了解在广州创新创业港澳青年的所思所想。

3. 政策文本分析方法

整理分析广州市及各区港澳青年创新创业的政策，梳理归纳政策状况，了解政策变迁的基本历程、逻辑演变和阶段特点。

（三）样本情况

本课题共调查 105 名在广州港澳创新创业青年，其中男性创业青年占比 71.4%，女性青年占比 28.6%；来广州待的时间年限方面，在广州待了 5 年及以上的占比 28.6%，4 年的占比 3.8%，3 年的占比 16.2%，2 年的占比 23.8%，1 年及以下的占比 27.6%；年龄方面，港澳创业青年平均年龄为 31 岁；学历方面，大学本科以下的占比 22.9%，大学本科的占比 58.1%，研究生及以上的占比 19.0%；婚姻方面，未婚且无交往对象的占比 31.4%，未婚有交往对象的占比 35.2%，已婚的占比 30.5%，离婚的占比 2.9%（见表 1）。本次调查样本覆盖较为多样且分布比例较均匀，样本具有科学性和代表性。

表1 样本基本情况

	分类	频数	频率(%)
性别	男	75	71.4
	女	30	28.6
来广州年限	1年及以下	29	27.6
	2年	25	23.8
	3年	17	16.2
	4年	4	3.8
	5年及以上	30	28.6
平均年龄	31岁		
学历	初中	1	1.0
	高中	8	7.6
	文凭	3	2.9
	非学位专上课程	10	9.5
	大学本科	61	58.1
	研究生及以上	20	19.0
	其他	2	1.9
婚姻状况	未婚且无交往对象	33	31.4
	未婚有交往对象	37	35.2
	已婚(含初婚、再婚、重婚)	32	30.5
	离婚	3	2.9

二 调查情况分析

(一) 在广州港澳青年创新创业的整体分布情况

1.创业区域分布集中在中心城区

据广州市社科院2018年11月调查报告数据,从注册地的区域分布看,港澳青年来穗创业的企业中63%在广州注册,其中越秀区8%、天河区17%、荔湾区6%、海珠区2%、白云区3%、黄浦区7%、番禺区5%、南沙区3%、增城区3%、从化区1%、花都区9%。且主要分布在广州中心城区,中心6

城区占 43%。37% 的注册地在其他城市，主要是香港、深圳、东莞①。

2. 创业行业以广州未来经济发展的方向为主

广州 2019 年上半年 GDP 为 11755.54 亿元，同比增长 7.1%，广州加快培育 IAB 等新兴产业，深化营商环境改革，激发市场主体活力，"四新经济"（新技术、新产业、新业态、新模式）蓬勃发展。港澳青年的创业行业以广州未来经济发展的方向为主，据课题组调研，天河区港澳青年之家会员数据显示，截至 2019 年 7 月，已经注册的港澳企业中，互联网类占 48%，设计类占 15%，商贸类占 12%，金融类占 10%，传媒类占 5%，人力资源类占 4%，教育类占 4%，生物医药类占 2%。

此外，据广州市社科院 2018 年 11 月调查报告数据，从港澳青年创业的行业属性看，行业比较分散，电子信息行业占 19%，农业占 2%，商务咨询占 8%，餐饮占 6%，教育占 11%，文化娱乐占 12%，健康医疗占 8%，银行、证券、保险、财务等金融行业占 11%，其他占 23%。显示出港澳青年融入广州各行各业发展。

（二）在广州港澳青年创新创业的基本特征

1. 在广州港澳创业青年个体特征

30 岁以下港澳青年是创新创业的主要群体。在广州港澳创业青年群体中 71.4% 为男性、28.6% 为女性（见图 1）。港澳创业青年平均年龄为 31 岁，其中，30 岁以下占比 56.3%，35 岁以下占比 77.1%，35 岁以上占比 22.9%。这充分说明，30 岁以下的港澳青年是创新创业的主力。

在广州港澳青年创业时间较短。创业时间为 2017 ~ 2019 年的占比 37.9%，2014 ~ 2016 年创业的占比 35%，2011 ~ 2013 年创业的占比 15.6%，仅有 11.7% 的港澳创业青年 2010 年及以前就开始在广州创业（见图 2）。

----

① 广州市社会科学院：《粤港澳大湾区建设背景下吸引港澳青年来穗创新创业就业对策研究》，2018 年 11 月。课题组针对在广州的港澳青年群体进行了问卷调查，收集问卷 200 份，有效问卷 100%。

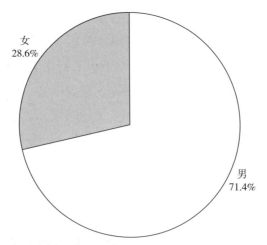

图1　在广州港澳创业青年性别分布

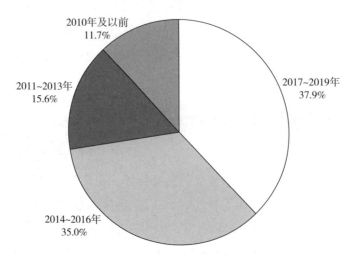

图2　在广州港澳创业青年开始在广州创业的时间

　　港澳青年创业动机最主要是做自己喜欢做的事和证明自己的能力。调查对象中，37.1%的港澳青年创业是为了做自己喜欢做的事，30.5%的港澳青年是为了证明自己的能力，把握自己的命运，21.9%的港澳青年是为了追求个人财富积累，2.9%的港澳青年是为了赢得别人的尊重，1%的港澳青年是为了打发时间，充实生活，1%的港澳青年是羡慕成功的创业者，自己跟风创业，1%的港澳青年是缓解就业压力，4.8%的港澳青年是由于其他原因（见图3）。

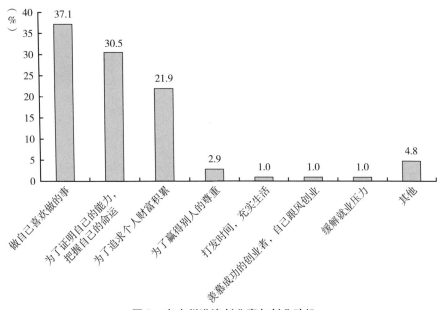

图3 在广州港澳创业青年创业动机

港澳创业青年在广州发展时间长。在广州港澳创业青年来广州发展时间较长，28.6%的创业青年来广州5年及以上，来广州4年的占3.8%，来广州3年的占16.2%，来广州2年的占23.8%，仅有27.6%的港澳创业青年是来广州1年及以下（见图4）。

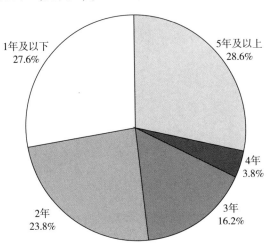

图4 港澳创业青年在广州发展时长

港澳创业青年受教育程度普遍较高。在广州港澳创业青年群体受教育程度较高，58.1%的创业青年为大学本科学历，研究生及以上学历占19.0%，仅有22.9%为大学本科以下学历（见图5）。

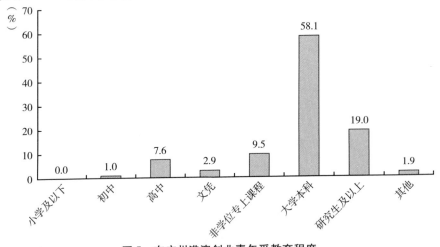

图5　在广州港澳创业青年受教育程度

港澳创业青年以未婚青年群体为主。近七成在广州港澳创业青年是未婚青年，其中未婚且无交往对象的占31.4%，未婚有交往对象的占35.2%，仅有30.5%的创业青年已婚，2.9%的港澳创业青年处于离婚状态（见图6）。

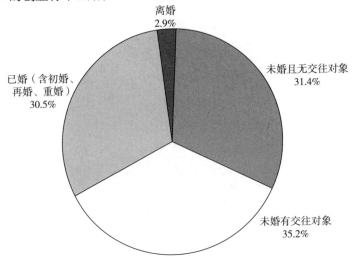

图6　在广州港澳创业青年婚恋状态

2. 港澳青年创业企业基本特征

创业项目处于初创期。企业的创办时间，2017～2019 年创办的占比 56.9%，2014～2016 年创办的占比 23.5%，2011～2013 年创办的占比 12.7%，仅有 6.9% 的企业是 2010 年及以前创办的（见图 7）。

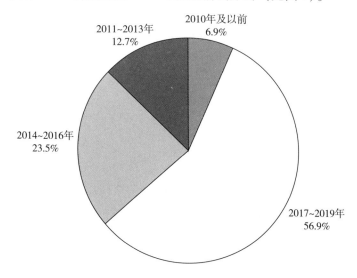

图 7　在广州港澳创业青年的企业初创时间

港澳创业青年的初创团队以同事和同学为主体。初始团队平均为 5 人，5 人及以下占比 78.1%，最少的只有自己一人，5 人以上的占比 21.9%。核心创始团队成员的组建，63.8% 的企业由同事、同学构成，9.5% 的企业为招聘，8.6% 的企业为经人介绍，3.8% 的企业由家人、亲戚构成，14.3% 的企业为其他方式（见图 8）。

创业企业的员工人数以 10 人以下小团队为主。目前企业员工在 10 人及以下的占 66.7%，其中 3 人及以下的占 11.4%，4～6 人的占 32.4%，7～10 人的占 22.9%。11～50 人的占 25.7%，51～100 人的占 1.9%，100 人以上的占 5.7%（见图 9）。

创业的类别以文化创意和互联网行业为主，这两大类别合计占比近五成。在广州港澳青年创业项目类别前三项分别是占比 25.7% 的文化创意，占比 22.9% 的互联网，占比 10.5% 的教育类。之后依次为人工智能（9.5%）、新一代

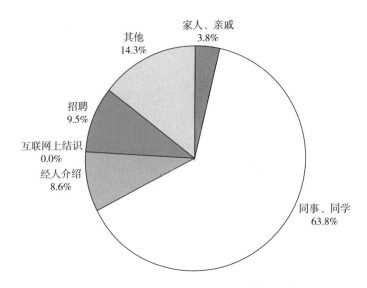

图8　在广州港澳创业青年初创团队成员组建情况

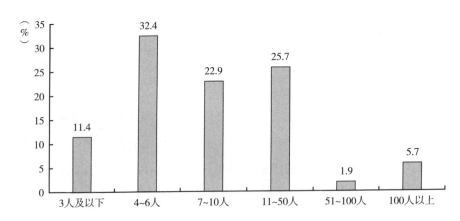

图9　在广州港澳青年创业企业员工数

信息技术（6.7%）、物联网（4.8%）、涉农创业类（3.8%）、生物医药（2.9%）、高新技术（1.9%）、其他产业（11.4%）（见图10）。

　　创业所处的行业以文化创意和移动互联网为主，这两大行业合计占比超过五成。在广州港澳青年创业所处的行业前三项，占比28.6%的是文化创意行业，占比22.9%的是移动互联网行业，占比10.5%的是零售（包括跨境电商）行业。之后依次为健康教育社会服务行业（7.6%）、专业服务行业（6.7%）、个人及

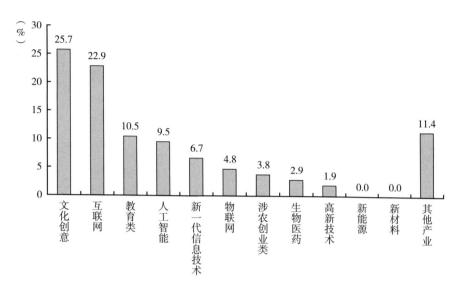

图 10　在广州港澳青年创业的类别

消费服务行业（5.7%）、金融服务行业（2.9%）、物流行业（2.9%）、信息和通信服务行业（2.9%）、农林牧渔行业（1.9%）、其他行业（7.6%）（见图11）。

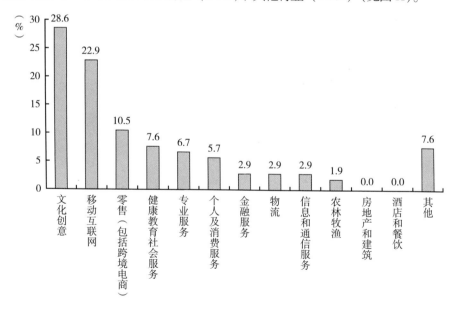

图 11　在广州港澳青年创业所属行业

233

四成以上企业处于快速成长期，三成左右企业目前尚未盈利。在企业发展情况方面，数据显示，41%的受访青年表示自己的企业正在快速成长，收支平衡；但也有33.3%的受访者表示企业目前尚未盈利；此外，23.8%的受访者表示企业逐步形成经济规模，目前略有盈利；还有1.9%的受访者表示企业发展已经达到一定规模，盈利较为丰厚（见图12）。这表明目前在广州港澳青年创业企业的差异比较大，只有小部分企业已经实现了盈利，大部分还处在起步阶段，需要继续投入人力、物力、财力等支撑。但总体上来看，在广州港澳青年创业企业的发展趋势较好，不久的将来将会达到一定的规模，实现企业盈利目标。

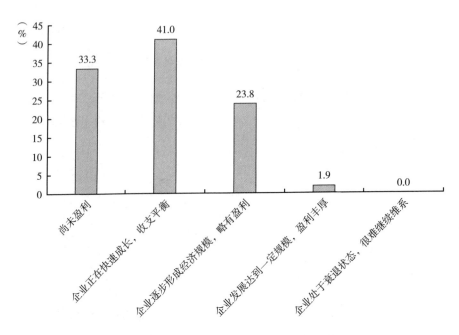

图12　在广州港澳创业青年目前企业发展情况

充足的创业资金是影响港澳青年创业成功的最主要因素；但总体上看，个人人力资本因素的影响最大。数据显示，在广州港澳创业青年认为创业成功的最主要因素是有充足的创业资金。我们进一步将各影响因素进行汇总归类后发现，在广州港澳青年认为影响创业成功的因素主要在于个人人力资本因素，共占比60.1%，其中选择"正确的投资方向"占比21%，"足够的社会经验和管理经验"占比19.1%，"创业者具备创业能力"占比15.2%，"创业者有良好的身体和心理素质"占比4.8%。影响创业成功的第二类因素是个人资源方面因素，共占比31.4%，其中选择"充足的创业资金"占比23.8%，"足够的人脉关系"占比7.6%。社会影响因素占比较小，为5.8%，其中"政府和社会的扶持"占比4.8%，"社会经济发展状况良好"占比1%（见图13）。

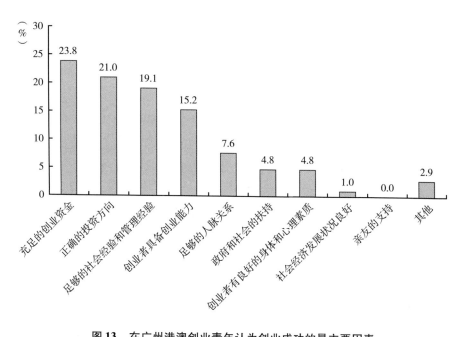

图13　在广州港澳创业青年认为创业成功的最主要因素

（三）在广州港澳青年创新创业的已有服务基础

1. 广州各区推出了一系列支持港澳青年创新创业政策

广州各区出台了一系列支持港澳青年创新创业的政策，有优秀创业项目资助、吸纳创业项目孵化补贴等补贴项目，也有人才引进政策、小微企业的优惠政策、推动创业平台建设、给予融资支持、强化职业培训、享受同等创

业政策等支持项目。全面覆盖，为港澳青年创业者提供低成本、个性化的创业服务（见表2）。

表2　广州各区支持港澳青年创新创业的代表性政策

区域	政策名称	主要内容
海珠区	《中共海珠区委海珠区人民政府关于扶持人才创新创业的实施意见》	从人才经费资助、住房、医疗、教育、交通、落户、交流研修、人才荣誉等方面进行人才扶持，吸引涵盖港澳青年在内的创新创业人才
	《海珠区就业专项资金使用管理办法》	有优秀创业项目资助、吸纳创业项目孵化补贴等补贴项目，提升对港澳青年到海珠创业的吸引力
	"海盟惠约十条"	为含港澳青年在内的创业者协助落实办公经营场地与资金扶持
天河区	《天河区"1+1+8"科技创新和文化创意产业支持政策》《广州市天河区推动港澳青年创新创业发展实施办法》	全面覆盖包括港澳青年在内的人才引进、创业就业形式、落实小微企业的优惠政策、推动创业平台建设、给予融资支持、加大创业补贴力度、强化职业培训、享受同等创业政策；增设"天英汇"国际创新创业大赛港澳专场赛区，对通过大赛申报的项目给予10万元落户奖励和最高10万元租金补贴两项支持
黄埔区	"人才10条"	主要包括全球纳才奖励、高端项目扶持、安居乐业工程、福利配套保障、名家名匠奖励、高端人才服务奖励、重大项目重点扶持等，主要从引进或培养高端人才、扶持人才高端项目的角度，进行重点突破和集中扶持；引进的杰出人才最高可获得2亿元资助，优秀人才最高可获得1.1亿元资助，精英人才最高可获得1200万元资助；对特别重大的人才项目，将采取一事一议，量身定制扶持政策，最高资助10亿元
	"金镶玉"特色政策体系（四个"黄金10条"、两个"美玉10条"、IAB产业政策）	涵盖促进先进制造业、现代服务业、总部经济、高新技术产业发展四个"黄金十条"政策，最高奖励5000万元；有人才和知识产权两个"美玉10条"政策，人才项目最高资助10亿元，知识产权10条全国独一无二，核心内容包括服务机构落户奖励、经营贡献奖励、交易激励、金融扶持、信息分析奖励、保护资助、培训扶持等；在全国率先发布IAB主导产业政策，一个项目落地建设最高支持2亿元，一个平台开发建设最高支持5000万元，一个企业加速成长最高支持5000万元，一个创新成果产业化最高支持5000万元

区域	政策名称	主要内容
番禺区	《番禺区关于加快集聚产业领军人才的实施意见》	引进支持35个创新领军团队、50名创新领军人才和30名创新创业服务领军人才,每年补贴500名产业高端人才和急需紧缺人才,资助约1500名高校青年人才
	"青蓝计划"	每年安排2000万元扶持100个大学生(含港澳台)创新创业项目;为入选"青蓝计划"的大学生(含港澳台)创业项目提供免费的办公场所(50平方米)或者租金补贴(1000元/月);给予创(就)业便利
	"番禺区扶持港澳台青年创新创业十一条政策"	为港澳台青年创业者提供低成本、个性化的创业服务
南沙区	"港澳青才卡"	为有志于扎根南沙创业发展的港澳青年专业人才在工作和生活方面提供便利,持有者享有南沙区青联委员权益,可预约个性化专属服务
	"1+1+10"产业政策体系(含《南沙区科技创新平台贡献奖励办法》《广州市南沙区中高级人才引进暂行办法》《广州南沙新区(自贸片区)集聚人才创新发展的若干措施》《广州南沙新区(自贸片区)促进科技创新产业发展扶持办法》等)	10个产业政策,既包括了总部经济、科技创新、先进制造业和建筑业、航运物流业、金融服务业、商贸业、现代服务业等7个重点发展产业的政策,基本涵盖南沙重点发展产业领域;又包括了高端人才、产业用地、项目引荐3个共性的产业促进政策,在要素供给方面为产业发展提供了充分保障。针对企业落户、增资、研发、经营、上市等不同发展阶段,设置了奖励、补贴或股权投资等政策扶持,为企业提供了全生命周期的支持

2. 构建了多层次一体化的港澳青年创新创业平台

2019年5月,广东省政府在《关于加强港澳青年创新创业基地建设实施方案的通知》中提出,加快港澳青年创新创业基地建设,切实拓展港澳青年就业创业空间,优化港澳青年来粤创新创业环境。为更好地促进港澳青年在广州创新创业,广州市各区构建了多层次一体化的港澳创新创业平台。这些平台将服务创新创业作为拓展港澳青年在内地发展空间的核心,精准聚焦港澳青年创新创业细分需求,为港澳青年创新创业发展提供"一站式"平台服务。如南沙"创汇谷"粤港澳青年文创社区,打造青年创业孵化基地、青年创业学院、青年创意工坊、青创公寓4个功能区,重点面向粤港本土文化创意类青年人才,以文化创意、全媒体运营、创意设计为切入点,为港澳青年提供法律咨询、免租入驻、政策咨询、手续代办等配套服务,最大限度提供资金、政策、技术等多方面的优惠和支持,打造创意创业聚集孵化平台和粤港文化创意青年创新创业人才聚集地。

表3　广州各区港澳台青年创新创业代表性平台

区域	基地名称	主要特点
海珠区	广州创投小镇海珠区港澳青年创新创业基地、国家欧美同学会海创驿站	依托海珠洋湾岛,为港澳青年创新创业项目提供融资、路演、场地等服务支持;紧密围绕打造港澳青年及海外归国人士创业和就业孵化平台,聚集科技、人才、文化交流,从创业培训、精准链接、协同撮合三个方面搭建创新创业投资+智慧+聚合、线上线下协同的创新创业服务平台,为港澳青年和海归创业者提供"一站式"创业落地服务
	海珠创客坊	通过为鼓励和支持留学人员创新创业、更好地服务海归创业企业而搭建的综合服务性平台——"海创驿站",结合线上、线下培训课程体系,为港澳台、海归青年提供富有竞争力的全功能、全链条、全周期、全时间的服务,帮助更多的海归创业企业成长,更打造"海创季"创业大赛,为港澳台青年、海归创业者提供项目展示平台、交流平台和持续成长空间
荔湾区	荔港澳青年创新创业孵化基地	为港澳青年创新创业提供孵化基地,提供创业咨询、创业指导、创业培训、项目推介、政策落实、跟踪服务等服务,打造集创业培训、创意创业、企业孵化于一体的人才培育基地
天河区	港澳青年之家专创·众创空间	成立于2016年8月,是广州专创信息科技有限公司基于移动互联网开源公共技术服务平台和完善的创业孵化生态服务体系打造的线上结合线下的移动互联网双创服务平台。现拥有办公场地及相关配套功能区总面积680平方米,建设有创客孵化办公区、创客服务区,项目路演中心、会议室、培训室、休闲区等功能区。已通过广州市和广东省众创空间认定,是广州市天河区港澳青年之家创业基地,也是广州市新型科技服务机构。与暨南大学、广东轻工学院、广东华立学院等建立了创业实践基地。为港澳青年提供创新创业、学习交流、实习就业平台,开展培训、专业导师辅导、企业孵化、创业配套服务以及落地信息咨询解读,构建港澳青年在广州创新创业生态圈

续表

区域	基地名称	主要特点
黄埔区	广州市光机电技术研究院（广州国际·穗港澳台科技合作基地、广州市促进台资企业科技创新与转型升级服务中心）	广州市光机电技术研究院是市科创委直属重点科研事业单位，建有"广州市国际·穗港澳台科技合作基地"，推动与香港科技园、香港科技大学、台湾工业技术研究院、新加坡－中国科学技术交流促进协会等机构的学术交流和技术合作，组织开展人员互访、科技考察、技术研讨、科技论坛、参与科技博览会展示等多种形式的交流合作活动。2008年开始与中国台湾地区建立合作关系，2014年8月建立广州市促进台资企业科技创新与转型升级服务中心，宗旨是促进穗台科技交流，支持台企科技创新和转型升级，打造台企科技之家，为在穗台企开展技术咨询诊断辅导、技术改造、人才培训、协助企业申报科技项目和搭建科技平台、交流与展示、信息传播等服务工作
	粤港澳大湾区青年创新创业基地	8.6平方公里，建立"一带一路"科技创新联盟、粤港澳大湾区数据交易中心（所）和科技创新基地（规划建设中）
番禺区	广州大学城港澳台青年创新创业基地英诺创新空间	联合番禺区管理部门，为港澳青年提供资金、融资、场地、租房、实习实训、孵化器服务、会展、招聘、工商注册、宣传推介等创新创业各环节支持
	广州市科技金融促进会	企业上市和创业大赛辅导、科技金融、广州大学城在读学生主管孵化器计划
	岭南电商园	互联网＋产业形态，电子商务专业宣传、培训、服务
	五湖四海多彩小镇	三旧改造、文化创意、多元化商业体验
	合劲嘉福创新城	高新科技企业总部、香港相关机构青少年培训基地
南沙区	粤港澳（国际）青年创新工场	香港科技大学联合香港大学、香港中文大学等高校，依托霍英东研究院，重点吸引香港及内地青年学生创业群体在南沙集聚；发起"粤港澳高校创新创业联盟"，推动粤港澳各高校资源共享、优势互补，构建粤港澳高等学校创新教育体系，优化粤港澳青年创业创新环境
	南沙资讯科技园	为科技企业提供企业孵化、人才、金融等综合配套服务
	南沙慧谷	与香港科技园公司建立战略合作机制，发挥香港科技园公司在科技园区开发管理、企业引进、科技企业孵化服务等方面的先进经验及优势，推动南沙科技创新园区的建设发展

续表

区域	基地名称	主要特点
南沙区	"创汇谷"粤港澳青年文创社区	打造青年创业孵化基地、青年创业学院、青年创意工坊、青创公寓4个功能区,重点面向粤港本土文化创意类青年人才,以文化创业、全媒体运营、创意设计为切入点,以"青年特色、港澳元素、前端定位、综合服务"为目标导向,聚焦内地高校学生特别是在穗高校就读的港澳青年学生以及刚刚步入职场的港澳青年,为其提供法律咨询、免租入驻、政策咨询、手续代办等配套服务,最大限度提供资金、政策、技术等多方面的优惠和支持,打造创意创业聚集孵化平台和粤港文化创意青年创新创业人才聚集地

3. 创业平台发挥了服务青年的重要作用

四成港澳创业青年有入驻创业空间、孵化器等平台。港澳创业青年对于创业空间、孵化器等平台的使用情况,41%的港澳创业青年目前在入驻;3.8%的港澳创业青年曾入驻过,但现在没有;1.9%的港澳创业青年曾申请,但没通过;26.7%的港澳创业青年没申请,没入驻;26.7%的港澳创业青年不了解。

港澳创业青年对广州创新创业平台的作用持肯定态度占多数。对于平台的作用,85.7%的港澳创业青年认为在提供场地空间方面是有帮助的,80.9%的港澳创业青年认为在工商税务登记方面是有帮助的,66.6%的港澳创业青年认为在生活居住、娱乐、朋友圈方面是有帮助的,64.8%的港澳创业青年认为在商务信息分享方面是有帮助的,71.4%的港澳青年认为在业界创业经验交流、沙龙分享和培训方面是有帮助的(见表4)。

表4　港澳创业青年对广州创新创业平台的评价

单位:%

类别	非常有帮助	比较有帮助	一般	几乎没有帮助	没帮助	不了解
场地空间	36.2	49.5	8.6	1.9	0	3.8
工商税务登记	35.2	45.7	13.3	2.9	0	2.9

续表

类别	非常有帮助	比较有帮助	一般	几乎没有帮助	没帮助	不了解
生活居住、娱乐、朋友圈	19	47.6	22.9	3.8	1.9	4.8
商务信息分享	20	44.8	29.5	2.9	0	2.8
业界创业经验交流、沙龙分享和培训	23.8	47.6	24.7	1	1	1.9

三 在广州港澳青年创新创业的主要困难与诉求

（一）港澳青年在广州创业遇到的主要困难与问题

港澳青年在创业阶段，尤其是创业初期，与成熟期的企业相比，面临着更多不确定性的问题和困难，特别是对内地市场的不熟悉更加深了这些问题。尚未完善的法律和金融支持、难以预测的市场需求、迅速变化的科技以及更为激烈的竞争环境，让创业团队面临着十分不确定的经营环境。本次调查收集了受访港澳青年在广州创新创业过程中的主要困难和问题，以便更好地解决在广州港澳青年创业中遇到的难题。

1. 在广州港澳青年创业资金单一地依赖初级社会网络，进行信贷、金融机构融资等的比例较低

创业是需要资本的，许多个体可能有创业计划，但受制于经济原因而无法进行创业。本次调查对在广州港澳青年创新创业的启动资金来源进行了调查。数据显示，在广州港澳青年创业的启动资金主要来自朋友或合伙人的集资，其次为个人或家庭出资。具体来看，47.6%是朋友或合伙人集资；38.1%是个人或家庭出资；6.7%来自天使（风险）投资；向银行贷款的只有3.8%；还有3.8%的受访者表示其创业启动资金主要来自政府创业项目资助；政府政策性贷款、金融服务机构融资（不含银行贷款类）或私人借款的比例均为0（见图14）。这表明在广州港澳青年创新创业资金主要来源于自身、家庭以及亲朋好友等初级社会网络，而社会支持显得相当微弱，银行信贷、政策性贷款的作用还有待加强。

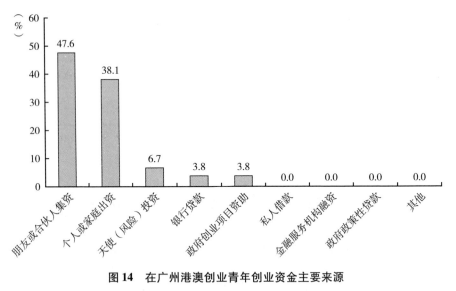

图 14　在广州港澳创业青年创业资金主要来源

在融资方面，一半以上的受访者表示没有进行过融资；30.5%的受访者进行过天使轮融资；进行过 A 轮融资的企业比例为 11.4%；只有 3.8%的受访企业进行过 B 轮或以上的融资（见图 15）。这些数据进一步表明了在广州港澳青年创新创业时较少依赖信贷或金融服务机构融资，更多是依赖自身社会支持网络。

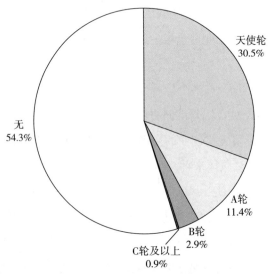

图 15　在广州港澳创业青年目前企业融资进展情况

2. 资金短缺、不稳定性、支持不足是港澳青年选择在广州创业时的三大主要顾虑

当问及"您选择创业时曾有哪些顾虑"时，有超过六成的港澳青年选择"启动资金短缺"。此外，有35.24%的港澳青年认为"创业不稳定，起起落落"，没有安全感，有33.3%的港澳青年选择"创业政策等社会支持不足"。"怕创业失败，血本无归"（27.62%）、"影响自己对家庭亲人的照顾"（26.67%）、"缺乏创业指导和培训"（23.81%）、"没有合作伙伴"（21.90%）也是他们的顾虑，被选比例均超过了受访样本的五分之一。排在最后一位的是"没有社会保障"，比例为16.19%（见图16）。可见，由于受访者的港澳居民身份，他们在居住地大多已有一份社会保障，所以顾虑此点的人数相对较少。

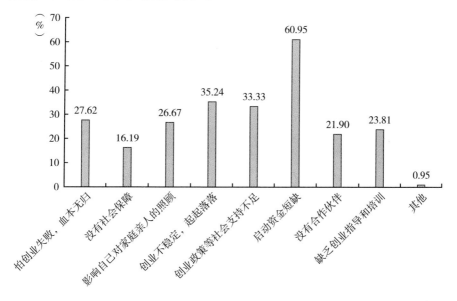

图16 港澳创业青年选择创业时曾有的顾虑

综合上述分析以及访谈资料，我们发现港澳青年在广州创业的顾虑主要还是集中在资金、政策、创业环境稳定性上，这与其他身份的创业者并无太大差别。

3. "资金"依然是港澳青年创业面临的最大问题，人力资源短缺亦成为较大阻碍

那么当进入了正式的创业阶段，港澳青年又会遇到哪些困难呢？根据本次

对受访者的问卷调查并分析数据得知，排在第一位的问题是"资金周转困难，融资、贷款难度较大"，选择此项的受访者比例为 35.24%。结合访谈发现，内地信用评估体系和港澳并不完全互通，导致他们在进行创业融资时存在一定阻碍。有 31.43% 的受访者觉得在广州创业存在"员工招聘及管理困难"，通过走访一些港澳青年创业基地，我们发现大多港澳青年的创业内容与互联网相关，电子商务类较多，使得企业的工作时间比较具有弹性，人员流动性大。

受访者面临较多的其他困难有："用工成本增加，企业成本过大"（24.76%）、"经营管理不善，缺乏有效营销方法"（23.81%）、"创始人学习和突破能力不足"（17.14%）、"股东及合伙人协作困难"（15.24%）（见图 17）。这些困难依然体现出人力资源和企业团队建设的重要性，创始人、管理层对企业的管理、员工的培训等方面都需要付出努力，而对于本身就"人生地不熟"的港澳青年来说，他们更需要政府、社会给予他们此方面的智力支持。

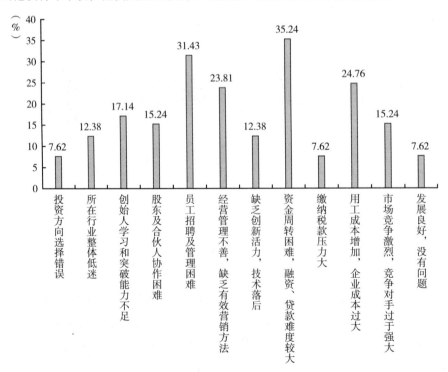

图 17 在广州港澳创业青年目前在创业发展中面临的主要问题

4. 审批办事效率有待提升、市场运行透明度有待增强、政策宣传力度有待加强是当前港澳创业青年的期待

在外部环境方面，根据调查，有 28.57% 的受访港澳青年认为"审批办事效率有待提升"是当前广州营商环境中存在的最主要问题，在访谈中，就有港澳青年谈道："准备材料这些都比较复杂，有时时间还长。"（见图 18）

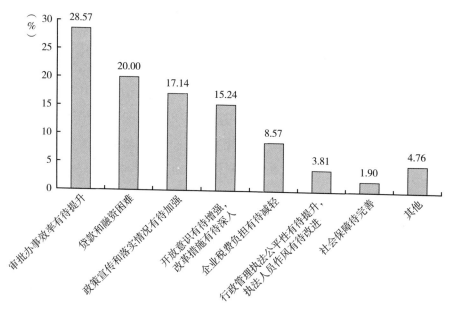

图 18　港澳青年认为当前广州营商环境中存在的最主要问题

在市场规则方面，近三成受访者认为要在广州"市场运行透明度"上下功夫，其次是要进一步加大市场开放性（25.7%），还有五分之一的受访者认为在"要素市场发育"上还要加强（见图 19）。

在政策执行方面，高达 36.2% 的受访者认为当前广州对扶持港澳青年在广州创新创业"政策的宣传力度还不够"，在访谈中有港澳青年谈到，现在的政策宣传还较多集中在传统媒体层面，例如宣传小册子等纸质材料，电视、广播上播放的新闻，以及政府部门的文件原件，这些都

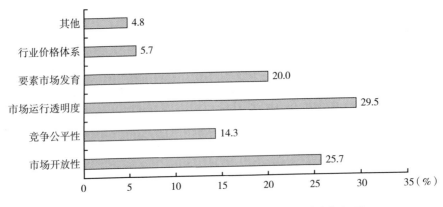

图19　港澳创业青年认为广州需要重点加强的市场规则

是他们较难接受的宣传形式，他们更需要短视频、动画短片等形式更为活泼的宣传推广，甚至需要政府使用类似明星团队的"营销手段"来吸引他们关注这些政策，只有关注了才会加深了解，这就需要广州市建设专业的网络"营销"团队来统筹、制作、发布这些资源和信息。"申请条件、具体流程不清晰"是第二大政策执行问题，被选比例为26.7%，参加座谈会的港澳青年大多反映，许多文件精神对他们来说很难领悟，多数条文看不太懂，从文字材料中还是搞不明白具体的申请条件和流程。认为"手续较繁杂"和"办理周期较长"的受访者比例分别为15.2%和9.5%，结合上文的分析，可知流程手续、等待时长确实是当前港澳青年在广州创业的"心头之痛"，亟须改进。值得注意的是，仅有2.9%的受访者认为"政策设计不太合理"，说明当前广州在扶持港澳青年在广州创新创业的顶层设计方面已做得较好，颇为完善（见图20）。

（二）在广州创业港澳青年主要诉求与政策期待

1. 港澳青年创业初期最希望获得贷款资金的扶持，最想获得投融资内容创业培训

港澳青年刚开始创业时最希望得到的帮助是贷款等资金方面的扶持。64.8%的港澳创业青年希望获得贷款等资金类项目扶持，51.4%的港澳创业

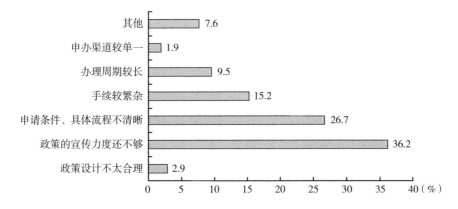

图20 港澳创业青年认为政策执行过程中的最主要问题

青年希望获得创业团队组建和人才对接支持，47.6%的港澳创业青年希望获得工商注册类政策支持，45.7%的港澳创业青年希望获得创业园区入驻和政策享受，35.2%的港澳创业青年希望获得创业导师指导，29.5%的港澳创业青年希望获得创业青年的组织、团体间的融入，24.8%的港澳创业青年希望获得创业知识技能培训（见图21）。

创业培训是提高创业能力的有效途径，也是港澳创业青年希望获得的帮助之一，他们最想获得投融资内容方面的培训，提升企业融资水平。60%的港澳创业青年希望获得投融资内容培训，46.7%的港澳创业青年希望参加财务税收内容培训，43.8%的港澳创业青年希望得到市场营销方面的培训，33.3%的港澳创业青年希望培训企业管理知识，26.7%的港澳创业青年希望提供创业实践活动，19.1%的港澳创业青年希望拥有个性化辅导，12.4%的港澳创业青年希望提升人际交流与沟通技巧，5.7%的港澳创业青年希望得到普通话辅导，1.9%的港澳创业青年希望学习计算机知识。

2. 超二成港澳创业青年享受过创业扶持政策，他们对创新项目扶持、金融贷款扶持、工商注册和税务登记等政策呼声强烈

八成多港澳创业青年关注粤港澳大湾区政策，超四成港澳创业青年了解广州创业的扶持政策。对于粤港澳大湾区建设发展的相关政策，36.2%的港

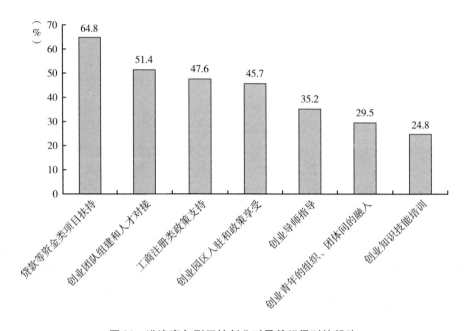

图21 港澳青年刚开始创业时最希望得到的帮助

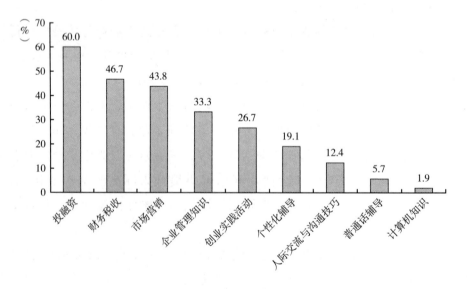

图22 港澳青年希望获得的创业培训内容

澳创业青年"十分关注", 47.6%的港澳创业青年"比较关注", 16.2%的港澳创业青年关注度"一般"。对于广州支持港澳青年创新创业政策, 4.8%的港澳创业青年表示"十分了解", 36.2%的港澳创业青年表示"比较了解", 50.5%的港澳创业青年表示"一般", 7.6%的港澳创业青年表示"不太了解", 0.9%的港澳创业青年表示"完全不了解"(见图23)。

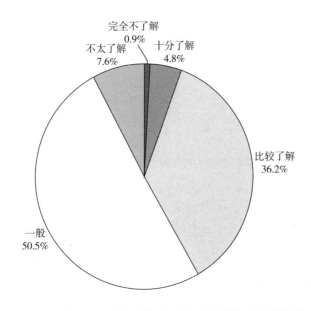

图23 港澳青年对广州支持港澳青年创新创业政策了解度

超二成港澳创业青年在广州享受过政府的创业扶持政策, 他们主要通过看微信公众号、创业服务机构介绍和朋友介绍了解政策。对于扶持政策, 21%的港澳创业青年在广州享受过政府的创业扶持政策; 15.2%的港澳青年有申请, 但没有获得; 63.8%的港澳创业青年没有申请, 没有享受。港澳青年了解广州支持港澳青年创业政策的渠道方面, 31.4%的港澳创业青年通过看微信公众号, 28.6%的港澳创业青年通过创业服务机构介绍, 21%的港澳创业青年通过朋友介绍, 12.4%的港澳创业青年通过政府官方网站, 3.8%的港澳创业青年通过微博平台, 0.9%的港澳创业青年通过报刊, 1.9%的港澳创业青年通过其他方式(见图24)。

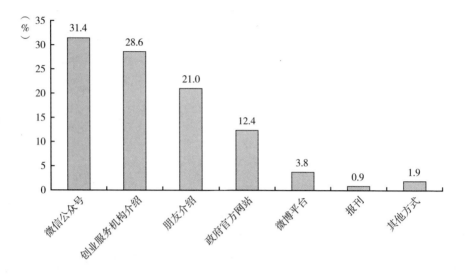

图24 港澳青年了解广州创业政策的途径

对于创业扶持政策，港澳创业青年认为需要进一步推动的是创新项目扶持、金融贷款扶持、工商注册和税务登记等政策。52.4%的港澳创新青年提出需要创新项目扶持，44.8%的港澳创新青年提出需要金融贷款扶持，43.8%的港澳创新青年提出需要工商注册、税务登记等政策，39.1%的港澳创新青年提出需要企业运营支持，33.3%的港澳创新青年提出需要税收减免，24.8%的港澳创新青年提出需要搭建创业信息平台，24.8%的港澳创新青年提出需要推出创业成果孵化项目，17.1%的港澳创新青年提出需要缩减创业审批流程，16.2%的港澳创新青年提出需要行政事业性费用减免，14.3%的港澳创新青年提出需要社会保障完善（见图25）。

3. 港澳青年对税务政策、教育水平和营商环境的满意度有待提升

港澳创业青年对于广州生活和创业环境的诉求，从他们对目前的评价可以看出，港澳青年表示"非常满意"比例的排序是购物餐饮（26.7%）、文化氛围（25.7%）、社会治安（25.7%）、市容市貌（22.9%）、公共交通（20%）、创业环境（20%）、文体娱乐（18.1%）、居住条件（17.1%）、

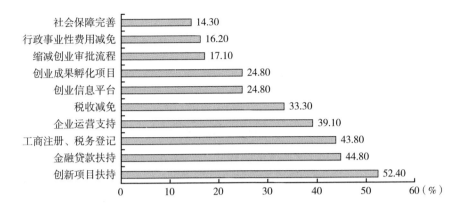

图25 港澳青年希望获得的创业扶持政策

医疗保障（15.2%）、营商环境（13.3%）、教育水平（13.3%）、税务政策
（8.6%）（见表5）。因此，港澳创业青年对税务政策、教育水平和营商环
境的满意度有待于进一步提升。

表5 港澳青年对广州生活和创业环境的满意度评价

单位：%

内容	非常满意	比较满意	一般	不太满意	不满意
营商环境	13.3	61.9	20	1.9	2.9
创业环境	20	58.1	16.2	3.8	1.9
居住条件	17.1	62.9	16.2	2.9	0.9
医疗保障	15.2	40	37.1	6.7	1
税务政策	8.6	40	43.8	4.8	2.8
教育水平	13.3	57.1	27.6	1	1
文体娱乐	18.1	60	19	1	1.9
购物餐饮	26.7	61.9	9.5	0	1.9
文化氛围	25.7	57.1	13.3	2.9	1
社会治安	25.7	58.1	14.3	1	0.9
公共交通	20	52.4	21	5.7	0.9
市容市貌	22.9	61	14.3	0.9	0.9

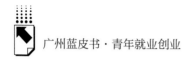

四 进一步促进港澳青年在广州创新创业的对策建议

（一）建立健全港澳青年创业资金扶持体系

资金是创业过程的重要影响因素，事关创业的成败。调研发现，港澳创业青年对于创业资金的需求是比较强烈的，特别是初创型创业项目。内地信用评估体系和港澳并不完全互通，导致港澳创业青年在广州创业的市场化资金支持力度较弱，在创业项目未发展到比较成熟阶段，获得的市场化投资少。因此，要加大对港澳创业青年政策性资金扶持力度，加强政策引导，撬动市场资源，以市场化方式成立港澳青年在广州创业基金等形式为港澳青年提供资金支持。运用现代金融手段，加强对港澳创业青年的鼓励，增强港澳青年创业的社会资本和抗风险能力。

（二）运用新媒体加强服务港澳青年创业政策宣传

为鼓励和支持港澳青年在广州创新创业，近年来，广州出台了一系列相关政策，积极推动港澳青年"乐创广州""乐业广州"。服务港澳青年在广州创业的政策，吸引了大量港澳青年来广州创业，营造了良好的创新创业环境。不可忽视的是，由于港澳创业青年对政策资讯的发布渠道比较陌生，且政策分散于各个职能部门，他们对于政策的认知较少。碍于担心政策申报程序的烦琐，港澳创业青年申请相关创业政策优惠的积极性有待于进一步提高。因此，要运用新媒体手段，以港澳创业青年喜闻乐见的方式生动化宣传创业政策，有效回应港澳创业青年在创业过程中遇到的政策困惑。

（三）多渠道全方位为港澳青年提供创业培训

港澳青年在创业过程中对创业培训的需求是比较强烈的，特别是有针对性的创业实务培训。创业过程中，港澳青年会面临许多不同类型的问题，大多数港澳创业青年是在摸索中前行。他们一方面希望能够有培训交流平台，促进创业群体间交流创业经验；另一方面也期待能够有系统化的创业培训，以提升他们的创业能力，进而提高创业的成功率。因此，要多渠道全方位为港澳青年提供创业培训，有条件时建立专门的港澳青年创业培训学院，为港澳青年创业提供智力支撑。

参考文献

张光南主编《港澳青年内地创业：企业案例·创业者故事·政府政策》，中国社会科学出版社，2018。

卢雯雯、邹平学：《香港青年在粤港澳大湾区内地城市创业现状、困境与趋势分析》，《青年发展论坛》2019年第1期。

傅承哲、杨爱平：《港澳青年跨境就业创业政策的心理融合效应及其认知机制——基于行为公共管理的视角》，《学术论坛》2020年第1期。

林至颖：《香港青年赴粤港澳大湾区创业的机遇、挑战及应对》，《港澳研究》2018年第1期。

严椰铭：《港澳青年在粤就业保障制度探析——以粤港澳大湾区法治合作为视角》，《特区实践与理论》2019年第6期。

B.11
后 记

本书是在共青团广州市委员会指导下，由广州市团校、广州市穗港澳青少年研究所组织完成的。课题组成员从 2019 年 10 月开始进行广州青年就业创业发展研究方案的设计，于 2020 年 3 月进行调查数据的收集工作，自 2020 年 4 月起进行各篇报告的撰写。课题组全体成员共同努力，利用最新的调查数据及相关的文献资料认真、细致地探索广州青年的最新发展动态，取得了最终研究成果。

《广州青年就业创业发展报告（2020）》是关于广州青年研究的第 9 本蓝皮书，是对广州青年就业创业发展的专题性研究。本书由 1 篇总报告、6 篇分报告和 3 篇专题报告组成，各部分执笔人如下。

总报告：

B1：沈杰（中国社会科学院大学教授）

宋金阳（北京青年政治学院教师）

分报告：

B2：冯英子（广州市穗港澳青少年研究所助理研究员）

B3：孙慧（广州市穗港澳青少年研究所助理研究员）

B4：傅承哲（华南师范大学政治与公共管理学院讲师）

B5：张桂金（广东省社会科学院社会学与人口学研究所助理研究员）

B6：邓智平（广东省社会科学院改革开放与现代化研究所所长、研究员）

赵道静（广东省社会科学院社会学与人口学研究所助理研究员）

B7：巫长林（广州市穗港澳青少年研究所助理研究员）

专题报告

B8：谢素军（广州市穗港澳青少年研究所研究中心主任、副研究员）

谢碧霞（广州市穗港澳青少年研究所研究中心副主任、讲师）

B9：谢素军（广州市穗港澳青少年研究所副研究员）

孙慧（广州市穗港澳青少年研究所助理研究员）

冯英子（广州市穗港澳青少年研究所助理研究员）

B10：巫长林（广州市穗港澳青少年研究所助理研究员）

孙慧（广州市穗港澳青少年研究所助理研究员）

冯英子（广州市穗港澳青少年研究所助理研究员）

谢素军（广州市穗港澳青少年研究所研究中心主任、副研究员）

周理艺（广州市穗港澳青少年研究所研究助理）

全书书稿由涂敏霞统稿。本课题问卷由涂敏霞统稿；问卷发放由涂敏霞、谢素军、谢碧霞、孙慧、巫长林、冯英子、邵振刚、麦子云、丘异龄、周理艺负责；数据分析由周理艺及各报告的执笔人负责；英文翻译由罗飞宁统筹负责。

本课题在实施过程中，得到了社会各界的大力支持。首先，本课题在开展的过程中获得学界专家的建议和指导，使课题研究更加严谨和科学。其次，本次调查样本数量较大，覆盖面较广，尤其是受新冠肺炎疫情影响，本课题采取网络调查方式进行问卷发放，调查样本的选取难度增加。在问卷发放过程中，研究人员得到了企业、高校和社会组织的帮助，尤其得到电子工业集团、广州海关技术中心、曹操专车、广州农商行、广州市海略谷商贸有限公司、中山大学团委、广东省外语艺术职业学院团委、启智社会工作服务中心、无极限志愿者协会、珠江啤酒、广汽集团、广东出版集团数字出版有限公司等的大力支持和帮助。对给予我们帮助的组织和个人，我们在此一并表示衷心的感谢！

由于时间仓促及研究人员的水平有限，本书错误之处在所难免。欢迎广大读者对本书提出意见和建议，以便我们更好地改进今后的研究工作。

广州市团校

广州市穗港澳青少年研究所

2020 年 6 月

Abstract

Annual report of Guangzhou youths Employment and entrepreneurship development (2020) is composed of one general report, six sub reports, and three special reports. The general report outlines the macro background of Guangzhou youths employment development and analyzes the employment situation of Guangzhou youths. The sub reports carry out in – depth systematic empirical research regarding the Guangzhou youths employment preparation, employment values, employment status, entrepreneurship status, professional condition of platform enterprise, and employment and entrepreneurship policy; from multiple perspectives including sociology, psychology, social work, education, politics, and other disciplines, the sub report conducts in – depth analysis on the employment values and the status quo of Guangzhou youths under the influence of the outbreak of the pandemic. The special reports have an in – depth discussion on the employment status of young women and the career development status of Guangzhou young people in Hong Kong and Macao.

According to the research, Guangzhou young people have good communication skills and resume skills, and will prepare for the interview. Professional skills training, job application guidance and access to employment information are most needed for them. In terms of employment outlook, income, development opportunities and job stability are the most important factors for Guangzhou young people to consider when choosing a career. They tend to seek employment opportunities in Beijing, Shanghai, Guangzhou and Shenzhen, and their first choice for employment includes enterprise managerial staff, civil servants, teachers and other positions. In terms of employment status, the working youth are mainly in traditional occupations, but the size of employment in emerging industries has increased. Most of the Guangzhou working youths have the nine – to – five working mode with weekends, and nearly half of the Guangzhou working youths face great work pressure. The analysis of young entrepreneurs shows that they are generally highly educated and are mainly opportunistic entrepreneurs, and their entrepreneurial capital mainly comes from personal accumulation. Their entry into entrepreneurship is mainly related to their personal career experience. And it is generally believed that market ability and economic capital are the main factors for the success of entrepreneurship. The scale of Guangzhou youths working in the platform economy is huge, and the young people working in the platforms represented by online ride – hailing drivers tend to be younger, more highly educated and more professional. There are many problems, including long working hours on the platform, unsatisfactory social security, and general dissatisfaction with occupational social status and career development. Female young people tend to choose first – tier cities for employment, and they prefer enterprise management positions and pay attention to the salary and treatment. But they are not satisfied with the current treatment, and the social security needs to be improved. The youth entrepreneurship industry in Hong Kong and Macao mainly focuses on the direction of future economic development. The main categories of entrepreneurship are cultural creativity and the Internet. In terms of career development planning, Guangzhou young people are fully prepared for employment and their career motivation is generally positive. The study shows that Guangzhou college students mainly learn about employment and entrepreneurship policies through WeChat official accounts and government official websites, and the participation rate in employment training is low. Policies to expand employment are expected.

In general, Guangzhou young people are well prepared for employment and have a positive outlook on employment, but there are also some reality problems, such as low satisfaction degree of employment and huge working pressure. In the future, it is necessary to start from improving the social support network for youths employment, guiding them to establish reasonable values of employment, constantly improving the youths employment and entrepreneurship safeguard mechanism, and strengthening the construction of employment and entrepreneurship service platform, so as to create a new environment for the development of Guangzhou youths employment, provide more opportunities for young people, and promote the effective employment.

Keywords: Guangzhou; Youth; Employment; Entrepreneurship

Contents

I General Report

Abstract: Employment is the greatest livelihood of the people. Employment
and entrepreneurship of young people are not only the basic way for them to solve
their life needs and realize their self – worth, but also the vital interests of every
family and the factor that can affect the steady economic growth as well as social
harmony and stability. As China's economy has entered the stage of new normal,
and the construction of the Guangdong – Hong Kong – Macao Greater Bay Area
has brought new development opportunities, the employment and entrepreneurship
of young people presents many distinct characteristics, including the generally good
employment readiness, increasingly reasonable value of employment, high work
pressure, high job satisfaction, relatively high entrepreneurial willingness, and the
huge scale of platform economy practitioners. At the same time, there are also
some problems that deserve attention, such as high expectation of career choosing,
insufficient understanding and utilization of employment policies, employment
security system needs to be improved, social security below the average, the gap of
effects of employment and entrepreneurship policies among different groups, and
the tendency of female youth to work in first – tier cities and look for promotions
and higher incomes. Therefore, it is an important task to analyze and solve the

common problems encountered by young people in the process of employment and entrepreneurship, and to better promote youths employment and entrepreneurship.

Keywords: Employment; Entrepreneurship; Youth; Guangzhou

II   Sub – Reports

B. 2   Report on the Current Situation of Youth Employment Preparation in Guangzhou *Feng Yingzi /* 026

Abstract: Based on the data of college students in the "Guangzhou Youth Employment and entrepreneurship survey" in 2020, this paper analyzes the status quo of their employment preparation, and points out that 50% of Guangzhou youth has clear intention to apply for jobs; they most need professional skills training, job application guidance, and employment information sharing. Gender, grade, household registration and native family economy significantly affect Guangzhou Youth's employment preparation. At present, the problems in Guangzhou youth employment preparation are mainly reflected in personal mentality, native family status, employment market situation, and social support. It is suggested that we should strengthen the comprehensiveness of College Students' employment service, improve the education level of youth career planning, improve the social support network for youth employment, and advocate the career planning concept of lifelong learning for college students Guangzhou youth employment preparation work.

Keywords: Youth; Employment Preparation; Guangzhou

B. 3   Research Report on Guangzhou Youth Employment Outlook *Sun Hui /* 052

Abstract: This report analyzes the employment concept and existing problems of Guangzhou Youth from the perspectives of cognition of employment conditions, view of career selection, cognition of influencing factors of career development and entrepreneurship concept. The results show that: Guangzhou youth are full of confidence in their own professional competitiveness; income, development opportunities, job stability are the most important factors for Guangzhou Youth to consider when choosing a job; Guangzhou Youth increasingly recognize the influence of human capital factors on their work, and their employment concept is becoming more and more reasonable; proving their ability and doing what they like to do is the main motivation of Guangzhou Youth Entrepreneurship; the sense of male and female occupation equality still needs to be strengthened. Based on these findings, this report puts forward the corresponding countermeasures and suggestions.

Keywords: Youth; Employment View; Career Choice View; Human Capital

B. 4　A Survey Report on the Employment Status of Working Youth in Guangzhou　　　　　*Fu Chengzhe* / 076

Abstract: Based on the questionnaire survey data of 1591 working youth in Guangzhou, this report conducts a survey from the aspects such as the occupational status, job satisfaction and the protection of youth rights and interests. The study found that the current youth occupations in Guangzhou are still dominated by traditional occupations, but the scale of the emerging industry group has increased. Nearly half of the working youth are under great pressure. Overall, the job satisfaction of young people is relatively high, with an increase compared to 2018. In general, the employment protection system of youth rights and interests has been promoted, and the work welfare system has become more mature. However, attention should still be paid to some groups with weak market competitiveness, such as the working youth with low education level.

Keywords: Youth Group; Employment Policy; Employment Security; Guangzhou Youth

B. 5　The Willness to Start a Business and the Entrepreneurial

Characteristics of Guangzhou Youth　　　　*Zhang Guijin* / 097

Abstract: Based on the data of the survey of the working youth, college students and entrepreneurial youth group in guangzhou, this research shows the overall rates of entrepreneurship of the youth group are higher, but the willingness of starting businesses is very different among social groups. Entrepreneurial motivation of Guangzhou youth is driven by individual pursuit of self-realization and freedom of wealth. The constraints of objective conditions (fund), lack of ability and experience, risk aversion, entrepreneurship education and lack of work experience are the main reasons for inhibiting the willingness to start a business. Guangzhou young entrepreneurs have higher education levels and are dominated by opportunity entrepreneurship. They believe that market capacity and economic capital are the main factors of success of entrepreneurship. They have a high evaluation of the institutional environment of entrepreneurship.

Keywords: Willingness to Start a Business; Youth Entrepreneur; Entrepreneurial Characteristics; Guangzhou

B. 6　Youth Employed in Platform Economy in Guangzhou

—*Taking Online Car Hailing Drivers*　Deng Zhiping, Zhao Daojing / 123

Abstract: Based on the survey data of the youth employed in platform economy in Guangzhou and existing literature, the report analyzes the current situation and existing problems and the development trend of the youth who work on the platform economy in Guangzhou, especially the situation of the online car hailing drivers. The report analyzes the scale, population feature, employment and labor security of online car hailing drivers. It is found that there are many young people working on the internet platform in Guangzhou; represented by the online car Hailing drivers, they are younger, have higher education and more full – time job; they worked in long hours with poor social security, their wages are below expectations, they are not satisfied with their professional status and career development. The report gives some suggestions to improve the employment and entrepreneurship policy system, laws and regulations and policy system related to social security and labor rights and interests protection for young people engaged in platform economy.

Keywords: Platform Economy; Platform Employment; Youth; Labor Rights and Interests Protection

B. 7　Guangzhou Youth Employment and Entrepreneurship Policy Analysis　　　　　　　　　　　*Wu Changlin* / 147

Abstract: Youth employment has always been the focus of policy attention. To promote youth employment, the central government, provinces and municipalities have issued a series of related policies. By combing the employment and entrepreneurship policies in Guangzhou and combining the survey data of Guangzhou youths with policy cognition, it can be found that under the impetus of the policies, youth employment has been stabilized. At the same time, we also found youth's demands for further policy optimization. Therefore, we have proposed to promote the implementation of employment priority strategies to increase the youth employment rate. Focus on the employment and entrepreneurship of college graduates, and improve the employment quality of college graduates. Provide accurate employment and entrepreneurship services, and provide personalized employment programs for youth; Carry out vocational education and skills training, and train high-quality young talents and other policy recommendations.

Keywords: Youth; Employment and Entrepreneurship; Guangzhou

III Special Reports

Abstract: This article is based on guangzhou Guangzhou Hong Kong and Macao Youth research institute of Guangzhou youth employment entrepreneurship in 2020 survey data analysis, focus on women in guangzhou youth groups (in young women and female college students) employment concept and demonstration analysis on the employment situation, found that guangzhou female youth employment tend to choose the first − tier cities, like enterprise management work, attaches great importance to the salary and other characteristics, but the existing treatment does not satisfy, inadequate training, needs to improve social security, there is still a larger proportion of female youth employment discrimination. This paper suggests that young women should be guided to establish a correct concept of employment, strengthen the employment training system, introduce laws and regulations to crack down on employment discrimination, and build a good employment security system.

Keywords: Female College Students; Young Women in Service; Employment and Entrepreneurship; Employment Discrimination; Guangzhou

Abstract: Based on the investigation and analysis of 20 − 25 year old senior college students and new social workers in Guangzhou, this paper analyzes the overall characteristics of the career development of young people in Guangzhou from three dimensions: career orientation, employment preparation and career motivation. From the perspective of "two factors", namely obstacles and support factors, this paper analyzes the current situation and problems of the career development of young people in Guangzhou, and then puts forward specific Suggestions and measures: optimizing management, strengthening the construction of employment training system. To refine policies and strengthen the pertinence of youth employment services. To provide security and reduce the potential risks of youth career development. Planning ahead will be lifelong learning throughout the youth career design.

Keywords: Career Planning; Youth; Guangzhou

B. 10 A Research Report on Hong Kong and Macao Youth Undertaking Entrepreneurship in Guangzhou

Wu Changlin, Sun Hui, Feng Yingzi, Xie Sujun and Zhou Liyi / 223

Abstract: The report conducted a questionnaire survey and case interviews with Hong Kong and Macao youth groups who are innovative and entrepreneurial in Guangzhou. Through the analysis of the overall distribution of youth entrepreneurship projects in Hong Kong and Macao in Guangzhou, the characteristics of young entrepreneurs in Hong Kong and Macao in innovation and entrepreneurship, and the policy of Guangzhou in supporting young entrepreneurs in Hong Kong and Macao. The study found that young people in Hong Kong and Macao most want to get the support of loan funds in the early stage of entrepreneurship, and most want to get entrepreneurial training on investment and financing content. In Guangzhou, Hong Kong and Macao youth entrepreneurship funds rely solely on primary social networks, with a relatively low proportion of credit and financing; Shortage of funds, instability, and insufficient support are the three major concerns of Hong Kong and Macao youths when they choose to start a business in Guangzhou. Funding is still the biggest problem faced by young entrepreneurs in Hong Kong and Macao, and the shortage of human resources has also become a major obstacle. In response to the problems found in the investigation, the report puts forward corresponding countermeasures and suggestions.

Keywords: Hong Kong and Macao Youth; Innovation and Entrepreneurship; 5 Happy Actions

皮 书

智库报告的主要形式
同一主题智库报告的聚合

❖ 皮书定义 ❖

皮书是对中国与世界发展状况和热点问题进行年度监测，以专业的角度、专家的视野和实证研究方法，针对某一领域或区域现状与发展态势展开分析和预测，具备前沿性、原创性、实证性、连续性、时效性等特点的公开出版物，由一系列权威研究报告组成。

❖ 皮书作者 ❖

皮书系列报告作者以国内外一流研究机构、知名高校等重点智库的研究人员为主，多为相关领域一流专家学者，他们的观点代表了当下学界对中国与世界的现实和未来最高水平的解读与分析。截至 2020 年，皮书研创机构有近千家，报告作者累计超过 7 万人。

❖ 皮书荣誉 ❖

皮书系列已成为社会科学文献出版社的著名图书品牌和中国社会科学院的知名学术品牌。2016 年皮书系列正式列入"十三五"国家重点出版规划项目；2013~2020 年，重点皮书列入中国社会科学院承担的国家哲学社会科学创新工程项目。

权威报告·一手数据·特色资源

皮书数据库
ANNUAL REPORT(YEARBOOK)
DATABASE

分析解读当下中国发展变迁的高端智库平台

所获荣誉

- 2019年，入围国家新闻出版署数字出版精品遴选推荐计划项目
- 2016年，入选"'十三五'国家重点电子出版物出版规划骨干工程"
- 2015年，荣获"搜索中国正能量 点赞2015""创新中国科技创新奖"
- 2013年，荣获"中国出版政府奖·网络出版物奖"提名奖
- 连续多年荣获中国数字出版博览会"数字出版·优秀品牌"奖

成为会员

通过网址www.pishu.com.cn访问皮书数据库网站或下载皮书数据库APP，进行手机号码验证或邮箱验证即可成为皮书数据库会员。

会员福利

- 已注册用户购书后可免费获赠100元皮书数据库充值卡。刮开充值卡涂层获取充值密码，登录并进入"会员中心"—"在线充值"—"充值卡充值"，充值成功即可购买和查看数据库内容。
- 会员福利最终解释权归社会科学文献出版社所有。

数据库服务热线：400-008-6695
数据库服务QQ：2475522410
数据库服务邮箱：database@ssap.cn
图书销售热线：010-59367070/7028
图书服务QQ：1265056568
图书服务邮箱：duzhe@ssap.cn

社会科学文献出版社 皮书系列
SOCIAL SCIENCES ACADEMIC PRESS (CHINA)
卡号：573331427834
密码：

S 基本子库
SUB DATABASE

中国社会发展数据库（下设 12 个子库）

整合国内外中国社会发展研究成果，汇聚独家统计数据、深度分析报告，涉及社会、人口、政治、教育、法律等 12 个领域，为了解中国社会发展动态、跟踪社会核心热点、分析社会发展趋势提供一站式资源搜索和数据服务。

中国经济发展数据库（下设 12 个子库）

围绕国内外中国经济发展主题研究报告、学术资讯、基础数据等资料构建，内容涵盖宏观经济、农业经济、工业经济、产业经济等 12 个重点经济领域，为实时掌控经济运行态势、把握经济发展规律、洞察经济形势、进行经济决策提供参考和依据。

中国行业发展数据库（下设 17 个子库）

以中国国民经济行业分类为依据，覆盖金融业、旅游、医疗卫生、交通运输、能源矿产等 100 多个行业，跟踪分析国民经济相关行业市场运行状况和政策导向，汇集行业发展前沿资讯，为投资、从业及各种经济决策提供理论基础和实践指导。

中国区域发展数据库（下设 6 个子库）

对中国特定区域内的经济、社会、文化等领域现状与发展情况进行深度分析和预测，研究层级至县及县以下行政区，涉及地区、区域经济体、城市、农村等不同维度，为地方经济社会宏观态势研究、发展经验研究、案例分析提供数据服务。

中国文化传媒数据库（下设 18 个子库）

汇聚文化传媒领域专家观点、热点资讯，梳理国内外中国文化发展相关学术研究成果、一手统计数据，涵盖文化产业、新闻传播、电影娱乐、文学艺术、群众文化等 18 个重点研究领域。为文化传媒研究提供相关数据、研究报告和综合分析服务。

世界经济与国际关系数据库（下设 6 个子库）

立足"皮书系列"世界经济、国际关系相关学术资源，整合世界经济、国际政治、世界文化与科技、全球性问题、国际组织与国际法、区域研究 6 大领域研究成果，为世界经济与国际关系研究提供全方位数据分析，为决策和形势研判提供参考。

法律声明